JN203214

「天橋立学」への招待

“海の京都”の歴史と文化

天橋立世界遺産登録可能性検討委員会 編

法藏館

発刊によせて

京都府知事　山田啓二

天橋立は、約二〇〇〇年前に形成され、地域の人々によって守り受け継がれてきた貴重な文化財であり、国の特別名勝に指定されています。京都府では、日本の文化景観の原点でもあるこの大切な地域の宝を世界の宝として未来に伝えていくため、宮津市、伊根町、与謝野町、京都府等を中心とする天橋立世界遺産登録可能性検討委員会の活動を通じて、天橋立の世界遺産登録に向け、地域住民、関係団体、行政が緊密に連携・協働し、さまざまな取り組みを進めてきました。

紺碧の海に美しい白砂青松で、天への浮き橋とも表現される天橋立は、日本を代表する特徴的な海洋景観として、日本三景の一つであるとともに、阿蘇海と宮津湾に挟まれた全長四キロメートルにも及ぶ砂嘴に、「海中から生える数千本の松」という非日常的な景観・神秘性から、神話や伝説に残っています。天橋立と周辺の歴史的な遺産群が融合したその景観は、雪舟などの絵画をはじめ、日本の文化芸術に大きな影響を与え、数多くの作品を生み出す源泉として、国の重要文化的景観にも選定されています。

また、天橋立は、人と自然との絶え間ない関わりの中で形成され、維持されてきた景観であります。京都府におきましても、松林の景観を守るために、広葉樹の除去や松枯対策をはじめ、砂浜の侵食を防ぐために突堤を設置するなど、人類共通の財産として保全に努めており、世界遺産登録の早期実現を目指し、今後とも更なる努力を続けてまいります。

本書は、天橋立が世界遺産に値する顕著な普遍的価値を持つことを証明する多くの調査研究や、天橋立を美しい状態で次世代へ引き継ぐための地元住民の皆様による取り組みなどをまとめたものです。

多くの方々に天橋立の素晴らしさと、未来に継承し守り育てていくべき遺産であることを知っていただければ幸いです。

天橋立の世界遺産登録を目指して

宮津市長　井上正嗣

古くから和歌に詠まれ、雪舟が描いた国宝「天橋立図」をはじめ多くの画材となるなど、芸術・文化へ大きな影響を与えた天橋立は、私たちの、わが国の大切な宝物です。そして、その美しい白砂青松の風景は多くの人々を魅了し、籠神社や成相寺、智恩寺等周辺の社寺などと融合した景観は、日本的美意識を物語る文化景観です。

天橋立の世界遺産登録では、高い評価を得ながらも、平成二〇年の暫定リスト入りは果たせませんでした。しかし、以後も研究者の皆さんによって、天橋立および構成資産の研究が進められており、この論文集は、これまでの研究内容を取りまとめ、その成果を明らかにするものです。今後の更なる研究の進展により、天橋立の価値が高まり、そして天橋立が世界遺産に近づくことを大いに期待しています。

現在、京都府北部地域は、「海の京都観光圏」として、日本全国、そして世界に向けた観光地づくりを進めているところであり、宮津市では、今後さらに天橋立を国内外へ発信していこうとしています。

天橋立と共にある私たちは、これからも天橋立を守り、継承し、地域の大きな誇りとして、世界遺産登録に向けた取り組みを力強く進めてまいります。

京都府北部地域の発展をめざして

伊根町長　吉本秀樹

本町には、伊根湾の地理的特徴、気象要件、そして漁師の生活要件が相まって建てられた「舟屋」が約二三〇軒建ち並び、独特の風情を持った他の地域には例をみない景観を形成しており、平成一七年七月に漁村としては全国初の「国の重要伝統的建造物群保存地区」の選定を受けました。保存地域に大きく海が含まれている地区はここ伊根だけです。本町をイメージで言えば、モン・サン＝ミシェルとベニスを足して二で割ったような街と自負しております。その真意は、是非、当町に足を運んでいただき、ご自身の目でご確認いただければと思います。

本町は、「ないものねだりをしない、あるものを最大限に活かす」を町政推進のモットーとし、町にある物、世に誇れる地域資源にしっかりと磨きをかけ、これらを充分活用し、『ナンバーワン』ではなくキラリと輝く『オンリーワン』を目指すまちづくりを進めています。伊根町に住む人が、満足して今後も伊根町に住み続けられるための施策を推進したいと考えています。

また、福知山市、綾部市、舞鶴市、京丹後市、宮津市、与謝野町と伊根町の京都府北部七市町は、京都府北部連携都市圏形成推進協議会を立ち上げ、各市町がそれぞれの強みを活かした施策を推進し、水平連携によって京都府北部地域の創生に取り組んでいます。

天橋立世界遺産登録に向けて

与謝野町長

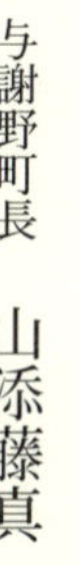
山添藤真

日本三景天橋立の美しい景観はどのようにしてうまれてきたのでしょうか。そこには自然のダイナミックな力が何千年もかけて働いてきたことはいうまでもありません。

人と自然の関わりによって形成された風土や景観、そして暮らしや文化が育まれ、芸術品（宝物）といえる「白砂青松」が脈々と受け継がれてきました。

また、天橋立には古くから多くの文人墨客が訪れ、景観の美しさ、素晴らしさを賞賛しています。最も有名なのが、水墨画を一変させたといわれる雪舟が描いた国宝「天橋立図」、さらに、町名の由来ともなった与謝野晶子は、大内峠「一字観公園」から天橋立を眼下に「海山の青きが中に螺鈿おく 峠の裾の岩滝の町」と詠んでいます。これは、空の青さに海も山も溶け込んで、景色が青一色になる薄暮れどきに、明かりがともり始めた町並みの景色が、あたかも螺鈿細工のようにキラキラと輝き、天橋立周辺の美しい様子を詠んでいます。

私たちは、美しく豊かな阿蘇海を取り戻し、次の世代に継承していくため、「美しく豊かな阿蘇海をつくり未来へつなぐ条例」を制定し、住民、事業者、行政等が一体となって最大限努力していくことを決意し、この宝物を大切にし、天橋立世界遺産登録に向けて取り組んでいきます。

「天橋立学」への招待——〝海の京都〟の歴史と文化＊目次

「天橋立学」への招待

——〝海の京都〟の歴史と文化

はじめに

「天橋立を世界遺産に！」という取り組みから生まれたこの研究はすでに一〇年が経った。地元市民有志の皆さんと商工団体が発足させた「天橋立を世界遺産にする会」も間もなく発足一〇年を迎える。紆余曲折をへて住民主体で天橋立を守り育てる大きな会に成長し、現在も熱心な活動が続いている。一方、ご執筆いただいた先生方の熱心なご努力の甲斐あって、研究活動もこの一〇年間にその幅を広げ、天橋立の価値を掘り下げ、新たな視野を拓いてきた。その成果をまとめることになった。

さて、一九七二年に採択されたユネスコ世界遺産条約を一九九二年に批准したわが国では、自然と文化あわせてこれまでに二〇の遺産が登録された。この世界遺産の登録をめぐっては、世界各地で、また国内でもさまざまなドラマが展開したことが知られている。

一九七〇年代当初は、ピラミッドなど世界中の誰もが知る著名な建物や遺跡が登録された。それが一段落した九〇年以降は条約批准国が増え、多様な文化遺産が登録され始めた。文化的景観、産業遺産、二〇世紀建築などが登場し、その文化的価値認識が広がった。真正性や統合性、多様性など、登録の際の評価基準も整えられた。こうした議論の広がりとともに、二一世紀の今日、これまでも知られていた文化遺産でありながらも、登録に際して新たな文化的価値を見出す事例が増え、多様な視点から文化遺産が語られるようになった。文化的価値の再発見は、地域文化の見直しにつながり、地元住民の新鮮な驚きが数々のドラマを生んだのである。

文化的景観が登場した四半世紀前には、オーストリアとニュージーランド政府が白豪主義の脱却という大きな政策転換を背景に、先住民のまなざしを文化として再評価しようとする提案となり、多くの国民の支持を集めた。ウルル・カタ・ジュタ国立公園（一九九四年文化遺産登録）やトンガリロ国立公園（一九九三年同）が先住民の信仰の場として国民が敬意を払い守るべき聖地として認識されるようになった。この取り組みは、アジア太平洋地域を始め、非欧米諸国の文化遺産関係者を啓蒙したと言われる。

英国など西欧各国では、産業遺産の登録で衰退した産炭地や製鉄所の町が産業革命のオープンミュージアムとなり、訪れる人が徐々に増えてきた。関連の研究も進み、工場跡から産業技術発展史を語るだけでなく、衰退した市街地から栄光の時代の文化活動が知られ、当時の芸術活動の様子がわかり、現代の福祉制度を導いた労働運動の歴史が掘り起こされた。産業革命を支えた当時の人々の暮らしが再現され、近代史が厚みを帯びて国民の意識に再生した。他にも、文化的ルートや農山村の文化的景観の研究とその登録作業からは、長年過疎化に苦しんだ村々が食と環境のスローな関係を再評価する試みが生まれ、従来の政策を転換する住民合意が達成された例もある。

さすがに、これほどダイナミックではないものの、わが国でも二〇〇四年登録の紀伊山地の霊場と参詣道以降、石見銀山遺跡とその文化的景観（二〇〇七年）、平泉―仏国土（浄土）を表す建築・庭園及び考古学的遺跡群（二〇一一年）、富岡製糸場と絹産業遺産群（二〇一四年）、明治日本の産業革命遺産、製鉄・製鋼、造船、石炭産業（二〇一五年）と次々と登録された文化遺産では、新たな発見が続き、登録後もそれぞれの遺産の文化的価値を再評価する研究が続けられている。中でも平泉の遺産は、国道や堤防工事に先立つ発掘調査で明らかにされた遺跡の発見に始まり次々と地元住民を勇気づける歴史学上の発見が続いた。世界遺産登録では、一国の文化的固有性に囚われず、普遍的（ユニバーサル）な視野から、特に人類の歴史に地域の営みを位置づける文化的作業が求められる。これまで知られた国の形や民族の姿を再考し、人類の未来を拓く記憶となるような世界観を見出す試みが続けられた。

こうして、それまで埋もれていた地域の文化遺産が発見され、登録作業を通じて、その輝かしい物語、つまり顕著で普遍的な価値が広く世界に知られるようなった。天橋立を世界遺産にという取り組みからも、こうしたドラマが生まれることが期待される。だから、執筆者の先生方による研究が辛抱強く続けられてきた。従来の日本三景・天橋立、文化財保護法にいう特別名勝・天橋立、そして同法による重要文化的景観・宮津天橋立の文化的景観にあげられた価値基準に留まらず、新たな価値を見出す作業を続けていただいた。埋もれた遺跡を発掘し、数々の文献を点検、精査する作業はこれからも続けられる。数々の発見を含む研究成果は登録のための準備作業に留め置くことなく、地元の皆さんとすぐに共有し、広く語りつないでいくべきものだと考える。歴史の研究と地域づくりは新たな発見の連続である。常識や定説に留まることなく、自由な発想で新しい評価の視点を加えることが求められる。そこから町も村も元気に再生する知恵が生れる。世界遺産登録をめぐる研究への期待はこの点にある。

この本はそうした期待を決して裏切らない。歴史地理学、庭園史、景観史、景観生態学、林学、絵画史、国文学、漢文学、民俗学、宗教史学、考古学などを専門とする研究者の先生方それぞれの天橋立への取り組みの成果がまとめられた。これまで見ることの少なかったキーワード、「海上他界観」「宗教遺産群」「中世宗教都市」「参詣と巡礼」「松の植生」が語られ、和歌・漢詩、能楽など文学に描かれた天橋立についてもこれまでにない視点から述べられる。これらの作業を通じて、日本三景・天橋立になる以前の長い歴史を知り、その歴史に埋もれた地域の姿が再発見されるだろう。研究はようやく一〇年を迎えたが、この研究はこれからも続いていく。

天橋立はその美しさゆえに文学や芸術作品、そして日本庭園に多大な影響を与えたことはよく知られる。世界遺産登録に向けた提案では、まずその点に普遍的価値を見出そうとした。しかし、そこから一歩踏み込むと、海中から生える数千本の松が奇観をめぐって長い歴史の中に積み重ねられ、刻み込まれた文化的所産が見え始めた。その美しさに留まることなく、その奥の、神秘にも見える文化的価値をめぐって先生方が議論を重ねてきた。その議論を裏付けるような研究成果も次々と見出されつつある。その経緯をまとめられたのがこの論集である。今後も新たな発見が期待される。だから、この先も新たな研究メンバーを加えた議論が続くことを期待している。特に海と信仰に着目し、遥か昔に生きた人々の情念に思いを馳せることから、現在に生きる我々には見えない丹後の姿が美しい天橋立の周辺に見えてくるかもしれない。そこから未来の地域像を描くことが望まれる。

世界遺産の数はすでに一〇〇〇件を超え、熱心に登録を続ける中国政府やまだ無名の発展途上国の努力でまだ増え続ける。わが国の暫定リストには、金を中心とする佐渡鉱山の遺産群、百舌鳥・古市古墳群、北海道・北東北を中心とした縄文遺跡群などが残されている。世界文化遺産は、すでにその壮大さや美しさで登録されるものではない。登録に際して議論される価値基準では新鮮な論点が求められる。繰り返し語られた論点ではなく、人類の未来に新たな視点が模索され、常識の闇を拓く新たな価値認識が話題になる。だから、天橋立を世界遺産にという取り組みは単なる事務作業で済まない。文学、史学・考古学、美術史、生態学など幅広い分野の研究者が交流し、議論する中から見出された知的作業から生まれる成果が求められている。天橋立の神秘さには、何か未だ知られざる大きな発見があるように思う人は多い。世界遺産登録を目指す取り組みの背景に、この大きな期待がある。

ご執筆いただいた先生方は、お忙しい時間を割いて、それぞれのお立場から多大な貢献を続けておられる。その文化的作業に敬意を払いつつ、ご研究の先に見える未知の天橋立を共に探っていきたい。

天橋立世界遺産登録可能性検討委員会
宗田好史

第一章　景観・保全管理

一　地理的景観

天橋立周辺の地理的環境
――地質・地形と気象についての概観――

上杉和央

一　地質・地形

平成二年（一九九〇）度調査に基づく土地分類基本調査図によれば、天橋立周辺の表層地質は**図1**のようになっている。橋立自体は砂礫の堆積層であり、周囲は中生代白亜紀の宮津花崗岩（粗粒黒雲母花崗岩・粗粒角閃石黒雲母花崗岩）と、新生代新第三紀与謝層群の松尾礫岩層とが広がっている。

また、地形的にみれば、海岸付近にまで山地が続き、その間を流れる河川によって海岸付近に扇状地が連続的に形成され、わずかな氾濫平野（後背湿地）がともなっている。そして海岸付近は浜堤や砂州がよく発達している（**図2**）。

このような地質・地形条件と河川や潮流といった自然条件下の中で天橋立は維持されてきたが、歴史時代になると、そこに人間の営為も関係していくことになる。よく知られているように、中世までの天橋立は橋立明神付近ま

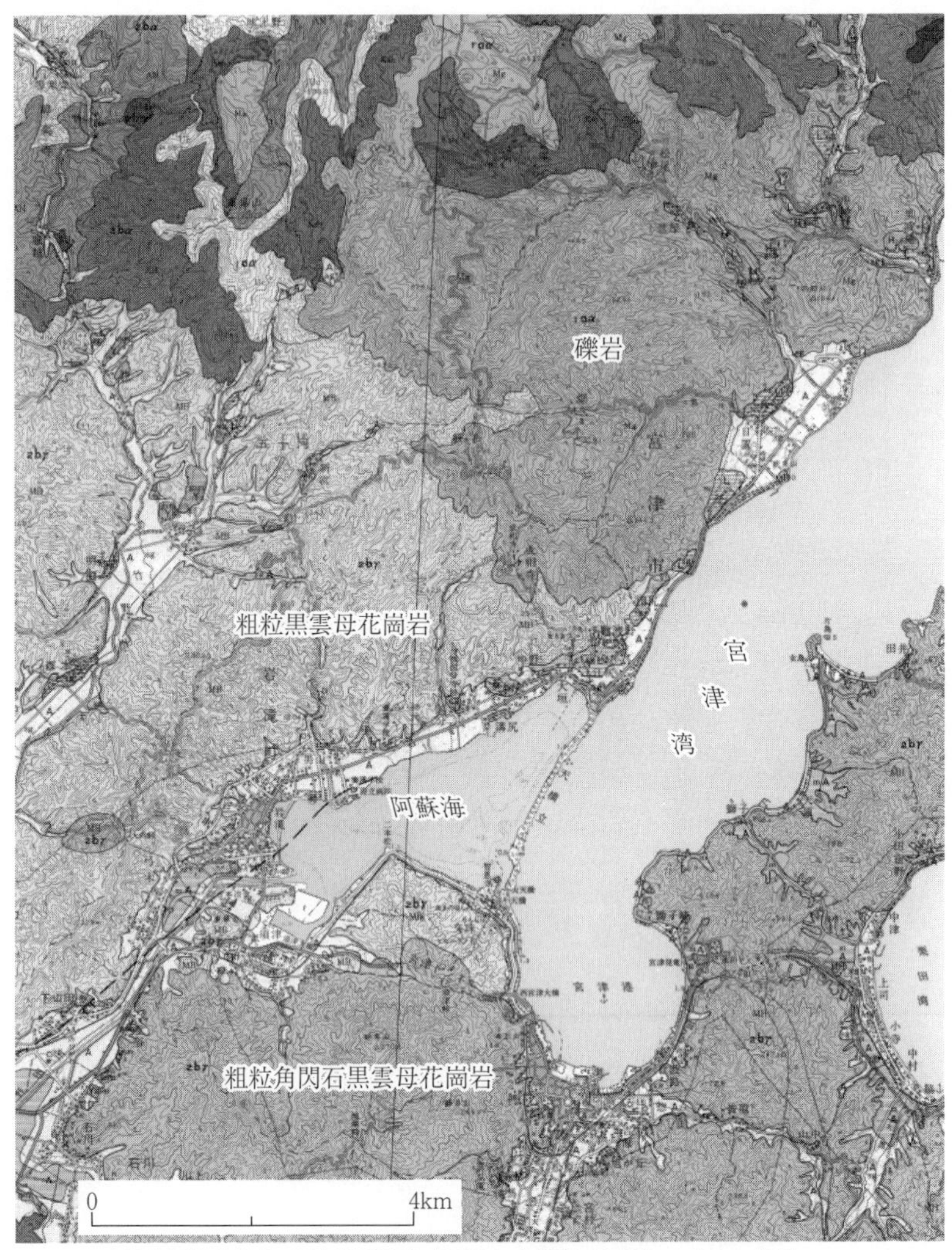

1/50,000 土地分類基本調査（表層地質図）「宮津」京都府（1997）をもとに作製

図１　天橋立周辺の表層地質の状況

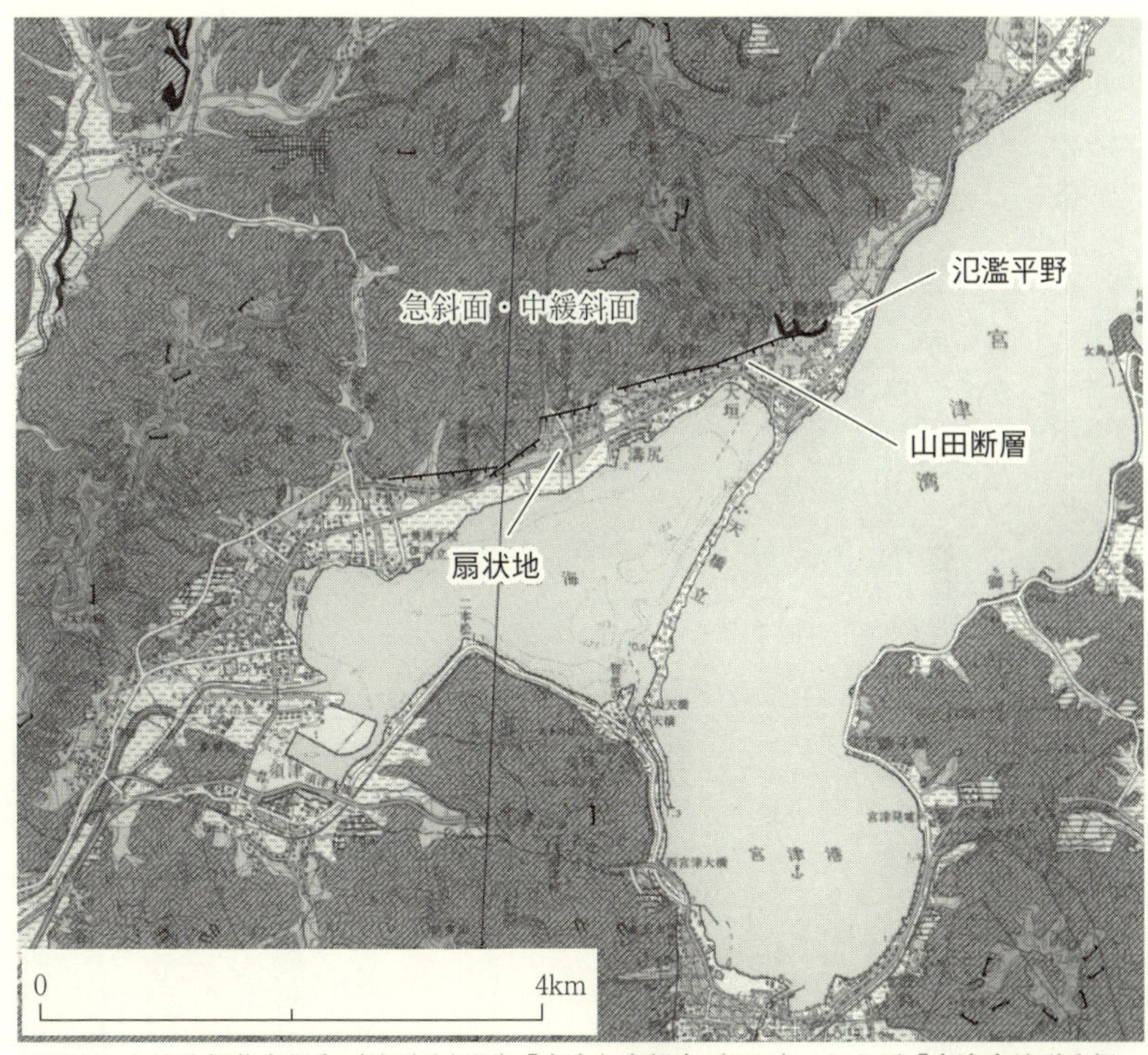

1/50,000 土地分類基本調査（地形分類図）「宮津」京都府（1997）、および「宮津市地形分類図」（『宮津市史　史料編　第5巻』（1994）をもとに作製

図2　天橋立周辺の地形

でしかなく、阿蘇海と宮津湾は現在よりも接続部分が広かった。近世以降になると、砂嘴の伸長が進み、現在のように阿蘇海と宮津湾をほぼ完全に隔するようになった。このような伸長をもたらしたのは土砂供給の増加が一因にあるが、それをたどれば山地部分の草山化・柴山化にある。小椋（一九九二）や水本（二〇〇八）が指摘するように、江戸時代は稲作畑作農業が高度に発達したのにともなう草柴の肥料利用の増大、牛馬の飼い葉の採取、そして薪炭材の確保といった中で、全国的に山野の利用が以前よりも増加していった。結果的に土砂が河川に流れ出し、平地では天井川化が洪水の頻発を招き、河口部では土砂流入による港機能の低

下などが起きていた。宮津湾においても、犀川や波見川、世屋川、畑川といった河川からの土砂供給が増え、それらの一部が潮流に運ばれ天橋立の伸長につながっていったと思われる。

戦後は天橋立が「痩せていく」現象が確認され、消滅の危機を回避するためのサンドバイパス工事などが実施されている。江戸時代の伸長に照らすならば、この遠因として、山地が木々に覆われるようになったことがあげられるのだろう。燃料革命や化学肥料の普及、牛馬利用から機械利用への変化などによって、山の柴草に大きく依存する生活からの転換がはかられた。結果として山に木々が増え、山の保水力が上がることになり、河川、そして海への土砂供給量が減少することになった。生活の転換によって、土砂災害、水害の低下がもたらされたことになるが、それは半面で天橋立の伸長の停止にとどまらず、縮小の方向に向かったことになる。

なお、地質・地形条件として、岩滝から府中地区にかけて「山田断層」と呼ばれる活断層が確認されている。山田断層は昭和二年（一九二七）三月七日に起きた北丹後地震で、郷断層とともに活動した断層として著名であり（宮津市史編さん委員会編〈一九九四〉）、その特徴については、岡田・松田（一九九七）に詳しい。

二　気　象

『宮津市史　史料編』第五巻には明治三四年（一九〇一）から昭和二三年（一九四八）に至る宮津観測所の気象観測資料のうち、各月ごとの平均気温、最高気温、最低気温、降水量が掲載されている。そのうち、月平均気温と月平均降水量について、当該年次の累年平均をグラフ化すると、**図3**のようになる。一方、気象庁ウェブサイトには、昭和五六年（一九八一）から平成二二年（二〇一〇）の三〇年間の「平均値」データが掲載されており、それらをグラフ化すると、**図4**のようになる。

両者を比較すると、月平均気温についてはほぼ同じであり、変化はない（とはいえ、すべての月でわずかずつ上昇している）。それに対して、降水量をみると、五月と七月を除いたすべての月で降水量が減っており、特に一月・九月・一二月といった従来、雨量が多い月で減少幅が大きい。九月は台風、一月と一二月は積雪が関係すると思われる。結果的に、**図3**では冬季の積雪が特徴的に表れているが、**図4**では冬季の降水（積雪）量が減少しており、また多雨月と少雨月の差が少なくなっていることがわかる。

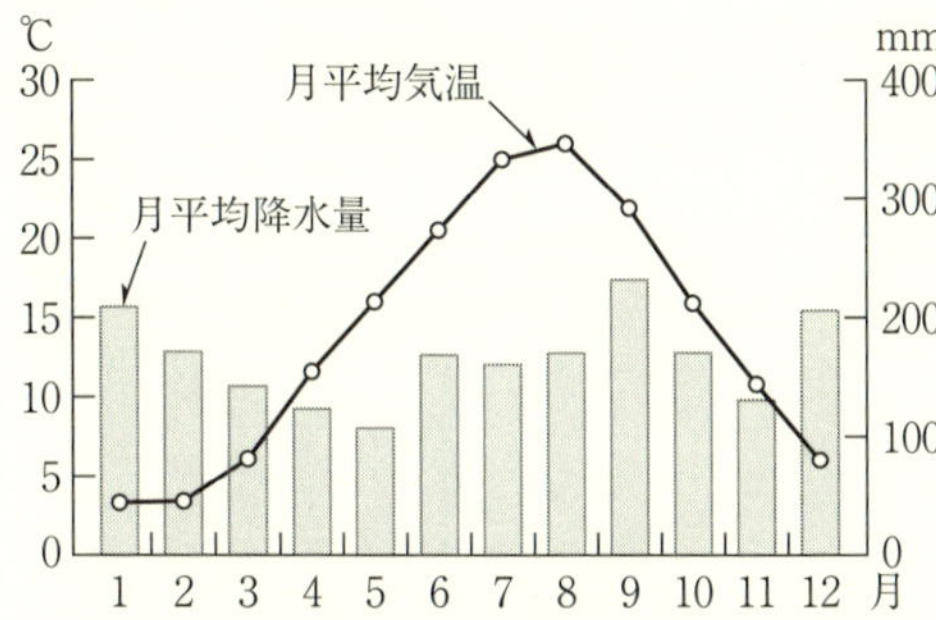

図3　宮津の雨温図①（統計年：1901〜1948年）
『宮津市史　史料編』第5巻（1994）掲載統計資料より作成

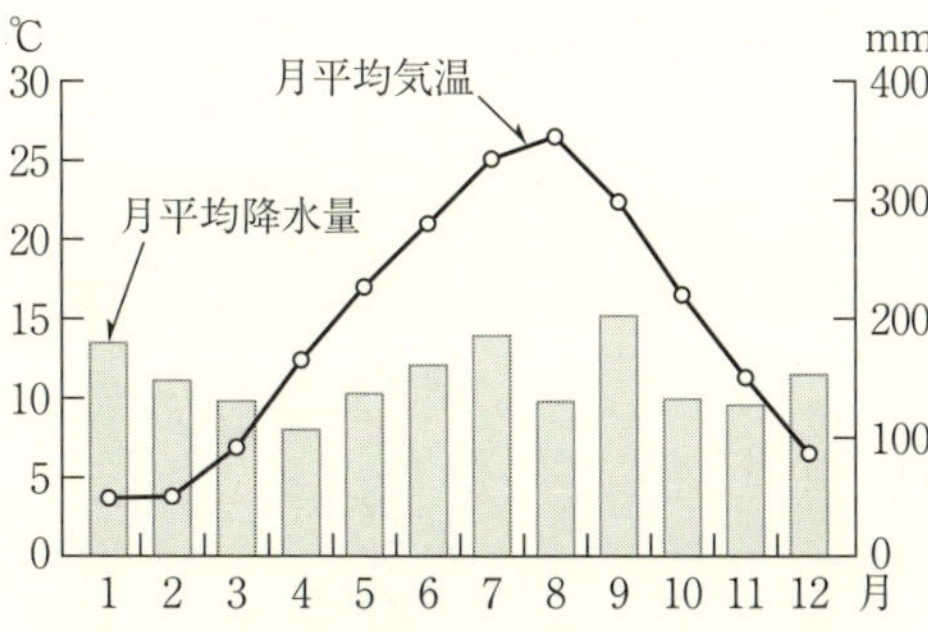

図4　宮津の雨温図②（統計年：1981〜2010年）
気象庁ウェブサイト（http://www.data.jma.go.jp/obd/stats/etrn/view/nml_amd_ym.php?prec_no=61&block_no=0589&year=&month=&day=&view=p）より作成

参考文献

岡田篤正・松田時彦「一九二七年北丹後地震の地震断層」『活断層研究』一六、九五～一三五頁、一九九七。

小椋純一『絵図から読み解く人と景観の歴史』雄山閣出版、一九九二。

五万分一土地分類基本調査（地形分類図）「宮津」京都府、一九九七。

五万分一土地分類基本調査（表層地質図）「宮津」京都府、一九九七。

水本邦彦『全集日本の歴史第一〇巻　徳川の国家デザイン』小学館、二〇〇八。

宮津市史編さん委員会編『宮津市史　史料編』第五巻、宮津市、一九九四。

二　歴史資料

史料にみえる天橋立と宮津
――『宮津市史　史料編』より――

上杉和央

一　はじめに

天橋立は古代以来、さまざまな歴史資料に登場してきた。それらの資料については古くは『丹後史料叢書』や『丹後郷土史料集』といった集成本に紹介され、それらをもとにした検討がなされてきた。ここでは、現時点でもっとも新しい資料集成と位置付けられる『宮津市史　史料編』（第一巻～第五巻）に掲載されている天橋立（府中・文珠）に関する文字資料（史料）を概観し、天橋立が歴史の中にどのように登場し、またどのように描写されてきたのかを確認する。『宮津市史　史料編』に所収される史料は、必ずしも網羅的ではなく、文芸・芸術的な側面というよりも政治・社会的な側面から選択されたものとなっているという特徴を有する。ただ、文芸・芸術的な点については本書の別章に論じられており、ここでは歴史をたどることが目的とされることを鑑みれば、『宮津市史　史料編』は検討に足ると判断できる。なお、『宮津市史　史料編』に古代・中世の関連史料の掲載数は少なく、近世以降の史料が充実している。そのため、ここでの記載もそのような傾向を引き継ぐことになる。

『宮津市史　史料編』に載る天橋立関連史料は**表1**のとおりである。以下、史料については**表1**に付した番号（宮津市史の史料番号と一致）によって示すことにしたい。

表1　『宮津市史　史料編』にみえる天橋立および府中・文珠（抜粋）

文書番号	内　容	年　代	巻	ページ
古代二二一	内裏歌合において天橋立の形をつくり和歌を詠む。	慶保三年（九六六）	一	七九
古代二三〇	大中臣能宣、太政大臣藤原頼忠家の障子絵に天橋立の和歌を詠む。	永観元年（九八三）頃	一	八二
中世一九四	遊行上人第七代託何、天橋立万福寺の扁額を揮毫する。	貞和二年（一三四六）	一	二九〇
中世四三〇	九条忠基等、天橋立見物に訪れる。	応永三年（一三九六）	一	三三七
中世一〇四八	連歌師里村紹巴、天橋立に遊ぶ。	永禄一二年（一五六九）	一	四五五
三八～五一	慶長五年から寛政八年にかけての天橋山智恩寺に関する文書。	慶長五年～元治二年（一六〇〇～一七九六）	三	二六三～二七九
九一	寛文六年一二月に幕府代官中村杢右衛門、府中村に年貢を申し渡す。	寛文六年（一六六六）	三	三九六
五七～七四	寛文一〇年から元治二年にかけての智恩寺門前の百姓と茶屋に関する文書。	寛文一〇年～元治二年（一六七〇～一八六五）	三	二八八～三〇五
知行・所領(2)	「元禄十二年丹後国郷帳」内に「府中郷」「府中ノ内門前町」の記載あり。	元禄一二年（一六九九）	二	一〇三
藩政(1)	「奥平家日記」内正徳五年四月一七日に「府中一宮祭礼」に関する記載あり。	正徳五年（一七一五）	二	五八一
五二～五六	天橋立の切断・開発に関する文書。	享保元～寛延三年（一七一六～一七五〇）	三	二八〇～二八七

七五～七六	明和七年から安永一〇年にかけての寺家記録。	明和七年～安永一〇年（一七七〇～一七八一）	三	三〇六～三一七
七七	文政三年の西国巡礼者の天橋立参詣記。	文政三年（一八二〇）	三	三一八～三四八
二七八	天保六年四月に、府中七か村が龍神祭礼をつとめる。	天保六年（一八三五）	三	八八三
藩政(3)	「年中行事」内に「橋立新出洲鰯干場上納銀」の記載あり。	―	二	六二六
藩政(4)	「臨時留」内に「府中八ケ村」に関する記載あり。	―	二	七三八
藩政(4)	「臨時留」内に「御在城　御在府中共」の記載あり。	―	二	八〇一
二一六	明治一一年三月、府中校就学地区の江尻村保護者ら、学校係官に別校をたてるように願書を出す。	明治一一年（一八七八）	四	四一二
二二〇	明治一八年度、府中校収支予算案。	明治一八年（一八八五）	四	四一七
二一九	明治一一年～二一年における府中校の小学校運営規則。	明治一一～二一年（一八七八～一八八八）	四	四一五
五一	明治二二年三月、成相寺村、府中各村々との合併ではなく世屋村との合併を求める嘆願書を提出する。	明治二二年（一八八九）	四	一三六
五一三	明治二二年八月、京都・宮津間車道全通直前の天橋立観光の状況。	明治二二年（一八八九）	四	八三七
三一九	明治二二年九月、府中村籠神社で地価低減の祝宴がおこなわれる。	明治二二年（一八八九）	四	五四二
五一四	明治二五年六月、荒木金兵衛、天橋立保存のために尽力する。	明治二五年（一八九二）	四	八三九
五七	明治二五年七月、府中村字中野、寄留者に関する規約を定める。	明治二五年（一八九二）	四	一四一
六〇	明治二六年三月、府中村会、村費の支給方法を定める。	明治二六年（一八九三）	四	一四五
二二五	明治二七年三月、府中校長代理、学齢児童勧誘状況を郡長に報告する。	明治二七年（一八九四）	四	四二四

文書番号	内容	年代	巻	ページ
五一五	明治二七年一一月、京都府議会「天橋立風致保護の建議」を知事に提出する。	明治二七年（一八九四）	四	八四〇
五一六	明治二八年五月、渡辺知事、農商務大臣に天橋立の勝景保存方法をたてるよう上申する。	明治二八年（一八九五）	四	八四〇
四八二	明治二八年八月、宮津より天橋立に達する道路改修工事、不完全によりやり直しをする。	明治二八年（一八九五）	四	七八一
五九五	明治三〇年、府中村字中野、区内の休日を定める。	明治三〇年（一八九七）	四	九四四
二三一	明治三三年四月、開校式直前の岩滝村・府中村高等小学校が府から許可を取り消された件について、『丹後新報』が風聞を紹介する。	明治三三年（一九〇〇）	四	四三三
二三二	明治三三〜三四年、村内高等小学校付設をめぐり、府中村議会が紛糾する。	明治三三〜三四年（一九〇〇〜一九〇一）	四	四三四
五一九	明治三六年一一月、与謝郡長、京都府知事に天橋立を郡の公園にすることを申し出る。	明治三六年（一九〇三）	四	八四二
五二五	明治三八年六月、京都府、与謝郡に対し天橋立公園を与謝郡の公園とすることを命令する。	明治三八年（一九〇五）	四	八四九
八三	明治三八年一〇月、府中村、日露戦争の勝利を祝し、記念植林地を設ける。	明治三八年（一九〇五）	四	一六九
五二六	明治三八年一一月、与謝郡臨時郡会、「天ノ橋立公園規則」および「天ノ橋立公園使用規程」を決議する。	明治三八年（一九〇五）	四	八五〇
五二七	明治三九年二月、与謝郡長、公園の正式名称を「天ノ橋立」とすることを、京都府を通じて内務大臣に上申する。	明治三九年（一九〇六）	四	八五〇

五二八	明治三九年三月、与謝郡、「天ノ橋立公園規則」「天ノ橋立公園使用規程」を郡令で通達する。	明治三九年（一九〇六）	四	八五一
五二九	明治三九年九月、与謝郡長、大森知事に天橋立公園に府費補助するよう申請する。	明治三九年（一九〇六）	四	八五三
五三〇	明治四〇年二月、皇太子来宮につき、与謝郡、天橋立公園設備費補助を許可されたことにより京都府に設備費総額に対する設計書等を提出する。	明治四〇年（一九〇七）	四	八五四
五三一	明治四〇年四月、小天橋の官有地の公園地編入が京都府指令により許可される。	明治四〇年（一九〇七）	四	八五五
五三二	明治四〇年一〇月、与謝郡、「天橋立公園維持基金積立規程」を郡告示で通達する。	明治四〇年（一九〇七）	四	八五六
八六	明治四一年正月、府中村字中野、区長に関する規約を定める。	明治四一年（一九〇八）	四	一七二
二四二	大正四年、府中村での大典奉祝の学校儀式次第。	大正四年（一九一五）	四	四四五
五三三	大正五年二月、与謝郡会、京都府に対し、天ノ橋立公園に府補助金支弁を求める意見書を提出する。	大正五年（一九一六）	四	八五六
二四四	大正五年、皇太子天橋立に行啓につき宮津尋常小学校生徒が出迎える。	大正五年（一九一六）	四	四四九
五三八	大正一〇年六月、内務省、天橋立公園を名勝指定する見込みのため意見を京都府に求める。	大正一〇年（一九二一）	四	八六一
五三九	大正一〇年九月、与謝郡長、京都府内務部長へ天橋立公園ほか滝上公園等私園調査の結果を提出する。	大正一〇年（一九二一）	四	八六一
五四〇	大正一一年二月、与謝郡会議長、与謝郡長へ傘松公園に自動電話設置を求める意見書を提出する。	大正一一年（一九二二）	四	八六六

文書番号	内容	年代	巻	ページ
五四一	大正一一年二月、山本郡長より与謝郡会へ郡有天橋立公園の府移管議案が提出され、三月に可決される。	大正一一年（一九二二）	四	八六七
○三一（五四三?）	大正一一年三月、天橋立、史跡名勝天然記念物保存法により名勝地に指定される。	大正一一年（一九二二）	四	八六八
五四四	大正一一年三月、与謝郡、京都府に対し天橋立公園の「寄附願」を提出する。	大正一一年（一九二二）	四	八六九
五四五	大正一一年五月、『日出新聞』、小天橋と文殊の間の架橋工事が着手されることを伝える。	大正一一年（一九二二）	四	八六〇
五四七	大正一一年一二月、養老村長ほか九村長、京都府に対し、丹後鉄道天の橋立駅設置を請願する。	大正一一年（一九二二）	四	八七〇
五四八	大正一一年一二月、養老村長ほか九村長、郡会議員上家祐吉を経て鉄道大臣らに「天の橋立駅設置請願書」を送る。	大正一一年（一九二二）	四	八七二
五四九	大正一二年三月、天橋立保勝会長（郡長）、京都府知事に対し、天橋立公園保勝基金交付を申請する。	大正一二年（一九二三）	四	八七三
五五〇	大正一二年三月、天橋立公園、重量百貫以上の牛馬車、荷車等の通行を禁止する。	大正一二年（一九二三）	四	八七三
五五一	大正一二年五月、天橋立公園傘松に達する沿道に点灯設備承認を京都府に求める。	大正一二年（一九二三）	四	八七四
五五三	大正一二年一二月、天橋立保勝会の設立が認可される。	大正一二年（一九二三）	四	八七五
五五六	大正一三年五月、天橋立北端接続地買収にあたり、府中村、土地買収および移転費用寄附願を京都府に提出する。	大正一三年（一九二四）	四	八八二

五一一	大正一三年、宮津鉄道株式会社創立事務所、宮津鉄道設立にかかわる書類をまとめて印刷する。	大正一三年（一九二四）	四	八三一
六〇五	昭和二年三月、奥丹後大震災時の府中村の状況。	昭和二年（一九二七）	四	九五二
五六二	昭和三年六月、天橋立遊覧協会、発会式を挙行する。	昭和三年（一九二八）	四	八八六
一三一	昭和三年一〇月、府中村の大典記念事業の状況。	昭和三年（一九二八）	四	二三〇
四九三	昭和三年一一月、『日出新聞』、宮津駅天橋立間集合自動車の開業予定を伝える。	昭和三年（一九二八）	四	七九二
五六四	昭和六年五月、天橋立遊覧協会、天橋立に国際海水浴場設置の陳情書を府社寺課に提出する。	昭和六年（一九三一）	四	一七二
三五六	昭和七年、府中村農会、昭和恐慌下において農業経営改善方針をたてる。	昭和七年（一九三二）	四	五八三
五六六	昭和九年一二月、京都府会、天橋立内面に自動車専用道路敷設を京都府に要望する。	昭和九年（一九三四）	四	八八八
四九八	昭和一〇年八月、『日出新聞』、宮津町営バス認可の予定を伝える。	昭和一〇年（一九三五）	四	七九七
四九九	昭和一一年、宮津町会、「宮津町営合自動車使用料条例施行規則」を原案修正のうえ可決する。	昭和一一年（一九三六）	四	七九八
一四〇	昭和一三年三月、府中村軍事援護相談所設置規程が制定される。	昭和一三年（一九三八）	四	二三九
六一六	昭和一六年五月、府中村会、母性および乳幼児保護事業規程設定の件を議決する。	昭和一六年（一九四一）	四	九六一
五六七	昭和二二年五月、与謝、熊野、竹野、加佐、天田郡の町村長ら、丹後国立公園指定請願書をまとめる。	昭和二二年（一九四七）	四	八八九

文書番号	内容	年代	巻	ページ
五六九	昭和二二年七月、丹後国立公園の実現に擡き、府も実地調査をおこなう。	昭和二二年（一九四七）	四	八九一
五七〇	昭和二二年七月、京都大学舞鶴海洋研究所、江尻付近の天橋立を切断することを提案する。	昭和二二年（一九四七）	四	八九二
五七一	昭和二三年六月、丹後国立公園期成同盟会長、東上する。	昭和二三年（一九四八）	四	八九三
五七三	昭和二九年九月頃、京都府会、丹後半島の国立公園編入を首相らに要望。	昭和二九年（一九五四）	四	八九四
一七三	昭和三一年九月、宮津市議会、宮津市建設計画策定することを議決する。	昭和三一年（一九五六）	四	二八九

二　古代・中世

まず注目されるのは、都（京都）における詠歌の記事である。［古代二二一］では内裏歌合において「天橋立のかたをつくりて、松につけたりける歌」とあり、天橋立が再現され、松が詠まれている。天橋立といえば松の風景であることが共有されたイメージとなっていることがうかがえる。

［古代二三〇］は太政大臣藤原頼忠家の障子絵に歌が詠まれた記事だが、その障子絵は「くに〳〵のなあるところ〳〵をかゝせ侍りて」とある。「なあるところ」とはすなわち名所（などころ）であり、歌に詠まれる場所であった。

両史料より、少なくとも一〇世紀後半頃に天橋立は歌に詠むべき著名な名所であったことがわかる。重要なのは都、すなわち天橋立の現地から離れた場所で、天橋立のイメージが象（かたど）られ、さらにそれをモチーフとして歌が詠まれているという点である。古代の時点で天橋立は現地だけで消費されるのではなく、都の中で広く共有されるものとなっていた。

そのような都での集合的なイメージ形成・継承は、その後も全時代を通じておこなわれていくが、一方で、天橋立の現地を訪れる者もいたことは確かである。例えば、夫の任官に従って丹後に住んだ和泉式部などが著名だが、『宮津市史　史料編』では一四世紀および一六世紀の天橋立遊覧の記事があげられている。

一点（［中世四三〇］）は従一位関白であった九条忠基（ただもと）（一三四五〜一三九八）一行の橋立見物記事である。この時点で忠基はすでに関白の地位を辞しているが、有力貴族層が訪れる地となっていることがわかる。

もう一点は著名な連歌師である里村紹巴（じょうは）（一五二五〜一六〇二）の記録である（［中世一〇四八］）。この当時、紹巴は連歌会の第一人者となっている時期であり、紹巴の行動は大きな影響を与えた。

三　近　世

近世において、重要なのは智恩寺の位置付けである（［三八〜五一］）。享保一三年（一七二八）には、寺の由緒が記録されている（［四五］）が、その冒頭には次のようにある。

久世戸之由来

一　当嶋ハ神代ヨリ開闢之事

一　当嶋之歌数多和歌集之中ニ御座候事
一　延喜御門天橋山智恩寺と申山号・寺号被下候之事
（後略）

この由緒が「九世戸縁起」をもとにして作られているのは明らかだろう。「九世戸縁起」は清巌正徹（せいがんしょうてつ）（一三八一〜一四五九）筆であることが確認されており（『日本三景展』実行委員会編二〇〇五）、一五世紀代の作とみてよい。この頃になると、天橋立には成相寺（なりあいじ）ないし籠神社（このじんじゃ）よりも智恩寺の影が強くうかがえるようになる。それは一つには府中の盛衰にも影響しているだろう。

近世において、天橋立は智恩寺の境内として位置付けられていた。例えば元禄七年（一六九四）の検地では、一二五六間（縄打）・一三五〇間（竿打）が計測されるなど、藩権力によってその支配が支持されていく（［四五］）。さらに、元禄一〇年から始められた元禄国絵図作製事業の折（川村一九八四）、智恩寺は藩からの調査に従い、寺領に関する詳細な書付を提出している。そこで起きた寺領高をめぐる顛末は由緒書にも触れられており、智恩寺にとって重要な事業であった。

このように、智恩寺の境内地として明確に捉えられていた中で、一八世紀前半になると、天橋立の切断の願いが溝尻村より何度も出される（［五二〜五六］）。これは阿蘇海を漁場としていた溝尻村が「近年不漁ニ付」訴えたもので、「七八十年来洲崎出申候而、切戸狭ク罷成候」という状況下で阿蘇海の環境が急激に変化し海産物が大きく減少したためである（［五二］）。この背景には、山地の森林の過剰伐採による土壌侵食の増大にともなう阿蘇海への大規模な土砂流入がある（水本二〇〇二）。

最初に切断願が出されたのは享保年中だが、その際、智恩寺側は三つの反対論を用意した（［五二］）。その第一が境内としての位置付けがはっきりしている点である。元禄国絵図作製事業にかかる書付に寺の境内として明確に位置付けており、それを幕藩権力が認めていることを確認した上で、橋立切断が「他村之願」であるとしている。そして、もし「他村之願」が通るとすれば書付と異なる状況になるので、「御公儀」（＝江戸）に伺いを立てた上で判断すべきであるとしている。すなわち、寺領内であることがはっきりしている天橋立の切断が他村からの願で認められてしまうことは、領域支配の根幹にもかかわる問題であると訴えるのである。

その次に持ち出す論理が「橋立者天下無双之絶境」である。「纏一村之困窮御救之為」に橋立を切断するならば「諸国往来之者迄嘲哢」するだろうとして、橋立の景観美が全国的な価値を持つものであることを説く。

そして三つ目に主張するのが天橋立の由緒である。「天浮橋」が橋立であることは承知であろうとしつつ「二神降下之神跡を仮初にも截断与之儀、天下之聞江不吉第一ニ奉存候」とする。「神跡」を切断する行為が社会的評価を落とすことにつながるとしたのである。

このような論理は近世を通じて展開されており、特に社会的風聞が悪い点を訴える方法は度々おこなわれている。例えば文化一四年（一八一七）に起こった争論では、智恩寺は次のように反対を述べている（［五三］）。

> 橋立自然と長大ニ相成、追々並松茂りさ風景一入相増、天下之壮観御領地之外慶与奉存候、然ル処今更古水戸改り候得者、世人之嘲笑之程如何敷、如前許利少く害多キ道理ニ奉存候

このような論理が主張され、そして認められていった背後には、天橋立が著名な参詣地として全国に知られてい

たことがある。そのような中で、参詣客相手の生業も展開し、例えば智恩寺の門前には次第に門前町が形成されていくことになる。史料によれば一七世紀後半から門前での商売を始めたようであり、延宝八年（一六八〇）の茶屋敷借用に関する請書が残されている（[五八]）。元禄三年（一六九〇）には茶屋四軒組合がすでに形成されていたこともうかがえる。一七世紀後半は、全国的に参詣を中心とした観光文化が展開した時期であり、また天橋立が日本三景として広く周知され始める時期でもある（長谷川一九九六）。

ただし、天橋立への参詣となれば、智恩寺への参詣というよりも西国三十三所巡礼の一環で二八番札所となっていた成相寺に参詣する途中で智恩寺にも立ち寄るというケースの方が多い。『宮津市史　史料編』には文政三年（一八二〇）の旅行記が掲載され（[七七]）、成相寺から「東下を見れハ、きれ戸のもんじゅ、あまのはし立、大海を見くだす事甚見事なり」として、その景色が愛でられている。西国三十三所巡礼に関する旅行記については、その他にも多くの史料が残されており、このような記述は他にも確認できる（東二〇一二）。

これらをまとめれば、近世は、いくつかの意味で天橋立をめぐる環境が変化した時代、と位置付けることができよう。ここで言う「環境」の一つ目は自然環境であり、土壌流出による砂嘴の伸長による阿蘇海の生業利用が大きな転換を迫られた。二つ目は支配環境であり、智恩寺の寺領として幕藩権力によって明確に位置付けられることで、天橋立への人為的改変が抑制される状況が生み出された。そして三つ目は社会環境であり、観光文化の展開にともなう天橋立界隈における観光業の発達がみられた。

また、多数の者が現地を訪問して天橋立を実際に目にするようになり、イメージの世界ではなく、現実の景観の状況が判断されることになった。このような視覚優位の世界が誕生したことを捉えて、近世中期以降の文化を視覚文化と呼ぶ場合があるが（スクリーチ一九九八、今橋一九九九）、近世の天橋立はまさに視覚文化の中で捉えられた名所であった。重要なのは、その視覚には例えば由緒や歴史性といった正統性のフィルターがかけられていることであり（上杉二〇一〇）、そのようなフィルターを通してもなお――むしろ、フィルターを通したからこそ、と言うべきか――「日本三景」としての地位を保った点に天橋立の特徴がある。このような点を文化（精神・信仰）環境として四つ目の変化としてあげておきたい。

四　近現代

近代については、天橋立の保存・管理に関わる行政文書・新聞記事が数多く掲載されている。

近代において、天橋立の保全・管理に関する議論が高まってきたのはまず明治二〇年代後半である。明治二六年（一八九三）には、京都府議会の中で京都から天橋立に至る道路が「名区勝地ニ達スル道路」として位置付けられ（[五一六]）、明治二八年には工事がなされている（[四八二]）。この時期の天橋立は「天橋特有ノ雅致ヲ存スル松樹ハ今ヤ風折夥多シ」という状況であり、府議会では「勝景保存ノ為メ漸次松樹ヲ繁茂セシメ、以テ充分ノ風致ヲ添ヘ長ク日本ノ勝地ヲシテ全カラシメンコト」が必要であると建議されている（[五一五]）。この流れは、天橋立を所管していた農商務大臣あてに現況調査と勝景保存方法の検討を上申するまでに至っている（[五一六]）。

次に画期となるのは二〇世紀初頭となる明治三〇年代後半である。まず明治三六年（一九〇三）に国有林であった天橋立を与謝郡の公園とすることが求められていく（[五一九]）。この背景の一つには明治三四年の舞鶴鎮守府開庁（上杉二〇一二）があり、「橋立付近ノ繁盛ヲ来ス」ことが予想されるので「将来郡ノ繁栄増進ノ資ニ供スル為」に郡立公園としたいと訴えられている。この郡立公園は明治三八年六月に京都府から与謝郡への命令書をもって具現化し（[五二五]）、その後、使用規程の整備や（[五二六・五二八]）、公園の正式名称を「天ノ橋立」とすること（[五二七]）などが決められている。命令書の中には「本公園地及該地上ニ在ル立木等ハ毀損セサル様保管スヘシ」（第四条）や「本公園地内ニ松樹ノ外栽植ヲ許サス」（第七条）といった条項がみえ（[五二五]）、公園内の緑地保全、とりわけ松樹の育成・管理への強い意識が読み取れる。

　次の動きは一九二〇年代前半の名勝指定の動きである。これは大正八年（一九一九）四月に史蹟名勝天然記念物保存法が公布されたことにともなうものであり、天橋立については大正一〇年六月に内務省から名勝指定見込みについての照会が京都府になされているのが端緒であり（[五三八]）、大正一一年三月八日の内務省告示をもって名勝に指定されている（[〇三一（ママ）（五四三か）]）。

　この前後には郡制廃止を受けた天橋立公園の与謝郡から京都府への寄付が検討されており（[五四一]）、タイミングとしては名勝指定の告示が出た直後の三月九日付で「寄附願」が提出されている（[五四四]）。この中では地元有志による「天橋立保勝会」を設立し、実質的な保存管理は引き続き地元でおこなうことが述べられているが、実際、大正一二年一二月に「天橋立ノ風致ヲ保存シ及増進スルヲ目的トシ」た同会の設立認可が下りている（[五五三]）。また、「郡制廃止の効果の置土産なる工事」として小天橋と文珠の間に廻旋橋がつくられているが、「文化的設備と天然の風光と調和せしむる点に郡当局は苦心」していると報道されている（[五四五]）。

　戦後になると、国立公園指定を目指す動きもみえてくる。「国民文化の昂揚と民衆体位の向上とを図り真に平和日本を建設する為に国立公園の使命はいよいよ大きい」として、丹後国立公園指定の嘆願書が昭和二二年（一九四七）に出され、その後実地調査がなされている（[五六九]）。この動きは、最終的に昭和三〇年に若狭湾国定公園として指定されることで決着をみている（その後、二〇〇七年に丹後天橋立大江山国定公園として再編された）。

なお戦後の動きとして、阿蘇海の漁業資源の激減や水質悪化にともない、京都大学舞鶴海洋研究所の調査研究がなされた結果、江尻付近での切断案が提示されることがあった（［五七〇］）。その後の経緯は不明だが、結果として、切断はなされなかった。ただし、この後も漁業資源の減少や阿蘇海の水質汚濁は続いていき、恒常的な問題となるのは周知のとおりである。

地域の生業や環境面からみると切断が妥当と訴える側と、自然美や歴史的価値からは切断は受け入れられない側という緊張状況は近世の切断論争とほぼ同じ構造を持っている。異なるのは宗教的な価値観が現代には争論の対象になっていないことである。大局的にみると、天橋立と信仰・宗教の側面は時代を経るに従い分離していく傾向があると言えるだろう。ただ、一方で主張する軸は変更されるとはいえ、切断を否とする結論が出され続けるという状況は変わらない。天橋立は陸地部から連続した砂嘴でなければならないという意識は、歴史を通じて普遍的なものとして位置付けられる。

現在、天橋立は砂の減少を抑えるサンドバイパス工事がなされている。このような工事に至る精神的な背景にも、この歴史を通じた長い天橋立観があるのかもしれない。

参考文献

今橋理子『江戸絵画と文学――〈描写〉と〈ことば〉の江戸文化史――』東京大学出版会、一九九九。

上杉和央『江戸知識人と地図』京都大学学術出版会、二〇一〇。

上杉和央「絵画作品に描かれる天橋立について」（上杉和央編『京都府立大学文化遺産叢書第五集　丹後・宮津の信仰と街道』京都府立大学文学部歴史学科、二〇一二）一一～二四頁。

「日本三景展」実行委員会編『日本三景展――松島・天橋立・厳島――』、二〇〇五。

川村博忠『江戸幕府撰国絵図の研究』古今書院、一九八四。

タイモン・スクリーチ（田中優子・高山宏訳）『大江戸視覚革命――十八世紀日本の西洋科学と民衆文化――』作品社　一九九八。

水本邦彦『絵図と景観の近世』校倉書房、二〇〇二。

長谷川成一『失われた景観――名所が語る江戸時代――』吉川弘文館、一九九六。

東　昇「近世の道中記にみる宮津・天橋立・成相寺・切戸文殊――宿と名物――」（上杉和央編『京都府立大学文化遺産叢書第五集　丹後・宮津の信仰と街道』京都府立大学文学部歴史学科、二〇一二）二三・四四頁。

丸山宏「近代天橋立の風致史――天橋立公園の成立――」『京都大学農学部演習林報告』五八、一九八六、二〇六～二二四頁。

宮津市史編さん委員会編『宮津市史　絵図編』、二〇〇五。

宮津市史編さん委員会編『宮津市史　史料編』第一巻～第五巻、一九九四～二〇〇一。

宮津市史編さん委員会編『宮津市史　通史編』上・下、二〇〇二・二〇〇四。

名所地誌にみる天橋立

仲　隆裕

一　はじめに

天橋立は、自然豊かな日本においても特段に注目される景勝地の一つである。はやくも『風土記』の時代、「天橋立は、天に続く梯子（はしご）が海中に残されたもの」（『釈日本紀』卜部兼方（うらべのかねたか）〈鎌倉時代末期〉の『丹後国風土記』逸文による）と捉えられているように、聖地としての意味付けがなされていることがその理由の一つであると考えられる。

天橋立は古代以来、和歌や絵画、俳句、庭園、写真など数多くの芸術作品の対象として取り上げられてきた。中でも、日本庭園に「天橋立」を題材とした造形がなされてきたことについては、本書収録の「天橋立と日本庭園」（一九六～二〇三頁）において詳述しているように、平安時代の「六条南院」、江戸時代の「桂離宮」といった事例がある。また、天橋立を直接的に意匠化したものはないが、平安時代中期の藤原道長邸の庭園が「天橋立のようにすばらしい」と評価されるなど、天橋立が庭園評価に際しての比較対象とされていることも注目すべきことである。

本稿では、近世に出版された名所地誌の中から、上記の事例以外にも、天橋立を造形化した意匠を持つ庭園がかって存在したのかという点について検討した。その結果、残念ながら新たな事例を見出すことはできなかった。しかし、上記の事例に関連する事例や、名所を評価する記述において天橋立を比較対象として取り上げている事例を確認することができた。以下、各資料を示しつつ、その概要を紹介する。

二　庭園にみる天橋立

日本庭園において「天橋立」を題材とした造形がなされている事例については、過年度の報告以外の事例を見出すことができなかったが、関連する記事をいくつか確認することができた。

大中臣輔親（九五四〜一〇三八）の邸宅「六条南院」に天橋立の風景がつくりこまれていたことは、「丹後の天橋立をまねびて、池の中島を遙にさし出して、小松を長くうへなどした」（『十訓抄』）の史料からうかがうことができる。この庭園は「海橋立（あまのはしだて）」と呼ばれ（『袋草紙』）、のちに崇徳上皇の御所にもなった。

六条南院は、現在の京都市下京区六条通室町東入、東魚屋町付近に所在したものと推定され、江戸時代まで園地はその痕跡をとどめていたようであり、『拾遺都名所図会』には絵図が示されないものの「天橋立」として取り上げられている。

旧跡は今の東本願寺御堂の地より北にして、六条魚棚までなり。この地むかし宗近三位資近卿の殿舎にて、庭中に大きなる池を掘らせ、天橋立の風景をうつしたまふ。後世までこの池遺りありしを、本願寺建立の時多く埋めらる。今、東本願寺の書院を寝殿といひ、小書院を小寝殿といふは、彼の三位資近卿の時の殿舎の名なり。

この事は清輔の『袋草紙』に見えたり

『拾遺都名所図会』は秋里籬島の著述にかかるが、同じ作者による『都林泉名勝図会』では前者の記述を受けてであろうか、東本願寺の庭園である枳殻邸の項においてこれを六条南院と紹介している。枳殻邸に関する図版は当時の様子を描写したものと思われるが、一方で同書には「東六条祭主三位輔親卿旧館」として復元図（想像であろう。**図1**参照）が掲げられ、図中に二首の和歌が示されている。

図1　都林泉名勝図会

林泉に天橋立の風景を移さる　七夕をよめる

雲まよりほし合の空を見はたせばしづこころなき天の河波　祭主輔親

池水は天の川にやかよふらん空なる月の底にみゆるは　懐円

これら和歌では、天橋立が天の川との関連で捉えられていることがうかがえよう。

三　比較指標としての「天橋立」

平安時代後期の一一世紀、藤原道長の邸宅である土御門殿は「庭ははるばるとして、橋立の砂子などのやうにきらめきてみえたり」(『栄華物語』)と評され、優れた庭園の景色が天橋立に比せられていた。

名所地誌には、ある名所の評価にあたって「天橋立」との類似性をうたう記述がみられた。このような記述が可能であったということは、天橋立の風景が諸国に知られていたことを示している。例えば『淡路国名所図絵』巻之四では、淡路島の「洲崎」について以下の記述がある。

同煙島の東の海中にながくつづけり。乾より巽にいたって長さ三町余、艮より坤にいたる。はば一町ばかり。地上みな白砂にして、松樹蒼々と列なり生ひてその景勝愛すべし

里老伝へて云ふ、この洲崎より阿万の下角(俗に蛇のひれといふ)といふ所へ続きて、小松並び立ちたりしといふ。しかれば天の橋立の景色に彷彿たる勝地にてありけんかし。さればこそ平家の公達のここに船とまりして詠じたまひしとかや。古くも話にのこれり。

このように、淡路島の洲崎には白砂の砂嘴に小松が並び茂っており、その様子は天橋立を彷彿とさせるものであった、と述べられている。この事例は、天橋立に類似していることが洲崎の景勝を評価するポイントであったことを示しているといえるだろう。

図2は『近江名所図会』巻之二「近松寺山頂安然塔並びに湖上望遠の美景」で、「見おろす麓の大津の里は、手を出だして取るばかりなり」と山上から見渡す琵琶湖の風景を描写している。天橋立について言及された部分を以

図２　『近江名所図会』巻之二

下に示す。

> 左に首をめぐらせば日吉・比良の高根を始めとして堅田・若宮崎・唐崎の洲崎などは天の橋立を幾重にもならべたるがごとし

ここでは天橋立を彷彿とさせるといういわば消極的な評価ではなく、天橋立が幾重にも並んでいるような風景である、つまり天橋立を上回る景勝地であるという評価の姿勢がみられる。

天橋立は世に知られた景勝の地であるがゆえに、これを指標として風景のすばらしさを評価しようとする姿勢は、『厳島図会』においてさらに詳細に展開される。『厳島図会』には、厳島の風景図や厳島に関して詠まれた和歌などが多数収集されている。その巻之一には「僧海量」による「たとへこと葉」が収録されている。著者はここで厳島の聖地としてのすばらしさを述べているのであるが、このとき他の名所と比較し、最終的に厳島を最上とする理由を述べていることはおもしろい。

著者は名所の評価は人それぞれであり、季節によって風景も異なることを指摘しつつ、六〇カ国を探訪した自身の経験からあえて風景の優れた地として富士山や琵琶湖、那智の滝をあげる。続いて激しい鳴門の渦潮、のどかな吉野の桜をあげるが、しかし、これらには他に類するものもある、としている。他に類例をみない事例として著者があげる景勝の地は、松島、天橋立、厳島の三つであった。長文なのでその一部を示してみよう。

かけまくもあやにかしこく、言巻もあなゆゆしき伊都岐しまひめのしづまりますなる、安芸の海（中略）いづれの世いかなる人のめではじめけん、みちのくの松島、たにはの道の後なる天の橋立、このいつきしまの三つを世にひでたる名くはしきところなりと、人ごとに言ひ継ぎかたりつぐめり。（中略）うち見るに眼をよろこばしめ、心をなぐさましむるに、まこと世にたぐひあらじとおもへるは、布自の高根、あふみのうみ、紀の国の熊野なる那智の滝なるべし。（中略）そはとまれかくまれ、今このいつくしまの世にひでたることをあげつらはば、松島・はし立・厳島の三つは、をかしくゆたに奇しく、怪しき類にあらず、清けくこもやかにうるはしく、のどかなるかたにして、その地をふみ、兎見かう見徘徊、ふねうけすゑ、ここかしこ漕ぎめぐり、眼をよろこばしめ心をなぐさましむるに、世に秀たりとめではやさんことうべなり。さて三つの内たがひにそのふりぶりこそ異なれ、いづれおとりまさりはあるべからざれど、松しま・はし立は、浦辺島回にそのたぐへるところなきにあらず。このしまのみはしのもと大床の下まで、うしほの満ち来るよそほひ、まことに世にたぐひなき名ぐはしきところなり（後略）

著者が松島・天橋立・厳島の三つについて評価した理由は、いずれの地も「眼をよろこばしめ、心をなぐさましむる」「をかしくゆたに奇しく」「清けくこもやかにうるはしく」という名勝地であることに加え、船で巡ることができるという特長を備えているからであったようだ。しかし最終的にはこの三つの中でも厳島のみの特長をあげ、最上と讃えるのである。

四　名所図会における天橋立

天橋立そのものは、近世の名所地誌ではどのように評価されているのだろうか。**図3**は『山水奇観』「山陰奇勝」に描かれる天橋立である。ここでは漢詩が示されてその佳景が讃えられているが、本文に詳細な記述はみられない。**図4**、**5**は『山海名産図会』巻之三に描かれるブリの「鰤追網」である。

○鰤

丹後与謝の海に捕るもの上品とす。これはこの海門にイネと云う所ありて、椎の木甚だ多し。その実海に入りて魚の餇とす、ゆゑに美味なりといへり。

○北に天の橋立、南に宮津、西は喜瀬戸、これ与謝の入海なり。魚常にここに遊び、長ずるに及んで出でんとする時を窺ひ、追網を以てこれを捕る。

『厳島図会』でみたように、天橋立は船で巡ることによる観賞体験も大きく評価されていた。『山海名産図会』に

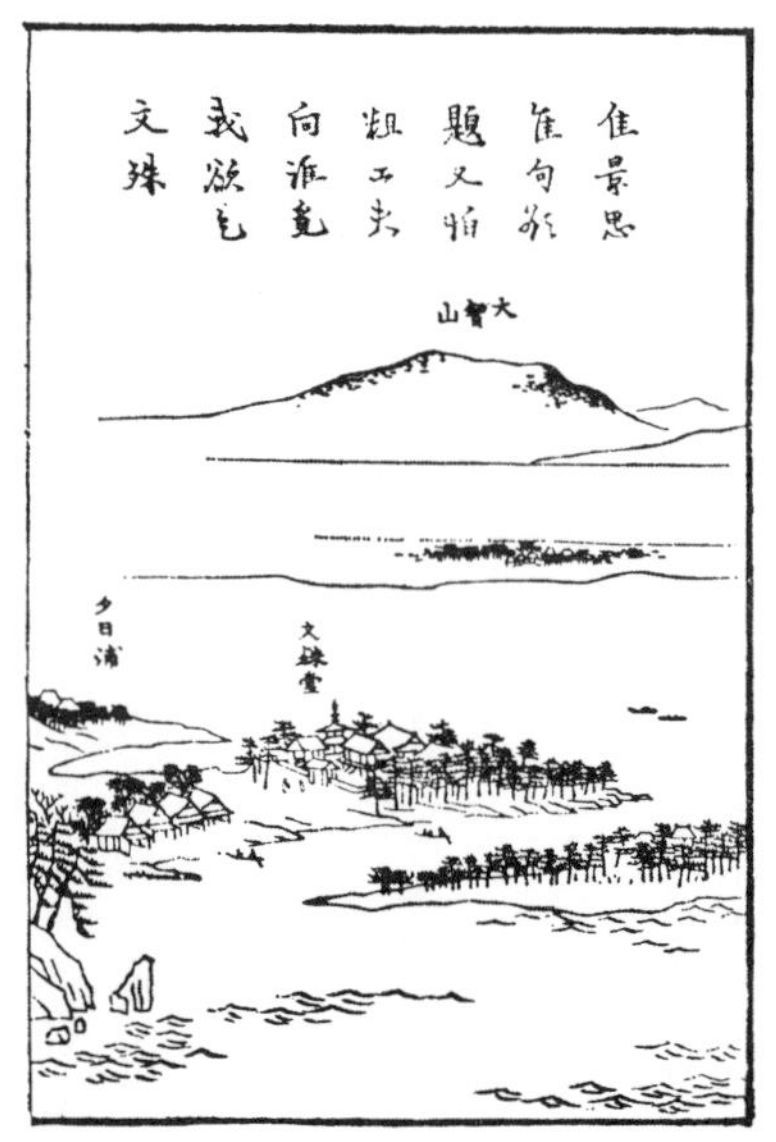

図 3　『山水奇観』「山陰奇勝」「丹後天橋立」

図 4　『山海名産図会』巻之三「鰤追網」

図５　『山海名産図会』巻之三「其二」

描かれるように与謝海は豊かな漁場であり、船を数十艙並べての活気ある追網漁が天橋立の一つの風景であった。漁の風景や海産物の質も近世における天橋立評価の対象とされていたことがうかがえるのである。

五　おわりに

本稿では、近世の名所地誌を対象として、天橋立そのものに関する記事、天橋立を題材とした庭園に関する記事、天橋立に類似する名所の記事を抽出し、紹介した。なお、本稿で示した本文・挿図は竹村俊則ほか編『日本名所風俗図会』（全一八巻・別巻二、角川書店、一九七九〜一九八一）によった。今回の調査ではすべての名所地誌の精査には至っておらず、見落とした記事も少なくないと思われるため、今後も継続して補完に努めたい。

三　視点場

天橋立における歴史的景観の変遷と地域住民の景観評価に関する研究

深町加津枝・奥　敬一

一　はじめに

日本三景の一つである天橋立は、砂嘴が発達した自然地形とクロマツを中心とするマツ並木を基盤とし、寺社や集落など人文的要素と、四季折々の移ろいゆく自然の姿が調和している傑出した景観である。成相寺（なりあい）や智恩寺など有名寺社に近接した天橋立は、古来より人の往来が絶え間なくあり、さらに、天橋立について詠まれてきた多数の和歌や俳句、紀行文が旅の目標ともなり、多くの文人墨客が訪れる契機ともなっていった(1)。

図絵に描かれた天橋立で現存する最古のものは、本願寺三世覚如（一二七〇～一三五一）の一代記として作成された藤原隆昌（たかまさ）による「慕帰絵詞（ぼきえことば）」であり、覚如が成相寺に参拝する際に天橋立を訪れ、その時に目にした景観が描かれている(2)。室町時代の後半になると雪舟（一四二〇～一五〇六?）による「天橋立図」が描かれた。その後、江戸時代前期には厳島や和歌浦など他の名所と組み合わせた「天橋立図屏風」など、季節折々の表情や名所に遊興する人々の姿が描かれた多数の作品が生み出された。[3] 天橋立は、天然の奇勝としての地形、そしてそれに基づく伝説と、名所として卓越した魅力を持った景観として全国的に認知されていたのである。

このような江戸期までの図絵では、天橋立の砂嘴や周辺の寺社、山林などにクロマツが描かれるが、名松が目立って描かれるものや、マツの形態が強調されて描かれたもの、大胆に簡略化されたものなど、図絵によってさまざまな松林景観の様相が見て取れる。天橋立を望む主要な視点としては、成相寺周辺、栗田峠、大内峠がある。これら三つの視点から望む景観は、「天橋立三絶」として広く認識されてきた。[4][5] 特に大内峠から望む天橋立の景観は、最も古くからの天橋立の展望地点として広く知られている。

天橋立は、中世以降、智恩寺や宮津藩主などにより「無双霊境」「天下無双の絶境」の地として位置付けられてきたが、江戸時代の記録などから幾度となく橋立切断の危機が繰り返されてきたことがわかる。[6] 明治期の近代的土地所有制の成立過程の中では「公園」が創設され、天橋立は一八七三年（明治六）の太政官布達第一六号により「地盤国有公園」に指定された。その後も一九二二年（大正一一）に「名勝」指定され、一九二七年には「特別名勝」に変更、一九五五年（昭和三〇）の都市計画公園決定では「天橋立公園」となり、また同年に「若狭国定公園」に指定されるなど、長年にわたる多種多様な法指定の歴史を経てきた。明治期以降、天橋立は公有地として法制度下で景観の保全あるいは利用対象として明確に位置付けられてきたが、それとともに都市化、観光開発などが進み、天橋立の歴史的景観は大きく変化していった。

藤岡謙二郎[7]は、「歴史的景観」について「今なお現存する歴史的な人文景観」とする概念を示し、この視点は、過去と現代の連続に深い注意を払う歴史地理学の中で引き継がれていった。[8] ここでいう歴史的景観の保全の論理は、一つの時代がそれ以前の景観をいかに受け継ぎ、あるいは改変し、否定したかを踏まえ、現代に生き残った過去の景観をいつくしみ、可能な限り現代に積極的に生かす道を考えることを特徴としている。

本研究においては、この概念を踏まえつつ、今後の景観計画につなげる立場から、公有地となり法制度による景観保全体制下に移行した明治期以降の天橋立における歴史的景観の変遷について、特に、①天橋立の砂嘴およびマツ並木、②天橋立を望む視点とそこからの景観、という観点から明らかにすることを目的とする。また、天橋立およびその周辺の景観の形成と変遷に深く関わってきた地域住民を対象に景観評価を行い、歴史的景観の保全と利用の方向性を明確にするものとした。これらの結果を踏まえ、将来にわたって日本三景としての歴史的景観を引き継いでいくとともに、地域住民にとって日常生活域にある地域固有の景観として、今後の景観管理がどうあるべきか、今日の行政施策を踏まえながら検討する。

二　研究方法

（一）天橋立における歴史的景観の把握

図1には、天橋立周辺における主要な視点や観光名所を示す。

京都府宮津市に位置する天橋立は、大天橋（一九九八年現在での都市公園域で延長二四一〇メートル、面積一八・八ヘクタール）、小天橋（延長八三〇メートル、面積四・九ヘクタール）、第二小天橋（延長四一〇メートル、面積〇・九ヘクタール）、傘松（延長一二〇メートル、面積〇・五ヘクタール）により構成される。文化財保護法に基づく「特別名勝」には、これらに智恩寺の社寺周辺部が加わり、また、自然公園法に基づく「若狭湾国定公園」ではさらに周辺の海岸線や森林などが加わった範囲となる。

天橋立における歴史的景観の把握では、二〇〇二年一一月〜二〇〇三年一〇月に、地域住民に対する聞き取り調査、関連する行政や専門家に対する聞き取り調査、そして現地調査を行った。地域住民に対する聞き取り調査は、「天橋立を守る会」会長、事務局長をはじめ、地元で適任と推薦していただいた一二名の住民を対象に行った。関連行政や専門家に対する聞き取り調査では、京都府（公園緑地課および森林保全課）、宮津土木事務所、京都府立丹後郷土資料館、宮津市歴史資料館を対象にし、同時に関連資料や地図、写真などの収集も行った。聞き取り調査の項目は、天橋立周辺の景観の変化状況、ランドマーク木の特徴、天橋立を望む視点とそこからの景観の特徴、天橋立周辺での住民組織とその活動、歴史的景観を受け継いでいくための具体的な方策、天橋立周辺を対象にした行政施策や事業についてである。

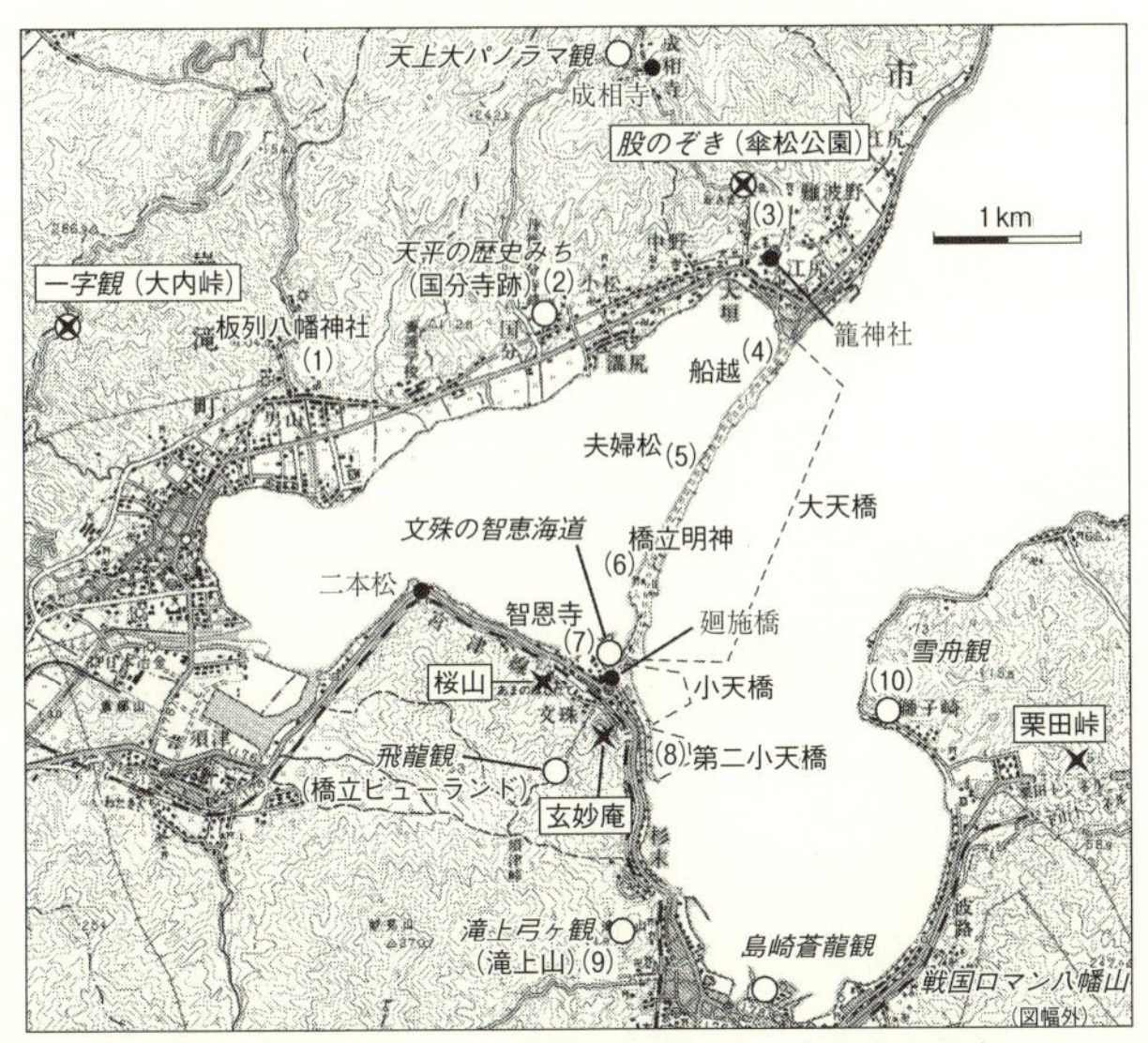

✕ 四大観、三大観などとして名前があがったことのある地点
○ 天橋立十景
(1)〜(10) 橋立周辺の代表的なマツ林景観
● その他主要な地名、寺社名など
※国土地理院1/25,000地形図をもとに作製

図1　天橋立周辺の主要地点、地名

天橋立周辺の歴史的景観の変遷の把握に用いた資料は、明治後期〜昭和前期に発行された絵はがき（写真によるもの、一部戦後発行のものも含む）合計四六一枚（宮津市歴史資料館所蔵）、観光案内書および既存文献である。天橋立周辺における明治期以降の歴史の概観の把握には、

地元で発行された資料[9][10][11][12][13][14]を用いた。本研究では、絵はがきの内容に基づき、当時の天橋立周辺の景観の特徴、天橋立を望む主要な視点の位置やその特徴を読み取って分類し、今日の景観の特徴や視点の特徴と比較した。絵はがきは、撮影された景観や説明文に基づき、①主要な視点からの天橋立の景観、②近距離景としての砂嘴を対象にした景観、③視点を砂嘴上とする景観、④名松、⑤寺社・史跡、⑥人工構造物（橋など）、⑦木造建築物、⑧河川・滝、⑨町並み、⑩生業・行事の場面、に区分した。以上の複数の区分の内容を同等に含む場合は、番号の若い項目を優先させた。

また、二〇〇二年五月〜二〇〇三年九月に延べ一五日間の現地調査を行い、天橋立を望む主要な視点やそこから望む景観の特徴、観光船や主要道路、ハイキング道からの天橋立の見え方、天橋立のマツ並木や周辺の利用状況、マツ枯れ被害の状況について把握した。

（二）地域住民に対する景観評価

地域住民による景観評価は、天橋立周辺に居住し、天橋立に強い関心を持った地域住民として位置付けられる「天橋立を守る会」の会員を中心とする二〇〇名の住民を対象に、アンケート調査を行った。「天橋立を守る会」は、一九六五年に組織された一般有志の会員約二〇〇名からなる任意団体で、特別名勝天橋立を保護し、後世に継承していくため、環境美化、愛護運動の推進、利用施設の整備促進などの事業を展開している。会員のほとんどは、宮津市の天橋立周辺に在住の住民や行政、ホテルや会社などの施設、組織の代表であり、そのほか、近隣の岩滝町や野田川町、加悦町などに居住する若干の会員がいる。

アンケート調査は二〇〇三年一〜二月に郵送により実施し、回収数は一一〇通（回収率五五パーセント）であった。男女別で見ると、男性七六名、女性三二名、不明二名より回答があった。年代別で見ると、二〇代が三パーセント、三〇代八パーセント、四〇代一四パーセント、五〇代三三パーセント、六〇代二〇パーセント、七〇代一三パーセント、八〇代九パーセントであった。また、本研究では、回答者を居住地に基づき、文珠（宮津市字文珠）、府中（宮津市字大垣、江尻、中野、難波野）、宮津海岸（宮津市字魚屋、新浜、鶴賀、万年）、宮津内陸（宮津市万町、住吉、宮村、柳縄手、松原、惣、本町、馬場先、木ノ部、吉原）、その他に区分した。居住地区分ごとの回答者の数は、文珠三三名、府中二〇名、宮津海岸一九名、宮津内陸二三名、その他一〇名、不明五名であった。

アンケートの内容は、天橋立周辺で一番好きな景観とその理由、歴史的景観として重要だと思う場所、今後も残していきたいマツ、そして景観上の課題についてであった。また、天橋立を望む代表的な五つの視点から撮影した五枚の写真を用いて、自然性、美しさ、身近さ、好ましさ、観賞意志からなる五つの評価軸による七段階景観評価を行った。評定値は評価が高い順序から七～一点に数値化し、それぞれの平均値を求めた。平均値の差の検定では、分散分析を用い、多重比較が必要な場合はチューキーの方法によった。なお、景観の距離区分として、樋口忠彦(15)による基準に基づき、近距離景（視点から二四〇メートル未満）、中距離景（視点から二四〇～四四〇〇メートル）、遠距離景（視点から四四〇〇メートル以上）とした。

三　天橋立における明治期以降の歴史的景観の変遷

（一）天橋立の砂嘴およびマツ並木の変化

天橋立はクロマツという単独の種が優占する特徴的なマツ林景観であるが、砂浜にあるハマナスの開花や積雪、夕焼けなど、気象の違いや四季の変化によって、あるいは一日の時間帯によってさまざまな表情をみせる。また、天橋立の背景となる山々や海、田畑などは、自然の変化とともに、そこに暮らす地域住民の生業や年中行事、来訪者の活動と結びついた人文景観を呈してきた。

今回用いた明治後期～昭和前期の絵はがきにおいても、天橋立およびその周辺の四季折々の表情や、変化に富んだ人文景観、そして人々の様子がさまざまな角度から捉えられていた。合計四六一枚あった絵はがきの内訳は、①主要な視点からの天橋立の景観が一四八枚、②近距離景としての砂嘴を対象にした景観が二五枚、③視点を砂嘴上とする景観が二四枚、④名松が四二枚、⑤寺社・史跡が一〇八枚、⑥人工構造物（橋など）が三五枚、⑦木造建築物が三〇枚、⑧河川・滝が一四枚、⑨町並みが一三枚、⑩生業・行事の場面が一二枚、その他一〇枚であった。①主要な視点からの天橋立の景観に次いで絵はがきの枚数が多かったのは、成相寺や智恩寺などの⑤寺社・史跡、次いで、千貫松などの④名松であり、廻旋橋や旅館などの⑥人工構造物あるいは⑦木造建築物も多かった。

天橋立の歴史的景観では、基盤となる砂嘴とともにマツ並木や名松が不可欠な要素であり、砂浜や海、あるいは周辺での漁師の姿や、**図2**のような行き交う船の様子といった人々の生業の様子など、絵はがきの中に多様な景観が捉えられた。また、宮津八景、阿蘇海十勝など、天橋立周辺の数々の名所や事象の移ろいの感興が和歌などとして詠まれていた[1]。マツ並木の中やその周辺にはランドマーク木となる名松があり、これらは高齢で大木であったり形状に特徴があり景観上で目立っていたり、地名や伝説などに基づく愛称があるものであった。名松の中で絵はがきに多く見られたのは、傘松公園にある傘松、千貫文目の価値がある千貫松、龍燈の松（**図3**）、大正天皇お手植えの松であり、一九七〇年頃までの旅日記や観光案内書には、それらに加え夫婦松、船越の松、二本松、三本松、片枝の松などが紹介されていた。

寺社・史跡の絵はがきが多いのは、天橋立への旅の歴史を見れば、その第一の目的は寺社参詣であったことからもうなずける。

また、廻旋橋、大天橋、そして天橋立周辺に位置する木造高級旅館は、天橋立の砂嘴や周囲のマツ並木、名松などを背景に特徴的な人文景観を形成し、観光資源としても重要な役割を果たしていた。

The Hashidate Ferry Boat.　天の橋立渡場ノ夕照

図2　天橋立と行き交う船の景観

図3　大正期の絵はがきに見る文珠地区

玄妙庵からの眺望。右下隅に名松として慕われてきた龍燈の松が見える

天橋立は、一九二二年に史跡名勝天然記念物保存法による「名勝」に指定されたが、その際の内務省による通牒においては、その景観上の特徴について「内湾ニ於ケル砂嘴トシテ唯一ノモノナリ、加フルニ白砂青松ノ美景ヲ以テス磯清水神社及ヒ智恩寺ノ境内ハ全体ノ風景ヨリ分ツヘカラサルモノニ属ス、成相山上部ノ郡有山林ニハ地ヲ拓キテ小亭ヲ設ケタルアリ、天橋ヲ望ムニ好適ノ地点ナリトス」と記述される。このことからも、天橋立の歴史的景観の保全に

おいて重要なことは、①内湾の砂嘴があること、②白砂青松（はくしゃせいしょう）の美景であることに加え、③智恩寺など関連する人文景観が一体であること、④天橋立を望む好適な視点があること、と解釈できる。

その後、さまざまな法指定に基づく行政上の景観保全体制が整っていった一方、天橋立の骨格ともいうべき砂嘴やマツ林景観、そして天橋立の景観と一体となった周囲の人文景観は大きく変化し、歴史的景観の保全上での深刻な問題をかかえるようになった。

まず、府中側の天橋立の砂嘴については、江戸時代に地元の漁業者が死活問題として砂嘴截断を請願し続けたが[6]、明治期以降になっても魚介類が死滅していることへの対応として、切断すべきとの提案がなされた。結果的に切断されることなく今日に至るが、漁業者にとっての不都合だけでなく、船舶の通行上、あるいは内海の水質の問題などから、砂嘴を人為的に切断するか否かの議論が繰り返されてきた。

昭和初期以降になると、砂防・河川改修工事による流出土砂が減少し、また、沿岸漂砂を遮断する構造物が砂の流れの上手側に設置されて漂砂が到達しなくなり、天橋立の砂嘴の砂浜がやせ細り、多くのマツの根が露出するようになった。京都府では一九五一年以降、突堤の設置やサンドバイパス工法（上手側に堆積した漂砂を下手側の海岸に人工的に移動させる養浜工）などの対応策を施し、砂嘴の形状は次第に回復されつつある。また一九七〇年以降、マツ林調査や土壌改良などによりマツの保存対策を実施してきた。

また、天橋立およびその周辺における急激な都市化、観光形態の変化は、明治後期頃の絵はがきに見られた景観の様相を大きく変えていった。明治期からの大規模な埋め立てや観光開発などにより、天橋立周辺の地形的な骨格は大きく変化し、住民の多くが農業や漁業を中心とした生業から観光業に移行し、水田や舟屋など農漁村景観は消えていった。大正期には廻旋橋によって小天橋と文珠間が連結され、ケーブルカーやリフトの開設、さらに最近の鉄道や高速道路の開通により、人々の交通手段は船や人力車、駕籠から、鉄道や観光バス、自家用車へと変化した。天橋立周辺の海岸線沿いに多数の観光施設やホテル、大規模な駐車場が出現し、都市的な要素が色濃くなった。旅館など木造建築の多くは鉄筋やモルタルに替わり、「名勝」に指定された当時の歴史的景観を特徴づけてきた人文景観の面影は薄れていった。そして、天橋立八景などに登場した多様な名所が開発により消失し、人々の記憶から忘れ去られるなど、歴史的景観のあり方は大きく変化した。

さらに、天橋立周辺に見られたアカマツが優占するマツ林景観においても、一九四八年頃からのマツノザイセンチュウによるマツ枯れが多発し、戦後には常緑広葉樹林化や竹林、スギ・ヒノキ人工林の拡大によりマツ林面積が激減した。一方、天橋立においては、最近の雪害やマツ枯れにより減少傾向はあるものの、二〇〇〇年頃まで比較的若齢のマツの本数が増加し、密度も高くなってきた。

一九五四年の天橋立公園（傘松は除く）の松林調査[16]では、天橋立にクロマツ、アカマツなどの直径一〇センチメートル以上のマツが合計四四三二本あり、一九三四年の調査に比べると全体の樹種が七種から一二種に増加したこと、そして樹木の本数が二割増加したことが報告されている。同報告書では、大径木が枯死したあと若齢のクロマツが植樹され、胸高直径四八センチメートル以上ある大径の一級木が五割減少した一方、胸高直径三二〜四七センチメートルの二級木が四割増加したことが記されている。その後の天橋立公園（傘松も含む）の胸高直径一〇センチメートル以上のマツの本数は、一九七四年に四七二〇本、一九八八年に五一四四本、二〇〇二年に四九三七本と推移してきた（宮津土木事務所内部文書による）。

天橋立公園では、砂嘴の侵食や雪害、マツ枯れなどによる被害により著しくマツが枯死したり、樹勢が弱くなった一九七〇年、一九八五年などには現況調査に基づく保護管理対策や、クロマツを中心とする植樹が行われてきた。

一九八五年の調査では、保護管理対策として、マツ枯れに対する薬剤散布、土壌改良などの必要性が示された。二〇〇一年には、天橋立にある約五二〇〇本のマツ（主にクロマツ）のうち約一五〇本が枯死するという被害にみまわれた。また、周辺のマツ林に対しては、「松くい虫被害対策事業推進計画」（京都府）に基づく対応がなされてきたが、今日までに大部分のアカマツ林が消失した。天橋立公園内のマツについては、二〇〇一年度に「天橋立公園保全対策」として京都府が補正予算一億六〇〇〇万円を計上し、四八〇〇本のマツに樹幹注入による薬剤処理をするなどの緊急措置を講じた。その後もマツ枯れに関する調査研究、薬剤によるマツ枯れ防除、周辺の森林内の枯死木の除去などの対策が進められている。

天橋立やその周辺にある千貫松などの名松は、地域の身近で大切なランドマークあるいは観光資源として、明治期より絵はがきや観光案内書などで頻繁に紹介されてきた。一九八〇年代になると名松に対する関心が地元や行政の中で急速に高まり、一九八四年に京都府が古木対策により枯枝の伐採や幹巻などを実施した。また、一九九四年には「天橋立の松に愛称を付ける実行委員会」が一二本のマツの愛称を公募により決定し、二〇〇三年には枯死した名松「阿蘇の松」の二世を、天橋立を守る会など地域住民が中心に植樹するなど、名松は視覚的だけでなく、人とのつながりに基づく意味的なランドマークとしても重要な役割を果たしている。

（二）天橋立を望む視点とそこからの景観の変化

明治期までの来訪者の多くは、主に寺社への参拝を目的とした旅の中で名勝地としての天橋立の景観を楽しんでおり、天橋立を望む視点は必然的に旅の途中で通過する大内峠や栗田峠などの峠、阿蘇海などの船上、成相寺、籠（この）神社、智恩寺などの寺社周辺に集中していた。天橋立を望む代表的な三つの視点、樗峠（現在の大内峠）、傘松、栗田峠からの景観は「三絶」あるいは「三大観」と称され、景観研究の対象ともなってきた[(18)(19)]。

今回用いた明治後期〜昭和前期の絵はがきにある、①主要な視点からの天橋立の景観一四八枚について見ると、最も枚数が多かったのは傘松公園周辺から望む天橋立の景観で一〇八枚あった。続いて成相寺周辺からの景観が一六枚、玄妙庵からが一二枚、桜山からが一二枚であった。傘松公園周辺の絵はがきの内訳は、傘松公園から望む景観が四三枚、それとともに、**図4**に示したような、袖のぞきや股のぞきなどをする人物、駕籠に乗った旅行者が同時に写されたものが五八枚、傘松御休憩所からの景観が七枚であった。成相寺周辺の内訳は、成相寺ケーブルカーもしくは登山道沿いからの景観が七枚、弁天山からが五枚、成相寺展望台からが四枚であった。智恩寺周辺など比較的近景からの天橋立のマツ並木や砂浜を対象にした絵はがきも多かったが、大内峠や栗田峠からの景観はほとんど見られず、明治期以降になり、「国有地盤公園」あるいは「名勝」となった天橋立を望む視点は、遠景としてよりも身近にあって観光ルートや都市公園としての整備も進んだ傘松公園に限定されていったものと考えられる。

図4　大正頃の絵はがきに見る傘松からの展望

傘松公園には傘松という名松があり、成相寺への参拝道の途中にある茶亭の周辺に位置し、ここからの景観は「斜め一文字」あるいは「天橋立の股のぞき」と呼ばれ、眼下に天橋立およびその周辺の宮津湾、阿蘇海、大江山連峰などが写され、逆さになって眺めると天地が逆転し、天に架かる

図5　絵はがきに見る桜山からの眺望

浮き橋のように見える絶景である。これは、民俗社会学の観点からは、時間的、空間的境界を含め日常の外側にあって本来見ることができない世界を、股のぞきや袖のぞきの向こうに透かして見ている、と捉えられる[20]。

絵はがきの視点の大部分が傘松公園周辺に集中するのは、明治期以降、天橋立公園や国定公園に組み込まれるなど行政施策の中で天橋立における利用拠点と位置付けられたこと、そして、民間の投資によるケーブルカーの開通など、大規模な観光開発が行われてきたことと深い関連がある。また、明治後期になって傘松にある御休憩所に皇太子（のちの大正天皇）が訪れたことは、大正期の絵はがきの説明文の一つに「今上陛下モコ、迄オ登リニナッタ」と書かれるなど、この地からの天橋立の景観の知名度を高めるものであったといえよう。

傘松公園周辺以外で天橋立を望む視点としては、文珠側に位置する桜山や玄妙庵があった。桜山は、頂上付近に神社があり、大正期には茶屋があったことから、地域住民や観光客のほか、宮津港に寄港した船の軍人などが立ち寄った展望地であった。一九二一年の古見豆人による「天橋紀行」の中では、「樗峠と傘松と桜山とそして丹後富士とを天橋四大観と云ふさうだがその中では桜山で見たのが一番感じがよい。」とあるなど、天橋立を望む視点としての桜山（**図5**）の名は、この頃の旅日記や観光案内などに頻繁に登場した。一方、「樗嶺志[21]」においては、天橋立四大観として、栗田峠、大内峠、成相山、桜山があげられていた。

玄妙庵の名前は、一三八六年に足利義満が智恩寺に参拝した際にこの地を訪れ、「あぁこれまさに玄妙なるかな」

と詠嘆したことに基づく。玄妙庵からの景観は「四大観」の一つとの記述が昭和前期の絵はがきに見られ、昭和天皇がこの地を訪れ宿泊している。一九七〇年頃には「天橋立五大観」が、傘松、玄妙遊園、大内峠、滝上遊園、獅子崎からの天橋立の景観という記述も見られる。[22]

一九七〇年にレジャー施設である天橋立ビューランドが開園されると、そこから天橋立を望む景観「飛龍観」は、その後観光パンフレットや大判ポスターなどに頻繁に登場するようになった。「飛龍観」は、龍が天に向かって飛ぶように見えることから名付けられ、最近では「股のぞき観（斜め一文字）」「一字観」「雪舟観」とともに「四大観」といわれる。[23] このように、明治期以降、「四大観」「五大観」など、天橋立の代表的な景観の視点についての呼び方や、その内容は固定したものではなく、人によってあるいは時代によって若干の差異があった。なお、「雪舟観」は、雪舟の「天橋立図」の視点と同様であると誤解されることがあるが、「天橋立図」とは異なる景観である。

「天橋立十景」は、一九八六年に宮津商工会議所が中心になって公募を行い選定した、天橋立を望む一〇の景観である。選定された一〇カ所の景観の名称およびそれを見るための視点は、「雪舟観（斜め一文字）」（視点となるのは獅子崎展望所、視点から天橋立中心部の「夫婦松」周辺までの距離は約二一四〇メートル）、「島崎蒼龍観」（島崎公園三二九〇メートル）、「戦国ロマン八幡山」（八幡山、四六四〇メートル）、「滝上弓ケ観」（滝上山、二九三〇メートル）、「飛龍観」（文珠山、一七九〇メートル）、「文殊の智恵海道」（智恩寺、一一四〇メートル）、「一字観」（大内峠、五〇〇〇メートル）、「天平の歴史みち」（国分寺跡、一六八〇メートル）、「股のぞき（斜め一文字）」（傘松公園、二〇七〇メートル）、「天上大パノラマ観」（仙台山、三三九〇メートル）である。

「天橋立十景」では、展望地や公園の開設、新たな車道の整備などに伴って天橋立を望む新たな視点が加えられたり、あるいは伝統的な視点が再評価され、全体としては天橋立の背景として広い範囲の集落や社寺、森林や田畑などを一体に眺める遠距離景を中心とする構成になっている。そして、桜山や玄妙庵からの景観など、比較的近距離にあって、目の前に迫ってくるような天橋立の景観を楽しむための視点はほとんど含まれていなかった。

四　天橋立に対する地域住民の景観評価

（一）地域住民の好きな景観と重要と考える景観

天橋立周辺で地域住民が一番好きな景観として全体として九〇の回答があり、指摘回数が多かったのは、傘松公園からの「斜め一文字」（指摘回数二五）、天橋立ビューランドからの「飛龍観」（指摘回数一七）、廻旋橋付近（指摘回数一二）、玄妙庵からの展望（指摘回数七）、大天橋付近（指摘回数七）、天橋立の松並木（指摘回数七）であった。これらの個々の回答では、指摘した景観について視点の位置や見る方向、中心となる眺めの特徴など、細かな記述が見られた。また、「斜め一文字」とした回答の五六パーセントが傘松公園のある府中の住民による指摘であり、「飛龍観」では五九パーセントが天橋立ビューランドのある文珠の住民による指摘、大内峠からの「一字観」とした回答すべてがその他の区分の居住者（加悦町など）であるなど、近隣にある場所あるいはそこからの眺望を一番好きな景観としてあげる傾向が見られた。

好きな理由を見ると、「天橋立の原風景だと思う」（好きな場所としてあげたのは傘松公園から見る斜め一文字観、回答者の居住地区分は府中）、「四季折々の風景が綺麗」（天橋立ビューランドからの飛龍観、文珠）、「中秋の名月の夜、橋の上から向かいの山より登る月は最高です。海に月の光がキラキラして思わず深呼吸をしてしまいます」（大天橋付近、文珠）、「小さいころ廻旋橋が動くのを見てすごく楽しんでいたのを覚えているから。珍しくて今でも好き」

（廻旋橋付近、文珠）、「深緑の橋立で松の精気を吸いながらすがすがしい気分になる」（マツ並木、宮津内陸）など多様な理由があげられた。

このように、日本三景あるいは名勝として頻繁に観光パンフレットなどに用いられる天橋立の代表的な景観や、地域住民の居住地や職場の近くにある場所や、そこから眺望できる景観が多くの地域住民に共通して好まれていた一方、智恩寺、獅子崎からの雪舟観、船越、桜山からの眺望など、指摘回数が一～二回であった景観が一七事例あり、地域住民それぞれの思いや体験、歴史的な価値観などに基づく固有の好きな景観が存在することが示された。

次に、雪舟による「天橋立図」など明治期までの図絵に基づき選定した一〇カ所のマツ林景観（**図1**）の内、歴史的なマツ林景観として特に重要な場所三箇所をあげるという設問に対し、最も指摘回数が高かったのは、橋立明神周辺のマツ林景観であった。次いで、夫婦松周辺、傘松公園、智恩寺であった。これらは一九二二年に指定された「名勝」の範囲にあり、地域住民が眺望対象としての景観、そして歴史的に重要なマツ林として特に重要であると考える場所は、法制度上で最も古くから保全対象とされた場所と共通していた。一方、指摘回数が低いのは、滝上山、国分寺跡、板列八幡神社であり、景観保全に関する法指定が限定され、砂嘴からも回答者の居住地からも離れた距離に位置した。

（二）地域住民による七段階景観評価

図6は、五つの写真（①大内峠周辺より望む「一字観」、②砂嘴上のマツ並木、③天橋立ビューランドから望む「飛龍観」、④獅子崎から望む「雪舟観」、⑤府中側の砂嘴上から文珠方面を望む景観）について、自然らしさ、美しさ、身近さ、好ましさ、観賞意志の五つの評価軸ごとの七段階評価の平均値を示した。全体として景観としての評価が高い

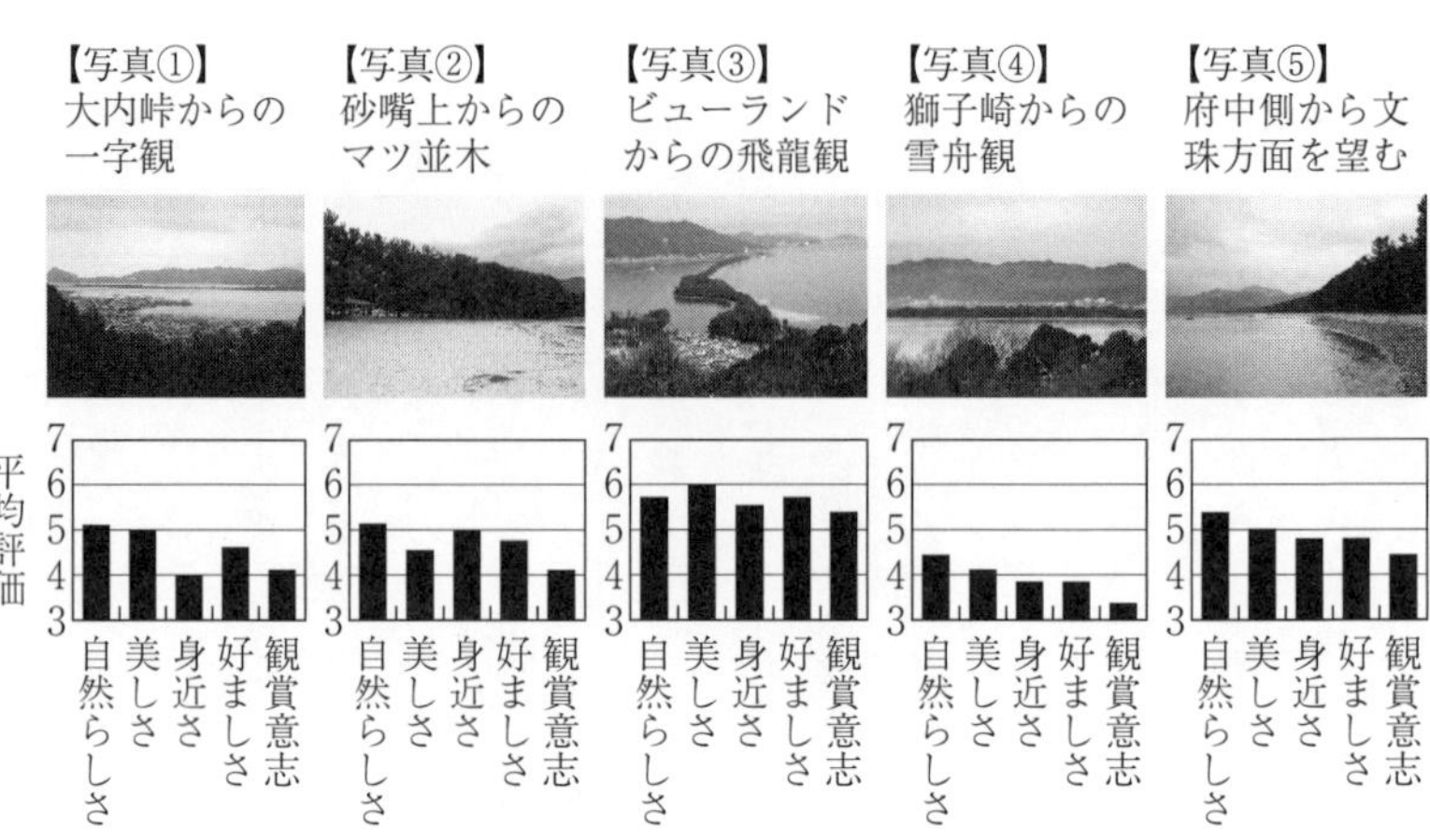

図6　景観評価に用いた写真と評価結果

のは③の「飛龍観」であり、特に、美しさの評価が高かった。大部分のアンケート回答者の居住地から離れた獅子崎展望台（栗田半島）から望む「雪舟観」に対する評価は、すべての評価軸で最も低かった。

「飛龍観」は、天橋立を望む視点としては比較的最近のものであるが、観光パンフレットやポスターなどに頻繁に使われ、身近で好ましい景観として捉えられていた。②のような天橋立の近距離景でも身近さの評価が高かった。また、③、⑤のように天橋立の砂嘴とマツ並木の曲線が強調された景観では、自然らしさの評価が高かった。最も古い歴史のある「一字観」は、最近開設された展望地からの「雪舟観」より全体の評価が高く、同じ一文字の姿の天橋立の景観であっても評価に差があった。評価軸ごとの平均評価値を見ると、自然らしさや美しさには高い評価値が与えられ、観賞意志の評価は低くなる傾向が見られた。

分散分析により属性間の平均値の差を検定したところ、男女間、年代間では、平均値に有意な差が見られなかったが、居住地区分間での多重比較の結果（**表1**）、③の「飛龍観」の複数の評価軸において有意な差があった。

表１　景観評価の居住地区分間での多重比較の結果

地点	評価軸	多重比較により有意差の認められたもの
一字観	自然らしさ	N.S.
	美しさ	N.S.
	身近さ	N.S.
	好ましさ	N.S.
	観賞意志	N.S.
マツ並木	自然らしさ	N.S.
	美しさ	N.S.
	身近さ	N.S.
	好ましさ	N.S.
	観賞意志	N.S.
飛龍観	自然らしさ	文珠＞府中※、文珠＞海岸※
	美しさ	文珠＞府中※
	身近さ	N.S.
	好ましさ	文珠＞府中※※、内陸＞府中※
	観賞意志	文珠＞府中※※、海岸＞府中※
雪舟観	自然らしさ	N.S.
	美しさ	N.S.
	身近さ	N.S.
	好ましさ	N.S.
	観賞意志	N.S.
文珠遠景	自然らしさ	N.S.
	美しさ	N.S.
	身近さ	N.S.
	好ましさ	N.S.
	観賞意志	N.S.

N.S. は有意差が認められなかったことを示す。
※は５％有意、※※は１％有意を示す。

まず、府中と文珠の地域住民の③「飛龍観」に対する自然らしさおよび美しさでは五パーセント有意、そして好ましさと観賞意志では一パーセント有意の相違があった。また、文珠と宮津海岸の地域住民の間では、③「飛龍観」の自然らしさが（五パーセント）、府中と宮津内陸間では③の好ましさ（五パーセント）にそれぞれ有意な差があった。府中と宮津海岸では、③「飛龍観」の観賞意志（五パーセント）に相違が見られた。身近さについては、居住地区分間で有意な差がなかった。

以上から、天橋立周辺の地域住民においては、居住地区分にかかわらず、身近さという点では①〜⑤の写真で捉えた天橋立の近〜遠距離のどの景観に対してもほぼ共通した評価をしている一方、③「飛龍観」に対しては、居住地区分によって、また評価軸によって異なる評価をしたことがわかる。「飛龍観」は、一九七〇年になって主に文珠自治会の投資で開園されたレジャー施設「天橋立ビューランド」を視点とした比較的新しい景観の型であり、この視点に行くための交通手段は、施設に付属するケーブルカーやリフトに限定され、入場料を含めて有料である。このことが、他の写真には見られなかった評価の相違に関連すると思われる。

(三) 天橋立周辺の景観管理に対する地域住民の考え方

まず、天橋立において今後も特に残していきたいマツとして指摘されたのは、阿蘇海周辺の視点から近距離景でありランドマーク木となるマツや、伝説などに基づいて名称があり、文化的な資産として位置付けられるものが多かった。特に、天橋立を守る会が名松としている「千貫松」や「船越の松」「雪舟の松」など一八本のマツは、多くの回答者が指摘していた。また、「小天橋の松林」「濃松付近の松林」など、天橋立の中で観光上重要な場所や、マツが集中して分布する場所のマツ林をあげた例も見られた。その他、名前はないものの、形状が独特のマツや大木のマツ、智恵の輪など史跡や歴史的な建造物などの傍らにあるマツもあげられていた。天橋立周辺に位置していた「二本松」など、今日ではなくなってしまったマツの復活を願う声もあった。

天橋立およびその周辺における景観上の課題として地域住民が指摘した内容は、自然環境について、砂嘴・海岸線の保全ついて、マツ林景観について、街並みや建物について、観光地としてのあり方、ゴミ・汚染対策、という六つの項目に整理された。全体として、砂嘴とマツ並木を基本とする天橋立の白砂青松の美しさとともに、一体となる周辺の街並みや史跡、あるいは生業の様子などの人文景観をいかに調和させていくかについて強い関心があった。「天橋立のバックとなる景観に近代的な高層マンションは似合わない」「家をはじめとした建物の色および外壁の色が粗末」など、主な視点から望む天橋立の背景となる景観について多くの問題が指摘された。

また、マツの植樹や薬剤散布、枯死木の適切な伐採、薬剤以外の効果的な対策の研究など、多くの地域住民が何らかの手だてを通して天橋立周辺のマツ林景観を維持することを望んでいることが示された。「内海の水の汚れがひどい」「周辺の海水の澄度についても遊客の関心が高い。昔のような魚群の遊泳が見られたことも風光明媚の要素である」といった指摘に見られるように、生活環境あるいは生業の場としての環境の質の向上が、天橋立における景観の質にとっても重要であると考えられていた。

五　考　察

天橋立における歴史的景観は、砂嘴とマツ並木によって構成される日本の名勝として典型的な白砂青松を中心として、周囲の寺社や観光施設、あるいは地域住民の生活や生業の様子などと一体となった人文景観を呈してきた。天橋立を望む数多くの視点や、名松と呼ばれるランドマーク木や寺社などの名所の存在によって生み出される多様な景観の見方、楽しみ方は、長い歴史の中で変化しながら今日に受け継がれてきた。

天橋立の景観の保全や利用がいかにあるべきかという大きな方向は、一九二二年の「名勝」としての基本的な考え方（対象範囲や指定理由）に示され、それは今日の地域住民の意識の中にも顕在していた。それは、①内湾の砂嘴である、②白砂青松の美景である、③智恩寺など関連する人文景観が一体である、④天橋立を望む好適な視点がある、という四つの項目によって構成される。

「名勝」指定以降、天橋立周辺では砂嘴の侵食やマツ枯れなど歴史的景観の危機があり、地元あるいは行政レベルでの真剣な取り組みがなされてきた。一方、都市化、観光開発あるいはマツ枯れや人工林化などによって天橋立をとりまく周囲の景観は大きく変化し、その人文景観のあり方が大きく問われている。指定要件の①、②という砂嘴上のマツ林の景観保全には強い関心と具体的な施策が行われてきたものの、③、④に示された、眺望を楽しむ人文景観としていかにあるべきか、といった観点からの計画や、実際の景観管理は不十分であったといえよう。

今後は、天橋立周辺の景観に対する地域住民の思いや評価での共通点や相違点を踏まえ、天橋立周辺の人文景観を一体として捉えた広域レベルでの計画や管理に反映させることが急務である。そのためには、まず、身近にある視点や空間の意義を捉え直しながら、地域住民と景観との関わりを一つひとつ築き上げていく作業が必要である。例えば、桜山など身近にある伝統的な視点の再評価や、すでに枯死してしまった名松の復活などにより歴史的景観を現代に活かす作業が可能であろう。新たな視点を発掘して違った景観の楽しみ方を提案することにより、地域住民それぞれの体験や思いを実際の景観管理につなげる仕組みが求められている。

引用文献

（1）小室洗心（万吉）編（一九三八）『天橋立集』橋立集刊行後援会。
（2）宮津市教育委員会編（二〇〇二）「天橋立展」宮津市教育委員会、一五頁。
（3）若杉準治監修（一九九九）『智恩寺と天橋立』天橋山智恩寺、一三八頁。
（4）永浜宇平編（一九三〇）「天橋立智恩寺」一〇八頁。

（5）木下幸吉編（一九三八）「丹哥府史」龍燈社出版部、六六〇頁。
（6）長谷川成一（一九九六）『失われた景観――名所が語る江戸時代――』吉川弘文館、七三～一〇二頁。
（7）藤岡謙二郎（一九七七）『地理学と歴史的景観』大明堂。
（8）浅香勝輔・足利健亮・桑原公徳・西田彦一・山崎俊郎（一九八七）『歴史がつくった景観』古今書院、三一八頁。
（9）吉津地区公民館（一九八二）『よしづ変遷写真集』吉津地区公民館。
（10）吉津地区公民館（一九九五）『吉津地区　歴史年表』。
（11）宮津市教育委員会・宮津市老人大学（一九九〇）「写真でつづるみやづの今と昔」宮津市老人大学、六七頁。
（12）与謝地方林業研究会（二〇〇一）宮津・与謝地方林業年表一八六七～二〇〇〇年　五五頁。
（13）宮津市史料編さん委員会（二〇〇一）『宮津市史　史料編』第三巻、宮津市、一〇三五頁。
（14）宮津市史料編さん委員会（二〇〇一）『宮津市史　史料編』第四巻、宮津市、一〇〇八頁。
（15）樋口忠彦（一九七六）『景観の構造――ランドスケープとしての日本空間――』技報堂、一六八頁。
（16）京都府都市計画課（一九五四）「公園管理のかずかず（その八）天橋立の樹木について」。
（17）京都府立大学農学部（一九八五）『京都府立天の橋立公園の松並木保護管理対策調査報告書』、一〇七頁。
（18）芦原義信（一九九〇）『続・街並みの美学』岩波書店、六五～七四頁。
（19）嘉名光市・斉藤潮（二〇〇〇）「主要眺望点における天橋立の形状に関する研究」『ランドスケープ研究』六三（五）、五九三～五九八頁。
（20）常光徹（一九九九）「股のぞきと狐の窓――妖怪の正体を見る方法――」常光徹編『妖怪変化』筑摩書房、二三四頁。
（21）小室洗心編（一九三五）「樗嶺志」京都府与謝郡岩滝町役場、一一〇頁。
（22）宮城唖亭ほか（一九五二）「宮津天橋立ロマンス集」五一頁。
（23）宮津市歴史資料館（二〇〇三）常設展示案内、六五頁。

【謝辞】本研究を進める上では、山崎俊夫会長（当時）をはじめとする「天橋立を守る会」の皆さま、そして京都府、宮津市の行政担当の方々に多大な協力をいただいた。専門的な立場より、京都府立丹後郷土資料館（当時。現在、京都府教育庁指導部文化財保護課）の伊藤太氏および宮津市歴史資料館の中嶌陽太郎氏に貴重なアドバイスをいただいた。また、本論に使用した絵はがきの写真はすべて宮津市歴史資料館から許諾を受け掲載した。心からの感謝の意を示したい。

四　マツ林の管理

天橋立の管理方針とそれに応じた景観変化の予測と評価

深町加津枝

一　はじめに

天橋立の景観の保全・管理を考える上では、自然環境および歴史的視点からの位置付けが重要となるが、今日の保全に関する課題として、多様な価値観とそれに基づく多様な方針・方策の混在がある。そのため、課題解明に向けた議論の整理と科学的知見に基づいた具体的な保全方針の評価が必要である。

本報告では、まずその基盤情報となる歴史的経緯や社会的な位置付け・認識を整理し、天橋立の保全・管理に向けたシナリオを設定する。また、管理状況や植生などの自然環境の変遷について資料調査、聞き取り調査、現地調査から明らかにする。さらにそれらを統合し、将来に向けた保全・管理に関する三つのシナリオに応じた景観変化の予測を行い、画像として提示し、今後の人と自然との長い関わりの歴史を踏まえた文化的景観としてのあり方を検討する。

図1　雪舟による「天橋立図」（室町時代、京都国立博物館蔵）

二　天橋立の植生および景観の変化

天橋立は、京都府北部の日本海に面し、若狭湾北西部を構成する丹後半島の付け根に当たる宮津湾に位置する。宮津湾と阿蘇海を分断する長大な砂嘴が造り上げたクロマツを中心とする松林景観は、『丹後風土記』逸文によると、天橋立はイザナギの神の天に通いますはしごが、ある日昼寝をしている間に倒れて橋立となったと言われている。このような神話は日本の古代人の心を捉え、その後もさまざまな歴史、文化と深く結びつき、日本人の心の原点として今日に至っている。

図絵に描かれた天橋立としては、室町時代に雪舟によって描かれたと言われる「天橋立図」（**図1**）のほか、さまざまな視点から、季節折々の表情や名所に遊興する人々の姿などが描かれた多数の作品がある。このような数多くの橋立図が生み出されたのは、天橋立の天然の奇勝としての地形、それに基づく伝説などにより、名所として卓越した魅力を持った景観として認知されていたからである。

天橋立およびその周囲には、智恩寺や元伊勢籠（この）神社、成相（なりあい）寺など、歴史的な名刹も多く、人文的要素とハマナスやハマエンドウ、ウミネコ、イソシギなど海岸周辺に特有の動植物とともに四季折々の姿を見せる自然とが調和しながら、地域特有の景観形成してきた。天橋立は中世以降、智恩寺や宮津藩主などにより「無霊双境」「天下無双の絶境」の地として位置付けられてきたが、江戸時代の記録などから幾度となく橋立切断の危機が繰り返されてきた。

明治～昭和初期に発行された絵はがきや写真から天橋立の景観の特徴を見ると、まずマツ林の林齢は全体として今日より若く、低密度であったことがわかる（**図2、3**）。また、傘松、船越の松、夫婦松、千貫松、手枕の松、二本松、三本松などの名松があった。これらは、大きさや形状などが目立つだけでなく、地名や伝説と結びつきながら景観上、そして地域の文化という観点からも非常に重要なマツであった。

図4は、宮津橋立の名所図絵であり、寺社への参拝を兼ねて神話の舞台、あるいは名勝地としての天橋立の景観が重要で、天橋立を眺める視点としては、成相寺、国分

図2　絵はがきに見る天橋立（府中側より、昭和初期）

図3　絵はがきに見る天橋立（文珠側より、昭和初期）

図４　宮津橋立名所図絵（1924）

寺跡、桜山、智恩寺があった。

天橋立の法指定の歴史を見ると、まず明治六年に太政官布達第一六号により「地盤国有公園」に指定され、明治三八年には「与謝郡営公園」に指定された。大正一一年になると「名勝地」に指定された。翌大正一二年には「京都府立公園」となり、昭和三〇年には若狭国定公園に指定された。明治期以降、天橋立は公有地として法制度のもとで景観の保全、利用の対象として明確に位置付けられてきた。

天橋立を構成する樹種はクロマツ、タブノキなどの針葉樹や常緑広葉樹が中心であるため、基本的には四季を通して砂嘴には樹木の緑があるが、林床にある植物の様子や訪れる鳥の種類の変化、あるいは積雪など気象の違いにより、四季によって、また一日の時間帯によってさまざまな表情を見せる。そして、天橋立の背景となる山々や海、田畑などは、自然条件とともに、そこに暮らす人々の生業や来訪者の活動などにより、さらにダイナミックな変化を見せてきた。

三　天橋立の利用および管理とその変遷

（一）天橋立の利用形態とその変化

天橋立の住民の多くは神様が通った証を大切に守ろうと長年取り組んできた。そして、神様が宿る木の象徴がマツであり、神様への信仰とともに木を大切にする文化が息づいてきた。それは、木を伐るということは神様の恩恵をいただくことと感謝し、伐った後は必ずその次が生えるようにと小さな木をそこに植えてきた歴史からも裏打ちされるものである。

一方、地域住民にとって天橋立は生活の場であり、「庭」「ホームグラウンド」のような存在であり、あって当たり前という感覚も持たれていた。そのため地域住民は、さまざまな面で天橋立の自然に関わっており、「触ってはいかんところ」といった感覚は希薄であった。また、子どもの頃からの遊びの場、懐かしい思い出の場ともなっていた。

具体的な利用としては、生活道路、ジョギング（距離的に丁度よい）、海水浴、水遊び、キノコ狩り（ハツタケ、ショウロなど）、夏の夜のエビ採り、貝採り（アサリ、クロクチなど）、魚釣り（サヨリなど）、木の実採り（グミ、ヤマモモなど）などがあった。

そして、マツ林からの松葉は、燃料などとして地域住民の生活を支えてきた。例えば、お寺の境内では檀家の方々がその落葉を持って帰って燃料として利用した。天橋立では、昭和四〇年代頃までのガスや電気が普及していない時代には、松葉を村の人がリヤカーに一杯ずつ持って帰り、かまどや風呂の焚き付けなどに使った。このような利用により、当然マツの葉っぱはほとんど年中ない状態にあった。マツ林にはほとんど下草はなく、マツの間には隙間があり、風通しが良かった。一方、マツを薪のために伐りに行くという事はなかった。海水浴場で砂がかく乱されたことが、白浜の維持やアサリの生息地に対してプラスの役割をしていたという指摘もあった。

ところが、ガスや電気の普及により、かまどや風呂に燃料となる松葉が使われなくなると、松葉は溜まっていくだけとなり、下草が生え、マツの本数や密度も増えていった。また、マツの下枝が込み合い、常緑樹も増え、風通しが悪くなった。この頃になると、観光地として多くの人が訪れるようになった。天橋立は大正期には海水浴場として賑わっており、昭和三〇年代には小天橋区間がその中心となった。レンタルボートや海の家を生業とする地域住民にとって、夏の海水浴時期がまさに書き入れ時であった。この頃は、臨海学校、サイクリングの場としても需要があった。

平成になり、カニ料理や俳句や短歌の創作を目的として、熟年層を主体とした客層が増加し、また、健康志向が高まる中で、散策やレンタサイクルを利用して天橋立を回る観光客が増加している。平成二〇年代以降は、パワースポットへの参詣の一環で若い層の観光客が増えている。

（二）住民および行政による天橋立の保全活動

地域住民による天橋立の保全活動として、まず「天橋立を守る会」は、天橋立の環境を保全し、適正な利用を図るため、昭和四〇年三月に設立され、平成二〇年四月現在約三〇〇名の会員で活動している。会員の約八割は宮津市住民であり、そのほか一割程度が与謝野町住民となっている。美しい環境を保全し、活用しつつ、宮津市、伊根町ならびに与謝野町の経済発展に寄与すること、また、環境を子どもたちへ確実に継承するため、時代に合った管理、利用の方途を行政や関係団体と研究し実践していくことを目的とした活動を行っている。それは、年間の天橋立の清掃や松葉拾いに加えて、春の四月および一二月の第二日曜日、海水浴シーズン前の一斉清掃などである。「クリーンはしだて・一人一坪大作戦」は、天橋立の清掃を通して、ふるさとの美しい自然や文化を守り育てるものであり、最近は、マツ並木の育成、環境を保全するため、落ちた松葉の除去や蔦の除去作業も行っている。平成一九年度からは春のクリーン作戦を拡充するため、新年に「迎春天橋立一斉清掃」を市民、行政協働で行い、環境保全を推進している。春、冬合わせて二〇〇〇人を超えるボランティアの参加がある。

「天橋立名松リバース実行委員会」は平成一六年の台風二三号後の一一月に設立され、構成団体など参画数は約一〇〇団体である。台風で二〇〇本近く倒れたマツをどうにかしないと、という郷土愛を多くの住民が持ち、倒木に新しい命を吹き込むとともに、マツと共生することを目的とした新たな活動を開始した。天橋立名松リバース宣言では、雄大な自然の中に人とマツが健やかに生きる空間をここ天橋立につくり出す、災害の経験を糧として、ここ天橋立を未来に残し、地球環境の危機を告げる警鐘の地とする、日本三景天橋立の白砂青松を取り戻し、地域の大いなる財産を子孫に伝えるという三つの柱を掲げている。主な活動内容として、天橋立名松リバースフォーラム開催、天橋立名松リバース館開館、マツに関する研修会の開催、龍頭アートコンテストの開催、五山大文字送り火にマツを奉納するなどを行ってきた。

以上の二つの住民組織の責任者への聞き取り調査では、天橋立の景観は、白砂青松の状態が好ましいとの考えから、雑木、マツ密度についての懸念が多く聞かれた。そして、マツの適切な密度、常緑樹などの樹木の伐採によるマツに特化した景観づくりを好ましいと考えていた。マツ並木として、白砂青松として残し、次の世代に引き継ぎたいという強い意向がうかがえた。

天橋立のマツ並木の変化の要因としては、マツの落葉を採集しなくなったこと、養浜事業にともなう盛り土があげられた。また、天橋立の利用形態または認識の変わり目として、まず都市公園制定があった。管理主体が寺から土木事務所に変化したことで管理形態が変わり、住民がマツの利用から遠のいたと考えられる。二つ目は平成一六年の台風二三号による被害であり、これを契機にマツ並木保存の意識が高まった。

従来、京都府による天橋立のマツ林の管理は、都市公園、国定公園としての公園管理の中で倒木の処理や危険木へ対応することが中心であった。しかし、台風二三号の後に地域住民の意識が高まり、マツ林の保全に関する調査研究が行われ、平成一八年度から地域住民やボランティアと協働で下草の除去や松葉拾いが開始された。平成一九年度は地域団体などのボランティアによる協働作業に、約二五〇〇人の参加があった。同年には白砂青松を守り続ける仕組みの一つとして地域と協働態勢を組み、「天橋立まもり隊」ができた。従来、個々に行われてきたボランティア活動を効率的・効果的に行うための仕組みであり、保全作業への参加により「守りたい」気持ちを育み、天橋立への愛着を持ってもらい、多くの人が天橋立の価値を共有・共感できることを期待している。

回収された松葉は、京丹後市内の国営農地へ搬出（有価物としての再利用）されている。腐植土の除去は、松の生育環境に変化を与えるため、現在は本格実施の前に、試験実施を行っている段階である。また、蔦の除去や松葉拾いだけでなく、漂着ゴミの除去を含め協働作業での取り組みについても関係機関とも連携して実施している。また、海岸事業により、便益施設の整備、松枯れ対策、養浜も実施されている。

図5　天橋立における植生調査区の位置

四　管理方針に応じた植生と景観変化の予測

将来予測の根拠となる事実の整理として、天橋立の植生の変化が昭和三〇年以降に顕著になったことを前提に、その頃から現在までの植生や景観の変化を、写真や資料、聞き取り調査に基づいて把握した。また、平成二三年一一月～同二四年二月に行ったA～M地点（**図5**）での植生調査によって林分構造と下層植生の現況を明らかにした。これらの調査に基づき、まずは天橋立における過去約五〇年間の植生や景観の変化を読み取った上で、用いる基本画像を現況と捉え、シナリオ①および③についてはおおよそ五〇年後を想定したシミュレーションを行った。シナリオ②についてはおおよそ一〇〇年後を想定したシミュレーションを行った。なお、天橋立の中でも、マツの密度や広葉樹との混交率、土壌の肥沃度などの現況は場所によってさまざまであることから、今回示した景観シミュレーションの結果が一様に適応されるものではない。

シナリオ①「自然保護地」としての管理

植生や砂嘴形状などに対して人為的な操作を加えず、自然に任せるという方針で「自然保護地」として管理する。設備の整備や清掃など、公園

近景：マツ林内の景観(基本画像はＣおよびＦ地点での現況写真)

中景：海岸線に沿ったマツ林と砂浜(基本画像はＡ地点での現況写真)

遠景：傘松公園からの眺望（基本画像は絵はがき）

【景観シミュレーションの基本画像】

（都市公園、国定公園）あるいは名勝地としての管理は行う。植生管理が行われない結果として、林内の土壌の肥沃化、常緑広葉樹林化が急速に進み、マツは減少する。公園あるいは名勝地としての公的管理が主体であり、地元住民やボランティアなどの関わりは、公的管理への参加、協力という位置付けとなる。生活や生業との関わりは希薄であり、広葉樹林化に対する対策はとられないため、白砂青松の景観は損なわれる懸念がある。

〈シミュレーションの方針〉

現在のE地点の景観を参考に将来予測をしたフォトコラージュを作成。E地点の樹木はマツに加え、モチノキ・ヤマモモなどの常緑広葉樹で構成され、四〇〇平方メートル当たりの本数、面積割合はそれぞれマツ（三本／一八パーセント）、モチノキ・ヤマモモ（九本／三一パーセント）である。下層植生はミツバ、ヨモギなどの多年生草本類や広葉樹の稚樹が高い被度を占め、マツや広葉樹の落葉が堆積し、腐葉土に近い土壌が形成されている。林内はC地点のような典型的な松原景観より薄暗くうっそうとした印象を受ける。画像作成に当たっては、人の手による植生管理が一切行われないとして、広葉樹の侵入、下層植生の繁茂および植物体の堆積による土壌形成などが進行した、おおよそ五〇年後の景観を仮定した。

〈近景〉

基本的に人の手による管理が行われないと仮定し、マツに関しては天然更新が進まないと推定されるために未熟な樹木個体を除去し、モチノキなどの広葉樹の侵入を反映した。

また下層植生に関しては、広葉樹の稚樹、草本類を全面にわたって配置し、砂地の露出部分を少なくした。また、

シナリオ①　近景

シナリオ①　中景

シナリオ①　遠景

林冠面積の増加により林内をやや暗く設定した。

〈中景〉

人の手による管理が行われないと仮定して、マツに関して五パーセント程度を増加させ、遷移にともなう広葉樹林化を反映させるため、松原の面積で二〇パーセント程度モチノキをはじめとした広葉樹を追加した。また草本類などの下層植生、落ち松葉を砂地面積の二〇パーセント程度増加させた。広葉樹や下層植生の発達から林内の見通しが悪く、砂浜との境界が不明瞭で全体的にぼやけた印象の景観となっている。

〈遠景〉

マツについては枝の増加や樹体の大型化を仮定し、またモチノキをはじめとした広葉樹の侵入、面積拡大を表現するため現在の松原の面積で約二〇パーセント増加させた。樹木の密度が増加し、マツの樹形は確認できない。広葉樹の侵入が顕著なため林部は全体的に盛り上がり、またマツとは異なる色彩が点在しているため松原としての印象はやや薄くなっている。

シナリオ② 「鎮守の森」としての管理

天橋立を智恩寺、籠神社、成相寺の境内・参道と捉え、植生、景観管理を行う。常緑樹および景趣木を主体とした「鎮守の森」としての管理であり、智恩寺本堂周辺の植生（常緑広葉樹中心）や籠神社境内の植生（常緑、ヒノキなど）に基づく将来像として設定する。マツ林の保全は主目的とならず、天橋立神社・磯清水周辺で見られるような植生や建造物管理、マツ林管理の基準とする。

〈シミュレーションの方針〉

近景の基本画像の一〇〇年後は、広葉樹が全域に配置されているため背景は林冠面積が大きく増加し、背景への透過面積がきわめて小さいものとした。林床には広葉樹の稚樹や草本類が前面に生育しているため林内は非常に薄暗く、うっそうとした印象を与える。また、現在の天橋立明神周辺（F地点）の植生を将来像の一つとして捉える。天橋立神社一帯のポイントであり、樹木はマツとモチノキ・ヤマモモ・ユズリハといった常緑広葉樹の他、カキやヒノキといった人の暮らしと関わりの強い種が見られる。これらは宗教施設との関係により人為的に導入された可能性が高い。F地点における四〇〇平方メートル当たりの樹木の本数・面積割合は、それぞれマツ（四本／一六パーセント）、マツ以外の樹木（一八本／三五パーセント）であった。マツ以外に林冠を形成しやすい樹種が多いため林内は薄暗く、樹木の植栽密度も高い印象である。画像作成に当たってはマツ以外にも宗教的価値観からヒノキをはじめとした樹木を人為的に導入、管理するものと仮定した。

〈近景〉

主要な樹種の違いや全体的に高密度に樹木が生育しているため、林内は薄暗く、マツ林とは異なる印象を受ける景観である。

シナリオ②　近景

天橋立明神周辺の植生

シナリオ②　中景

〈中景〉

マツ中心の植生から、智恩寺周辺に生育するモチノキ・タブノキなどの常緑広葉樹を中心とした植生へと松原全域を変化させた。また下層植生もそれらの稚樹を多く植栽し、その他草本類の面積を元々の砂地面積で約三〇パーセント増加させた。うっそうと生い茂り、前面に大きくせり出した広葉樹の存在から松原としての景観が失われている。暗く下草が繁茂する林内には、立ち入ることを躊躇わせるような印象も与えている。

〈遠景〉

遠景景観は、マツの樹形がほとんど確認できない常緑樹を主体とした構成であり、シナリオ①の遠景景観と同様になる。

シナリオ③「他界観を基本とした伝統的景観」としての管理

他界（現実世界とは別の世界、あの世）として長年にわたって維持されてきた白砂青松の景観を継承することを原則とする。この景観は、生活、生業の場（観光も含む）として維持されてきた伝統的景観でもある。管理方針としては、低密度のマツ林と下層植生の少ない植生構造を目指し、近年に急激に増えた外来植物や常緑広葉樹、草本などを排除していくとともに、適切なマツ林の立木管理と天然更新を促進する土壌管理なども行う。

〈シミュレーションの方針〉

現在の天橋立におけるC地点の景観を参考として作成。C地点の樹木はマツのみで構成され、四〇〇平方メート

シナリオ③　近景

シナリオ③　中景

シナリオ③　遠景

ル当たりの本数は一九本でその面積割合は四二パーセントである。また下層植生はほとんど見られず、砂地が露出している。これに恒常的な管理が行われると仮定し、落ち松葉かきやマツの剪定による落葉・下枝の除去を行った。

〈近景〉

マツの枝打ち、剪定による樹形管理を表現するため、細かい枝を二〇パーセント除去した。また、定期的な下草刈り、落ち松葉かきが行われると仮定して、五〇パーセントほど砂地の露出を増やした。マツの枝の除去により背景・上部からの光の透過率が増加した。加えて落葉かきによる砂地面積の増加から林内はやや明るく、マツと白砂・背景とのコントラストがより際立つ景観となっている。

〈中景〉

マツの枝打ち、剪定による樹形管理を表現するため、細かい枝や密度の高い枝葉を画像中の松原面積に対して約三〇パーセント除去した。また、定期的な落ち松葉かきや下草刈りを反映させるため、砂地の露出する面積を六〇パーセントほど増加させた。背景の透過率や白砂露出面積の増加から、マツとそれらの対比が際立つすっきりとした印象の景観となっている。

〈遠景〉

マツについては剪定や植栽密度の減少を仮定し、その他広葉樹の除去と併せて現在の松原から三〇パーセントほど減少させた。遠景からでもマツの樹形が確認でき、マツと砂浜のコントラストが際立っている。また、砂嘴の形状も見て取ることができる。

五　まとめ

天橋立においては、昭和三〇年代以降に急激な植生、景観の変化が認められた。それは、砂嘴への土砂供給メカニズムなどの天橋立周辺環境の変化とともに、天橋立における地域資源としての利用や管理の消失、漁業・遊びの場としての機能の低下、管理主体・組織の変化などを背景とした変化であった。そして、長い歴史を通して見れば、ここ数十年間での植生、景観の変化は特に大きく、常緑広葉樹の侵入・繁茂、草本類の繁茂、外来種の侵入、マツ林の立木密度の増加と高齢化が大きな課題となっている。

今後に向けた天橋立の管理方針を、依拠する価値観とともに三つに集約されたシナリオとして想定し、各シナリオに応じた植生と景観変化を予測した結果、管理方針に応じて植生景観が大きく変わっていくことが予想された。このことは、天橋立において人と自然の積極的かつ調和のとれた関わり合いがあったからこそ、長年にわたって白砂青松の景観が保全されてきたことを意味する。神聖な場としての天橋立に対する敬意を基盤としながらも、日常生活や生業における地域資源の持続的な利用があることが、天橋立の文化的景観としての価値を継承する上で不可欠だったものと捉えることができる。

今日、天橋立においては、常緑広葉樹の伐採や落葉の除去については、方法の検討、あるいは試験的な試みがなされている段階である。そのため、阿蘇海側や橋立明神周辺などにおいては、急速に広葉樹林化が進み、マツの更新が困難な状況が多々見受けられる。長年にわたる人と自然との関わりの歴史に裏付けられた天橋立の価値（白砂青松としての天橋立の景観）を踏まえながら、今日的な利用、管理のあり方についての共通理解を深め、適切な植生、景観管理を早急かつ持続的に行う必要がある。

五　砂・水質の管理

京都府における天橋立の砂浜保全の取り組み

森　宣和・山口睦雅

一　はじめに

天橋立海岸は、京都府北部の宮津湾内に位置し、宮津湾と阿蘇海を区分して江尻から南西方向に約三六〇〇メートル延びた典型的な砂嘴地形海岸である。砂嘴には数千本におよぶ松が成育し、その松並木と白砂の海の景観は松島、宮島と並び日本三景の一つにあげられ、一九二二年には名勝地、一九五二年には特別名勝地に指定されている。また、わが国で最初にサンドバイパス工法が施工されたことでも知られている(1)。

本海岸は、一方向の卓越した沿岸漂砂の堆積作用により形成されたものであるが(2)(3)(4)、河川からの流出土砂量の減少や防波堤などの構造物設置に伴い、全国の他の海岸と同様、昭和二〇年（一九四五）代頃から砂浜の侵食が顕著になり、一時はその存在そのものが危ぶまれる状態であった。

このため、一九五一年頃から調査を開始し、これまでに突堤、養浜、サンドバイパス・サンドリサイクル、潜堤

図１　天橋立海岸の現状（2011年12月撮影）

による侵食対策を実施してきた。当初、京都府では大小の突堤群を設置してきたが、漂砂供給が不足していることから抜本的な解決には至らなかった。そこで、一九七九年に旧運輸省と京都府が共同で学識者を含めた研究会を設立し、より詳細な調査・試験施工を重ね、緊急養浜事業やサンドバイパス工法の事業化を進めてきた。その結果、汀線（ていせん）は平均して約二〇メートル前進し、突堤の上手ではその先端まで砂が堆積するなど一応の漂砂の連続性が確保されるようになった(5)（**図１**）。一方、突堤の下手側では砂が堆積せず突堤群によって形成された汀線形状はノコギリ状となり、景観面や砂浜の利用制限などの新たな課題が生じるようになった。このため、模型実験・試験施工(6)(7)を経て、突堤先端の下手側に潜堤を設置し漂砂を捕捉することで汀線を滑らかにする工法を採用し、一九九二年以降順次対策を行ってきた。また、二〇〇六年の研究会では、潜堤の効果検証や海岸整備方針の検討を行い、効果的・効率的な潜堤形状とその配置計画および施設配置を踏まえたサンドバイパス（リサイクル）の運用方針を決定した(8)。この方針に基づき、今日までに改良を含む全一一基の潜堤施工を完了するとともに、サンドバイパス（リサイクル）事業を継続している。

本論文では、これまでに実施したサンドバイパス（リサイクル）および潜堤による侵食対策の現状と課題についてとりまとめるとともに、天橋立の景観保全や利用促進を今後も引き続き行うために必要な今後の整備方針についての考察を報告する。

二　天橋立海岸の地形的変遷

典型的な砂嘴地形海岸である天橋立は、日本海から侵入する波浪およびこれに伴う沿岸流による漂砂の輸送と堆積によって形成されたものであるが、[(2)(3)(4)] 海岸整備を考える上では、その形成過程を含むこれまでの地形的変遷を把握することが重要である。

本章では、検討の基礎的な条件となる天橋立海岸の地形的変遷の概要について、既往文献や空中写真に基づく整理を行った。

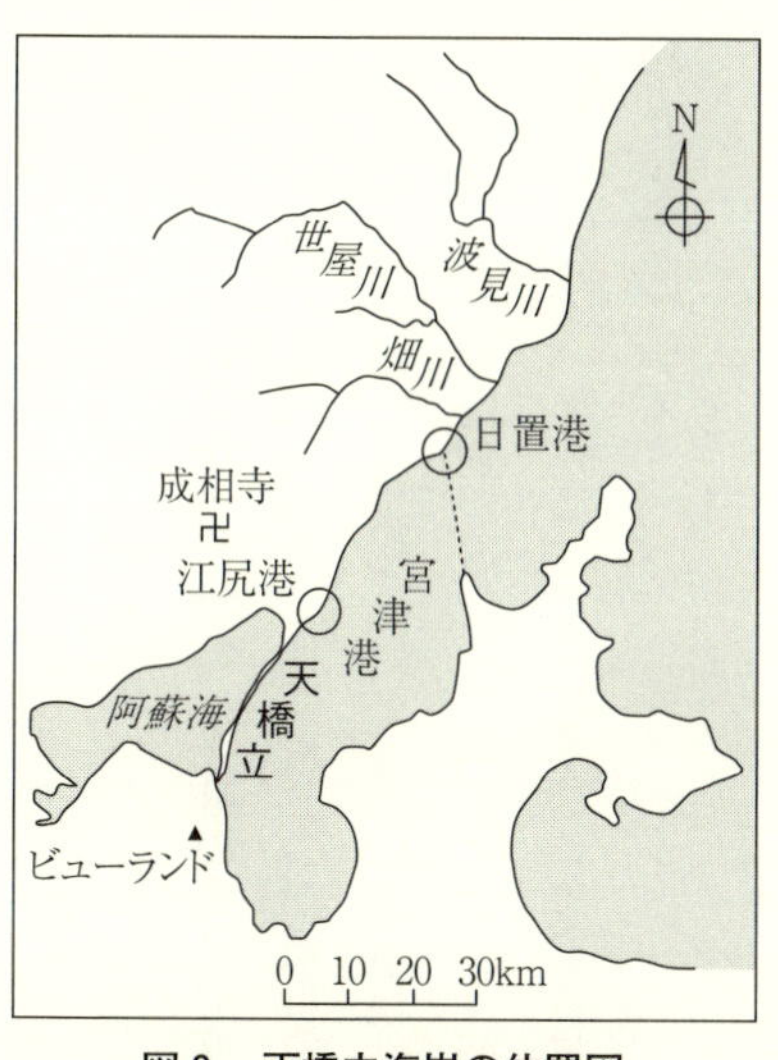

図2　天橋立海岸の位置図

（一）形成過程

天橋立は細長い宮津湾の湾奥付近西側に位置しており、漂砂源となる流入河川は、湾の東岸にはないが、西岸には北から波見川（流域面積一〇・四平方キロメートル）、世屋川（同一六・三平方キロメートル）、畑川（同六・二平方キロメートル）がある（**図2**）。

天橋立の成因は、これらの河川からの流出土砂が沿岸流によって南へ運ばれ、縄文海進時に堆積が進行し、約四〇〇〇年前に海面が現在の海水面と同程度まで下降したときに姿を現したものと推定されている。[2][3][4] その後も沿岸漂砂によって成長を続け、江戸時代中期頃に現在の原型ともいうべき姿となり、明治期における埋立や内海への航路開設、さらには大正後期の架橋が行われ、今日の姿が形成された。[9]

一方、昭和期に入ると、世屋川および畑川の砂防・河川改修工事による河川からの流出土砂の減少や日置港および江尻港の防波堤建設などによる漂砂の連続性の遮断により、昭和二〇年（一九四五）代頃から砂浜の侵食が顕著となった。[9] 最も侵食が進行した時期では部分的に松林の基部あたりまで砂浜が減少し存在の危機に晒されたが、その後、サンドバイパス（リサイクル）による侵食防止対策や潜堤による汀線改良（景観改善）対策が継続的に行われ現在に至っている。

（二）空中写真による汀線の変化傾向

図3は天橋立付近の海岸地形を各年代ごとに撮影した空中写真を示している。一九六三年および一九七五年の空中写真では、砂嘴の幅が狭く砂浜が侵食されている状況が確認できる。また、江尻港防波堤の上手側（北側）には砂が堆積している状況も確認できる。この時期には侵食対策として大小の突堤群を設置しているが、汀線はほとんど変化しておらず、上手側の構造物により漂砂移動が遮断され抜本的な侵食防止に至っていないことがわかる。次に、一九八九年の空中写真では、一九六三年および一九七五年に比べ、突堤の上手側で砂が堆積しており、全体的に砂嘴の幅は広くなり、汀線は前進している状況が確認できる。先に述べたとおり、一九七九年には研究会を設立しその後サンドバイパス事業を開始しており、開始一〇年後の一九八九年には天橋立全体で砂浜が回復したことがわかる。また、二〇〇六年の空中写真では、一九八九年と比較して、全体に汀線の大きな変化はなく、比較的安定

した砂浜が形成されていることがわかる。

図4は、**図3**に示す空中写真より汀線位置を判読し数値化した上で各撮影年間（一九六三〜一九七五、一九七五〜一九八九、一九八九〜二〇〇六）における汀線の変化量を示したものである。図より、一九六三年から一九七五年および一九八九年から二〇〇六年にかけては、局所的な変化は生じているものの、汀線が大きく変化している傾向は見られない。一方、一九七五年から一九八九年にかけては、期間中にサンドバイパスを開始していることから、全

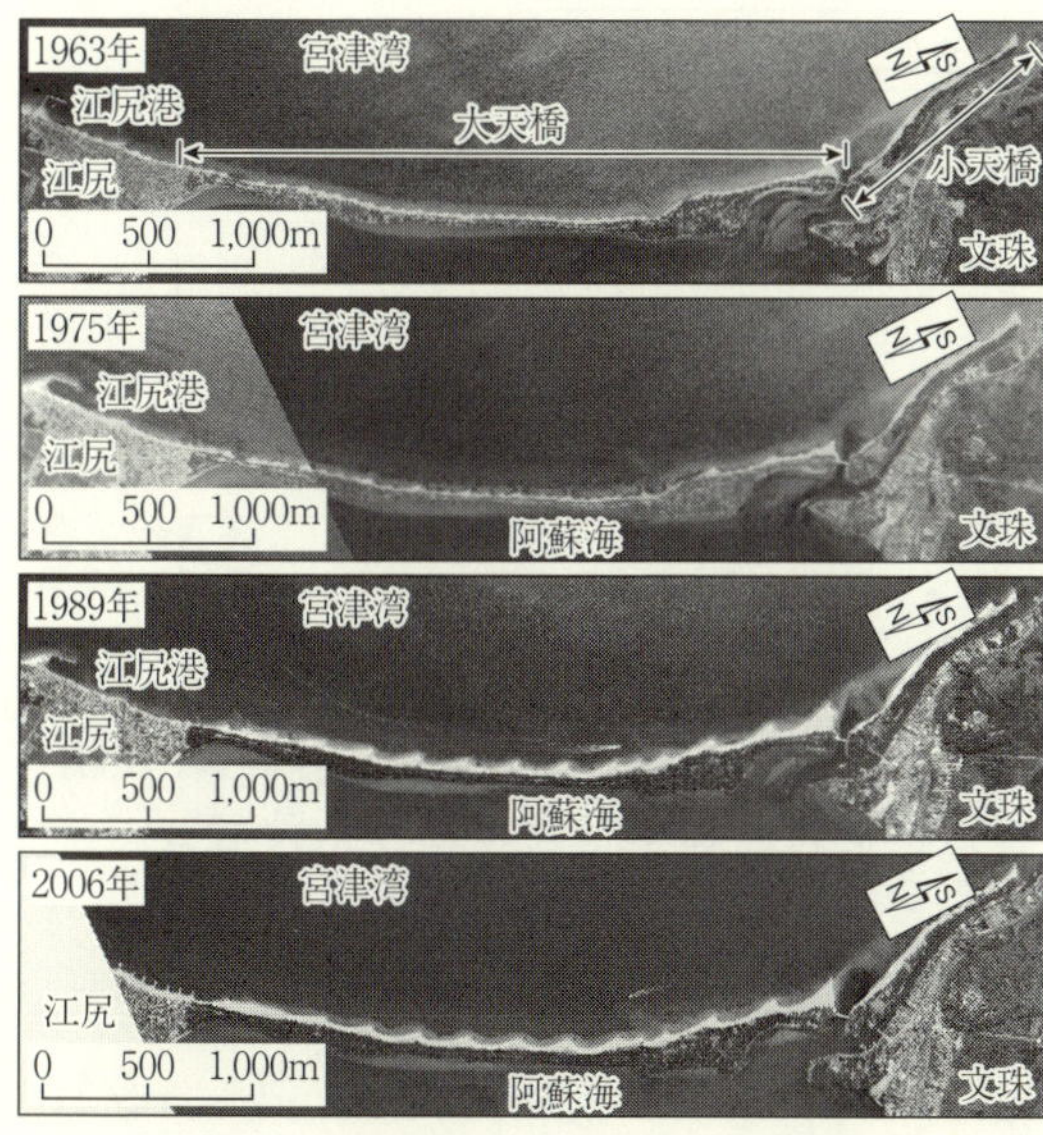

図3　天橋立海岸を撮影した空中写真

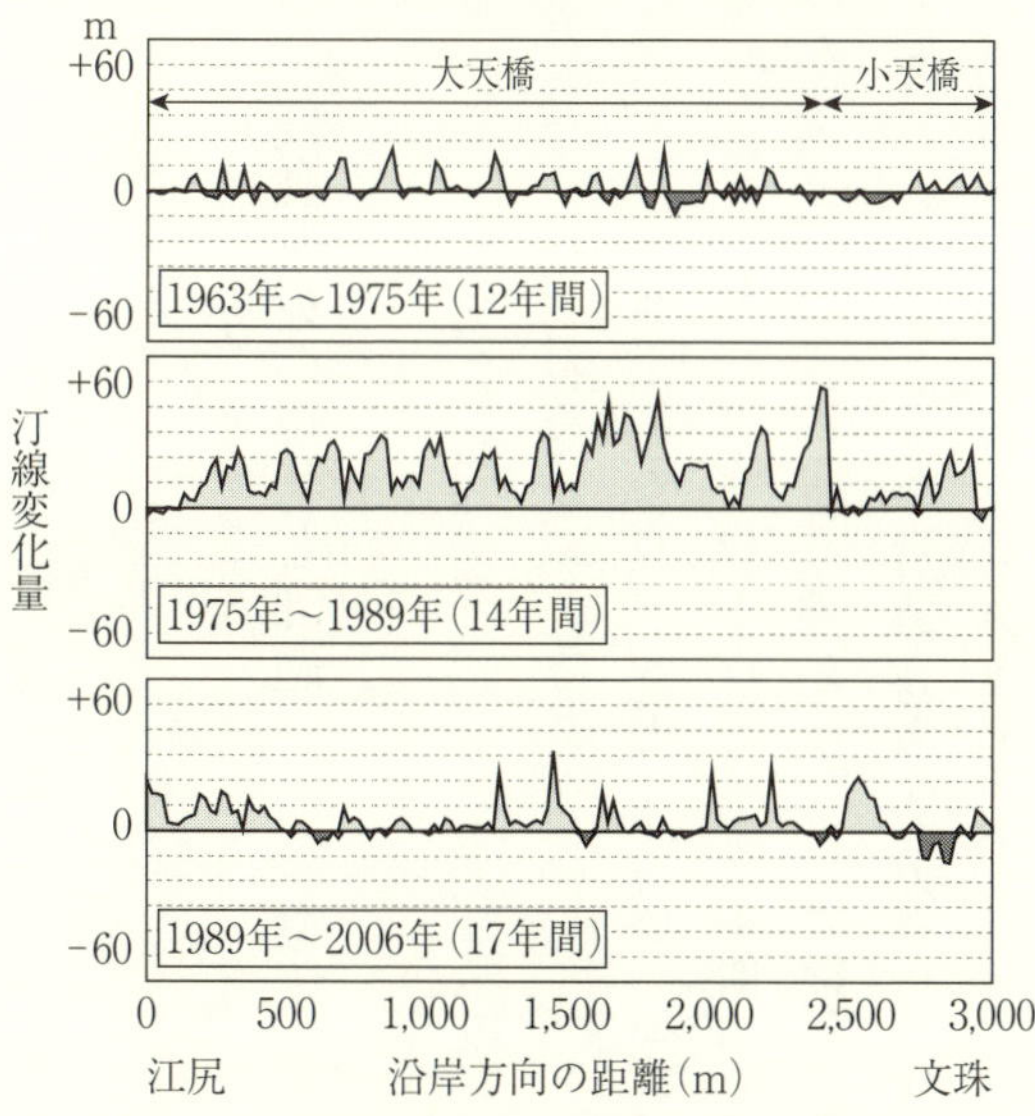

図4　汀線変化量図（各撮影年間の変化量）

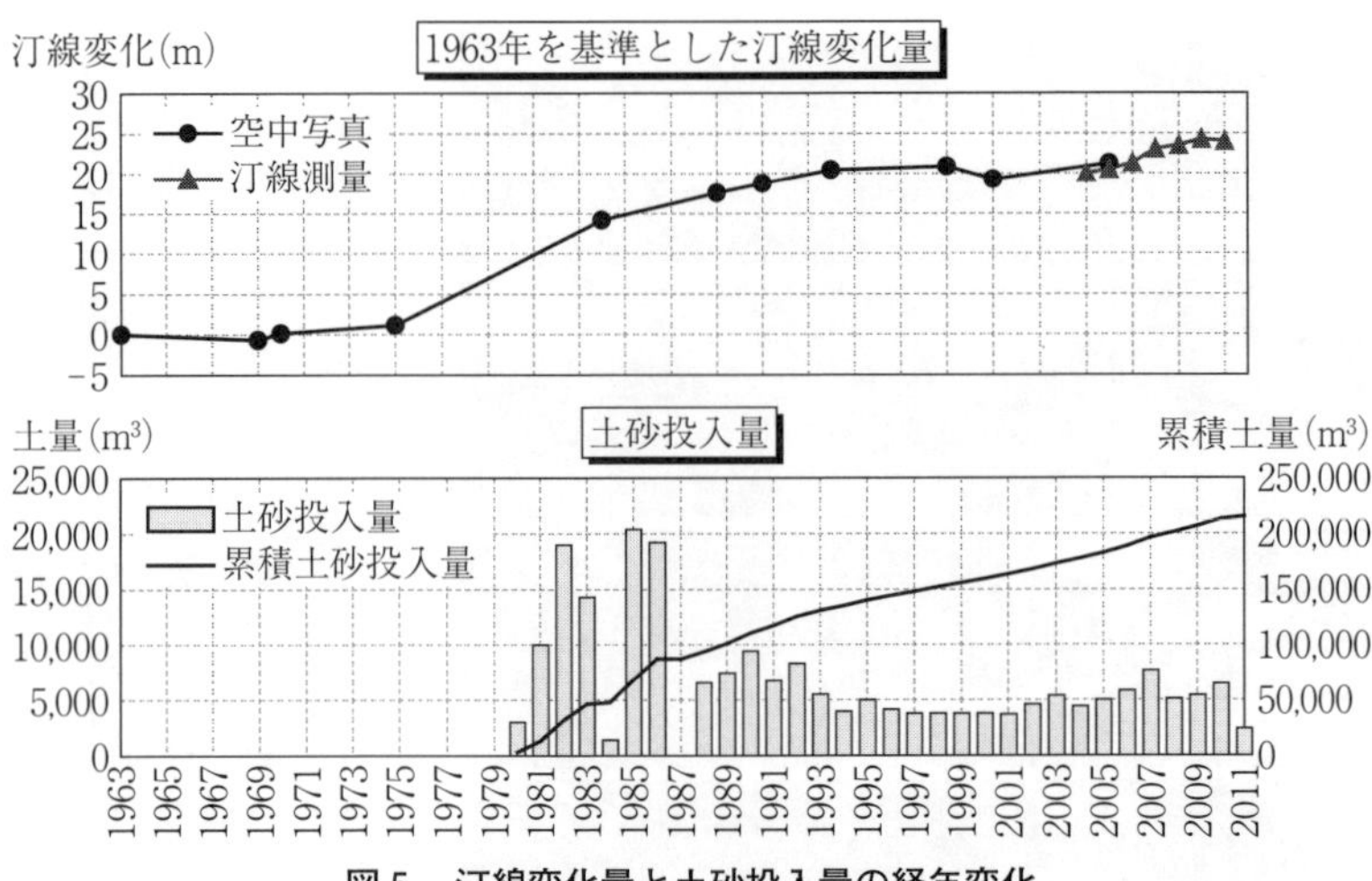

図５　汀線変化量と土砂投入量の経年変化

体的に汀線は前進しており、その前進量は最大で五〇メートル程度となっている。

三　侵食対策の現状と課題

天橋立では、これまでに突堤、養浜、サンドバイパス（リサイクル）、潜堤による侵食対策を実施してきた。

本章では、これら対策の中から、一九七一年以降の研究会を踏まえ実施してきた、わが国で初めて本格的に事業を開始したサンドバイパス（リサイクル）と景観改善を目的として新たに設置してきた潜堤について、その実施状況や効果などの現状と今後の海岸整備に向けて抱える課題について整理を行った。

（一）サンドバイパス（リサイクル）による対策

サンドバイパス工法とは養浜工法の一種であり、天橋立では、漂砂の上手側にあたる日置港および江尻港において砂を浚渫（しゅんせつ）し（バイパス砂）、下手側に位置する天橋立の砂州部分の最上手に砂の供給を行っている。(5) さらに、漂砂移動により、天橋立の先端部

（小天橋）において堆砂が生じることから、これを上手側へ輸送し再度供給する（リサイクル砂）手法を実施している。[7] 一九七一年の開始から現在まで約四〇年間継続しており、近年は、二〇〇六年の研究会における方針を踏まえ、年間四五〇〇立方メートル程度を目安とした土砂投入（養浜）を年一回行っている。

図5は、空中写真（一九六三〜二〇〇六）および汀線測量結果（二〇〇四〜二〇一一）から算出した、天橋立大天橋における汀線変化量（一九六三年の汀線を基準とした変化量）の平均値と土砂投入量（各年値および累積値）の経年変化を示している。図より、平均的な汀線は、一九七九年以降のサンドバイパス（リサイクル）によって開始から五年後の一九八四年時点で一五メートル程度前進し、その後も緩やかに前進（約三〇年で一〇メートル程度）しており、汀線変化は累積土砂投入量の変化に呼応していることがわかる。**図6**には**図5**に示す汀線変化量と累積土砂投入量の関係を示しているが、両者の相関性は高い（相関係数＝〇・九二）。また、**図7**は各年間の汀線変化量と累積土砂投入量の関係を示しているが、累積土砂投入量が大きくなると汀線変化量は徐々に小さくなり、近年では平衡状

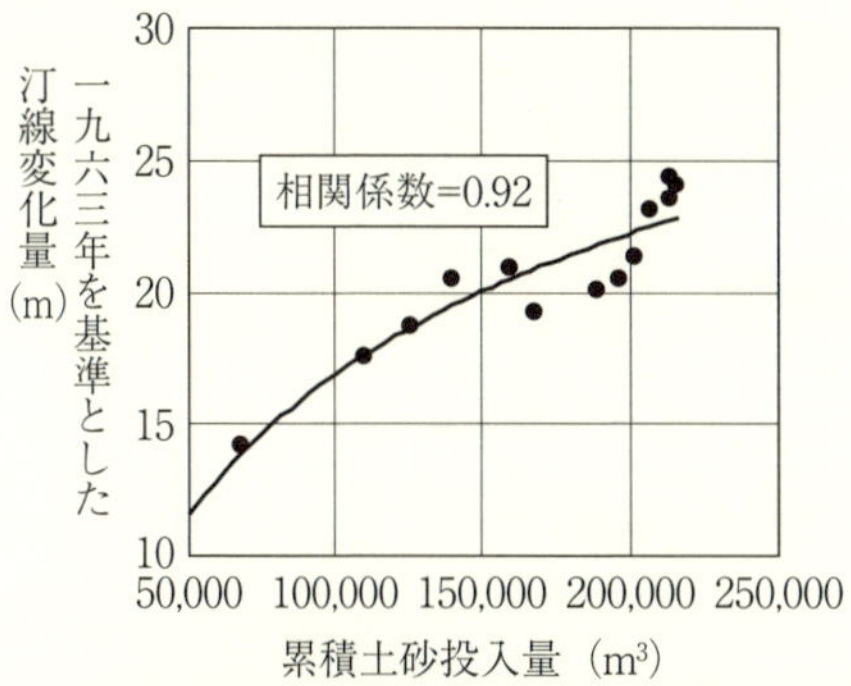

図6　1963年を基準とした汀線変化量と累積土砂投入量の関係

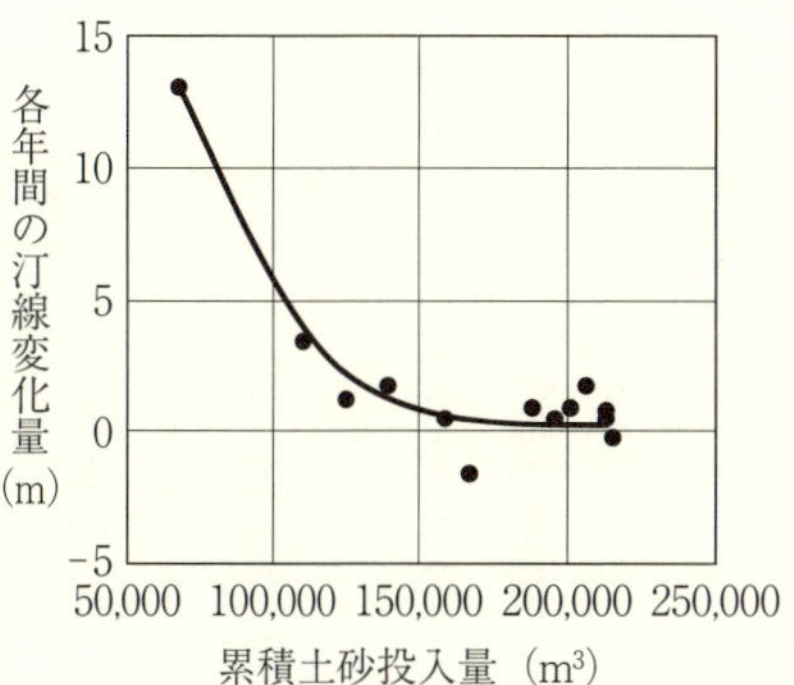

図7　各年間の汀線変化量と累積土砂投入量の関係

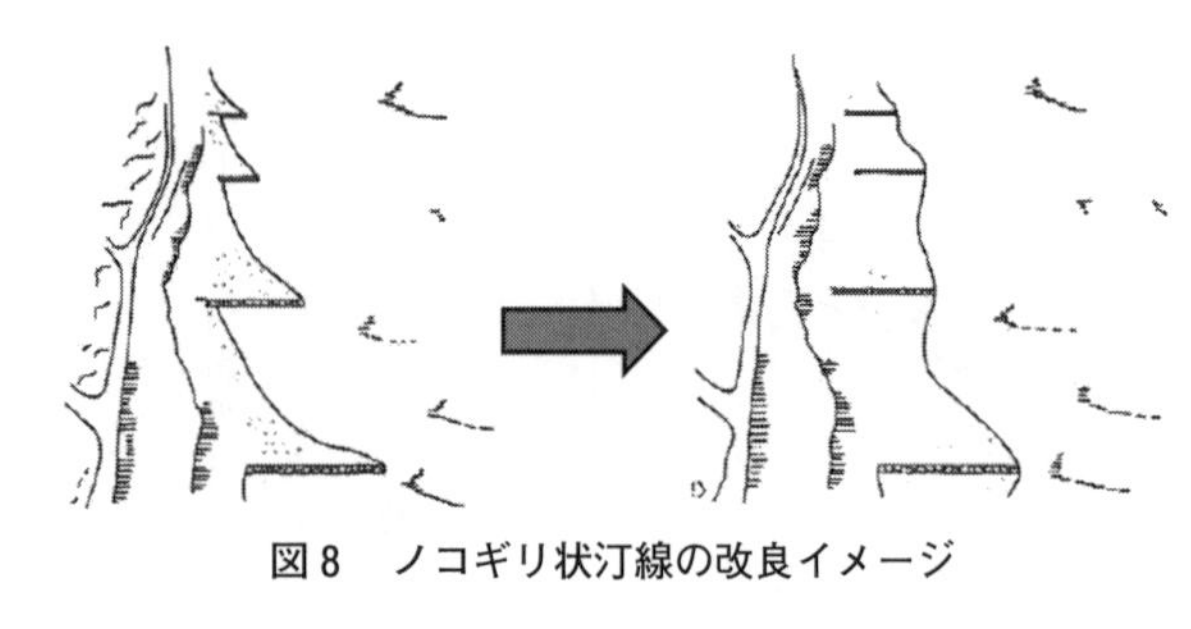

図8　ノコギリ状汀線の改良イメージ

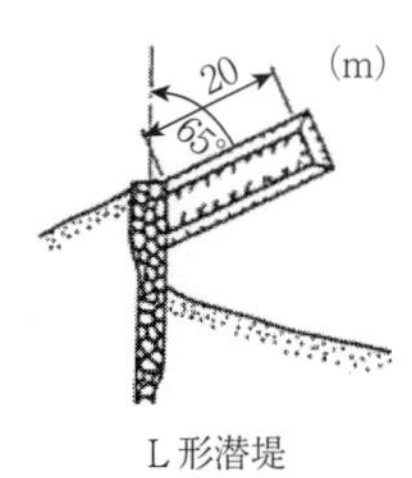

L形潜堤

扇形潜堤

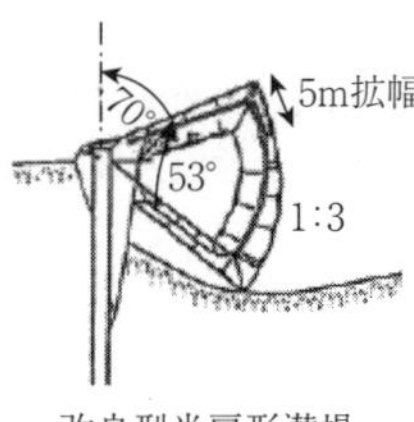

改良型半扇形潜堤

図9　潜堤の構造イメージ

態にあるといえる。

以上の整理から、天橋立の侵食対策におけるサンドバイパス（リサイクル）の効果は顕著であり、今後も砂浜を維持していくためには基本的な考え方を踏襲する必要があるといえる。一方、近年では効果が平衡状態にあることが確認できたため、今後の海岸整備を考える上では、後述する潜堤の整備効果も踏まえ、適切なサンドバイパス（リサイクル）量の設定が重要になると考えられる。

（二）潜堤による対策

突堤群によってノコギリ状となった汀線形状を改良し、景観上優れた滑らかな汀線とすることを目的として（**図8**）、突堤先端の下手側に潜堤を設置する工法を実施している。この工法は、潜堤設置箇所において、入射する波の波高を減衰させるとともに、入射波を屈折させ汀線に直角に入射するようにして沿岸方向の漂砂移動を抑えることで、砂を堆積させるものである。この事業は、一九九一年から試験施工を開始しており、**図9**に示すような形状の異なる潜堤を現地施工した結果、扇形状の潜堤の機能がより高いことがわかった。[6][7] その後も試験施工を重ね、二〇〇六年の研究会において効果的・効率的な潜堤形状として「改良型半扇形潜堤」を採用し、以降これまでに改良を含む全一一基の潜堤を設置している。

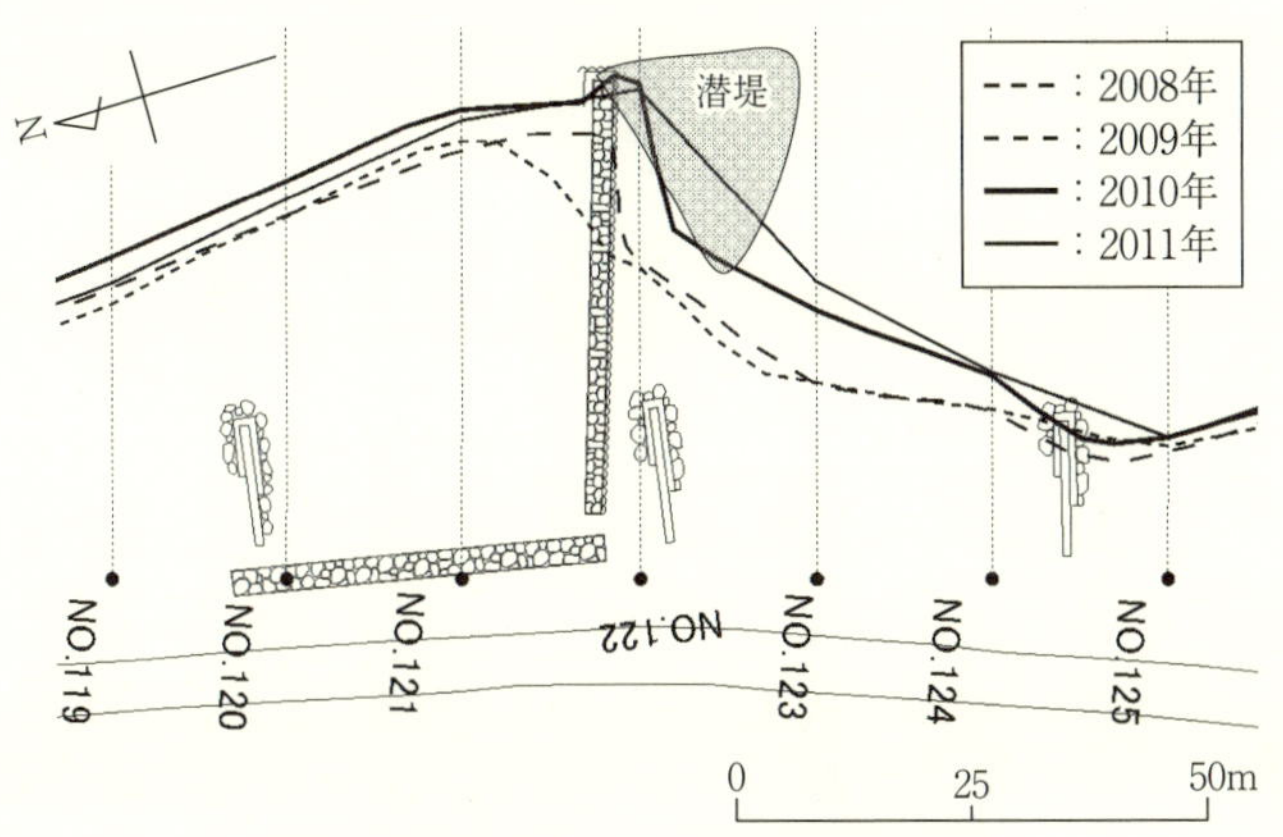

図10　潜堤周辺における汀線の経年変化

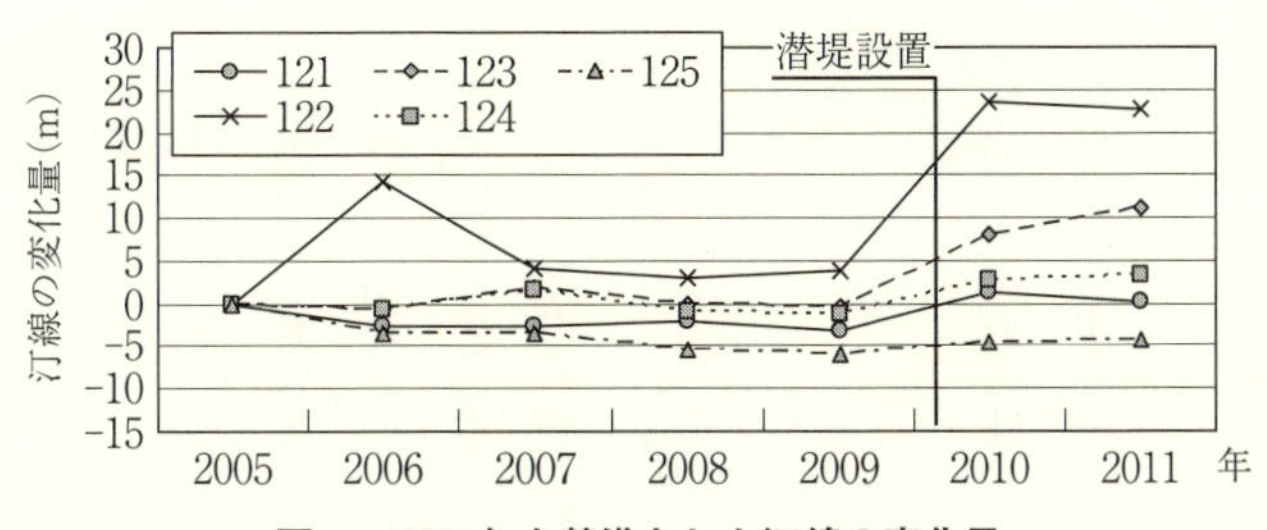

図11　2005年を基準とした汀線の変化量

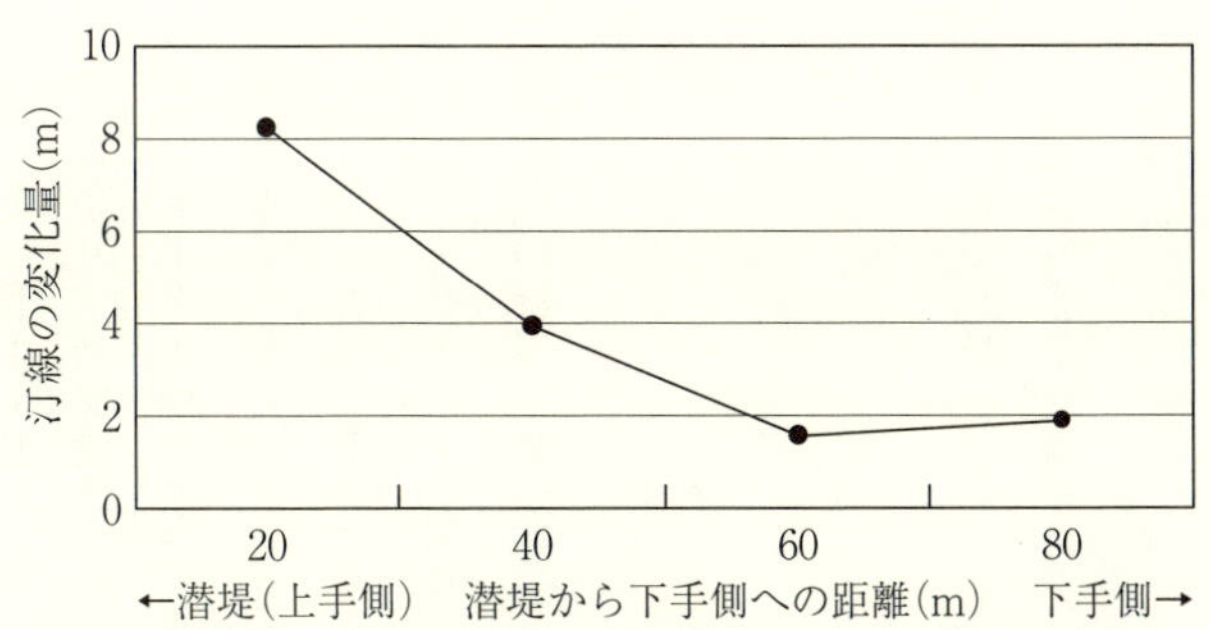

図12　潜堤からの距離と潜堤設置前後における汀線変化量

図10は二〇一〇年に設置した改良型半扇形潜堤周辺における汀線の経年変化を、**図11**は**図10**に示す測線No.毎の汀線位置を二〇〇五年を基準とした変化量でそれぞれ示したものである。これらより、潜堤設置前後の二〇〇九年と二〇一〇年および二〇一一年とを比較すると、潜堤下手側の汀線は最大で二〇メートル程度前進しており、潜堤背後には漂砂が捕捉され設置前に比べ滑らかで連続的な汀線形状が形成されていることがわかる。また、**図12**は潜堤から下手側への距離と潜堤設置前後における汀線の変化量を示している。図より、潜堤下手側では設置箇所に近いほど汀線の変化（前進）量は大きく、潜堤による汀線改良効果は、潜堤から約四〇メートル程度まで確認できる。

以上の整理から、潜堤による汀線改良効果を確認することができたが、設置後の経過年数が短いものも多いため、今後もモニタリングを継続しながら、その経過を観察していく必要がある。

四　今後の海岸整備について

天橋立の景観保全や利用促進を今後も引き続き行うためには、概ね安定した砂浜形状と滑らかな汀線形状を実現させたこれまでの侵食対策を踏襲しつつも、維持管理費用の縮減に配慮した持続可能な整備を考えていく必要があるといえる。

本章では、その一環として、現状を踏まえた適切なサンドバイパス（リサイクル）量について検討を実施し、今後の海岸整備の方針について考察を行った。

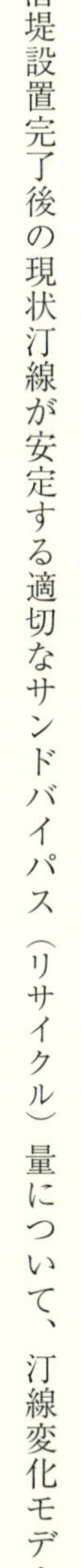

（一）汀線変化モデルを用いたサンドバイパス（リサイクル）量の検討

潜堤設置完了後の現状汀線が安定する適切なサンドバイパス（リサイクル）量について、汀線変化モデル（1-Line モデル）を用いて検討を実施した。

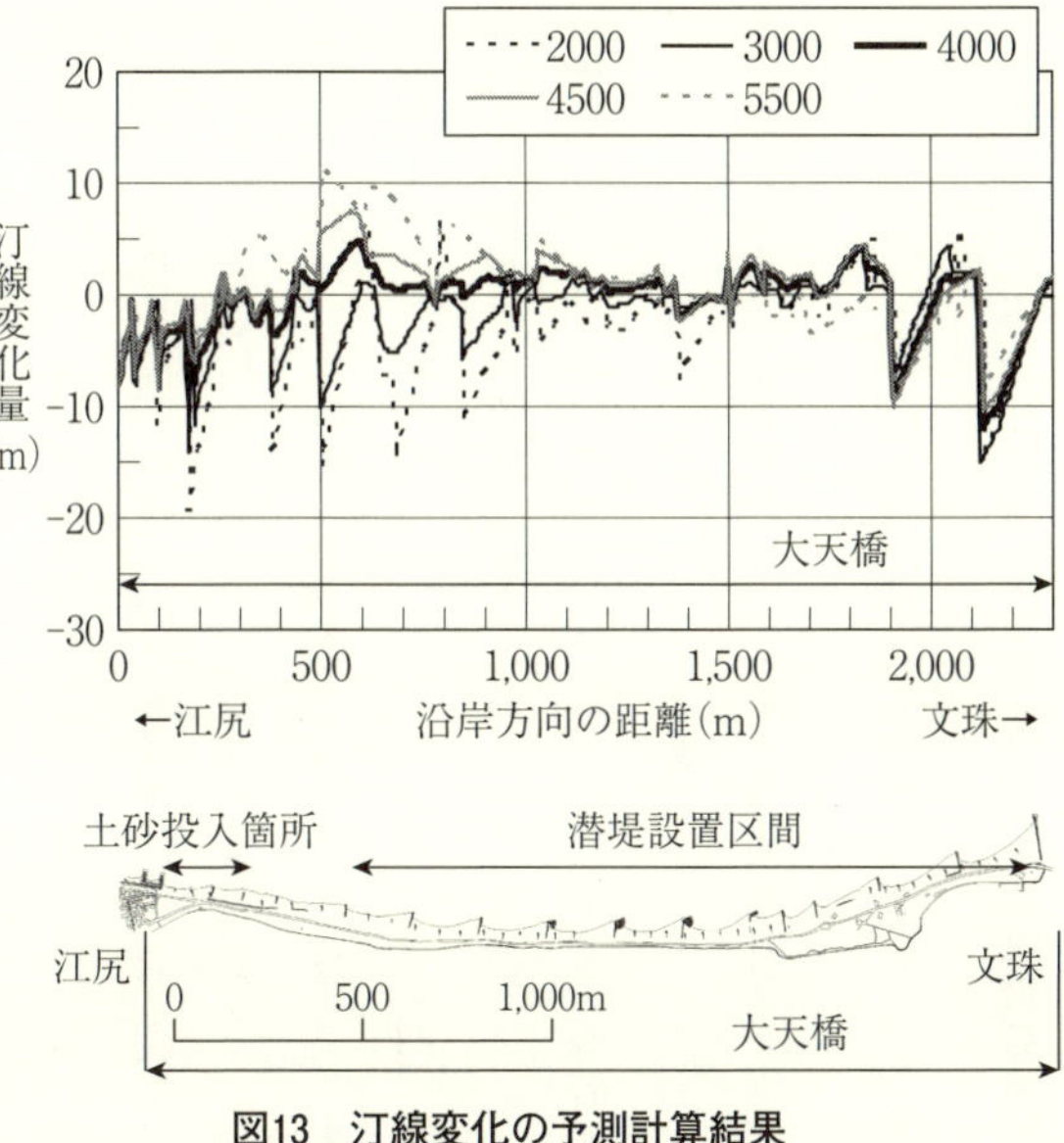

図13　汀線変化の予測計算結果

汀線変化モデルは、波浪と海岸線形状のデータにより、沿岸方向の各点において沿岸漂砂量を算定し、汀線変化を一本の線の変化（前進、後退）で評価するもので、長期的な海浜変形予測の手法として現地適用性が高いモデルである。また、汀線変化計算に与える入射波は、多方向不規則波の屈折および浅水変形を同時に解くことができるエネルギー平衡方程式による方法を採用し、沖波（柴山波浪観測所の実績データから季節毎のエネルギー平均波を設定）から算出した。

サンドバイパス（リサイクル）量の検討では、潜堤設置完了後の現状汀線（二〇一一年一一月）を初期地形でもあり目標地形（すなわち、現状と大きく変わらないことを目標）とし、同じ外力条件の下、年間土砂投入量が異なるケース（二〇〇〇立方メートル、三〇〇〇立方メートル、四〇〇〇立方メートル、四五〇〇立方メートル、五五〇〇立方メートル）を設定し、予測計算を実施した。**図13**は各ケースにおける現状から五年後の汀線変化量について比較したものを示している。いずれのケースでも、江尻港下手の土砂投入箇所付近（潜堤未整備区間）および大天橋下手の突堤間距離が長い区間では、汀線は現状よりも後退すると予測される。また、土砂投入量が少なくなるほど江尻港下手側の汀線後退範囲がより下手側へ広がる傾向となり、特に、土砂投入量が四〇〇〇立方メートルよりも少ない場合は、汀線の後退範囲が現状の潜堤設置区間にまで広がると予測される。一方、土砂投入量が四〇〇〇立方メートルよりも多い場合は、現状の潜堤設置区間上手側に土砂が堆積すると予測される。

以上の予測計算結果から、特に、江尻港下手の潜堤整備区間上手側に着目すると、この区間の現状汀線が安定するためには、四〇〇〇立方メートル以上のサンドバイパス（リサイクル）量が必要であり、効率的な土砂投入量は四〇〇〇立方メートル程度であると考えられる。

（二）今後の海岸整備方針について

これまでに実施してきた侵食対策や景観改善対策によって、現在では全体的に概ね安定した砂浜形状が維持されている。このため、今後の海岸整備では、モニタリングによる経過観察を行いながら、より効率的なサンドバイパス（リサイクル）を実施していく必要があるとともに、海水浴などの利用が活発な箇所への局所的な対策を合わせて行っていく必要があると考える。

実績データに基づく現状の汀線変化状況の整理や汀線変化予測計算の結果を踏まえると、効率的なサンドバイパス（リサイクル）の実施については、先に述べたとおり年間四〇〇〇立方メートル程度を目安とした運用を実施していく必要があると考えられる。また、海水浴などの利用がある江尻港下手の土砂投入箇所付近（潜堤未整備区間）では、局所的な侵食を防止するため、潜堤を新たに設置するなどの対策が必要と考えられる。さらに、海岸利用が活発な大天橋下手の突堤間距離が長い区間では、夏季の海水浴利用前に養浜するなど局所的な対策を行っていく必要があると考えられる。

五　おわりに

本論文では、天橋立海岸においてこれまでに実施したサンドバイパス（リサイクル）および潜堤による侵食対策の現状と課題についてとりまとめるとともに、適切なサンドバイパス（リサイクル）量の検討を行うなど、今後の整備方針について考察を行った。

今後は、これまでの侵食対策により海岸侵食は防止され現在では概ね安定した砂浜形状が形成されていることに加え、潜堤による汀線改良（景観改善）効果が発現している現状を踏まえ、モニタリングによる経過観察を行いながら、維持管理費用の縮減にも配慮した効率的な整備を実施していく必要がある。

参考文献

（1）矢島道夫・上薗晃・矢内常夫・山田文雄：「天橋立におけるサンドバイパス工法の適用」『海岸工学論文集』、第二九巻、三〇四～三〇八頁、一九八二。
（2）岩垣雄一・陳活雄：「天橋立海岸の生成過程に関する研究」『第四四回土木学会年次学術講演会』、一九八九。
（3）岩垣雄一・陳活雄：「日本三景天橋立の生成とその発達過程の研究」『第四六回土木学会年次学術講演会』、一九九一。
（4）陳活雄・岩垣雄一：「砂嘴の形成と侵食に関する研究――天橋立海岸について――」『海岸工学論文集』、第三九巻、三七一～三七五頁、一九九二。
（5）京都府：『宮津港天橋立海岸侵食対策調査報告書』、一～七〇頁、一九八七。
（6）鈴木康正・平石哲也・富樫宏次・高羽泰久・南将人・岩垣雄一：「潜堤を用いた海浜安定工法に関する現地観測と模型実験」『海岸工学論文集　第四二巻』、六九六～七〇〇頁、一九九五。
（7）平石哲也：「小型潜堤を用いた海浜安定工法に関する模型実験」『港湾空港技術研究所資料〇八九六』、一九九八。
（8）京都府：「第九回天橋立海岸整備技術研究会資料」、二〇〇六。
（9）京都府：「宮津港天橋立～日置海岸環境整備技術研究調査報告書」、一九九九。

六　植生

天橋立およびその周辺部における植生変遷

高原　光

一　はじめに

平成二四年度に天橋立南部に近い「どん淵池」と北部に位置する「江尻地区の低湿地（水田）」において堆積物を採取し、花粉分析と微粒炭分析によって植生変遷を明らかにした。平成二五年度には、丹後半島の北部沿岸に位置する「乗原」において堆積物を採取し、花粉分析、微粒炭分析を行った。それらの結果に基づき、天橋立およびその周辺部における植生変遷を検討した。

二　丹後半島沿岸部における植生変遷

これらの丹後半島沿岸部における花粉分析結果と山間部の大フケにおける花粉分析地点（**図1**）における分析結

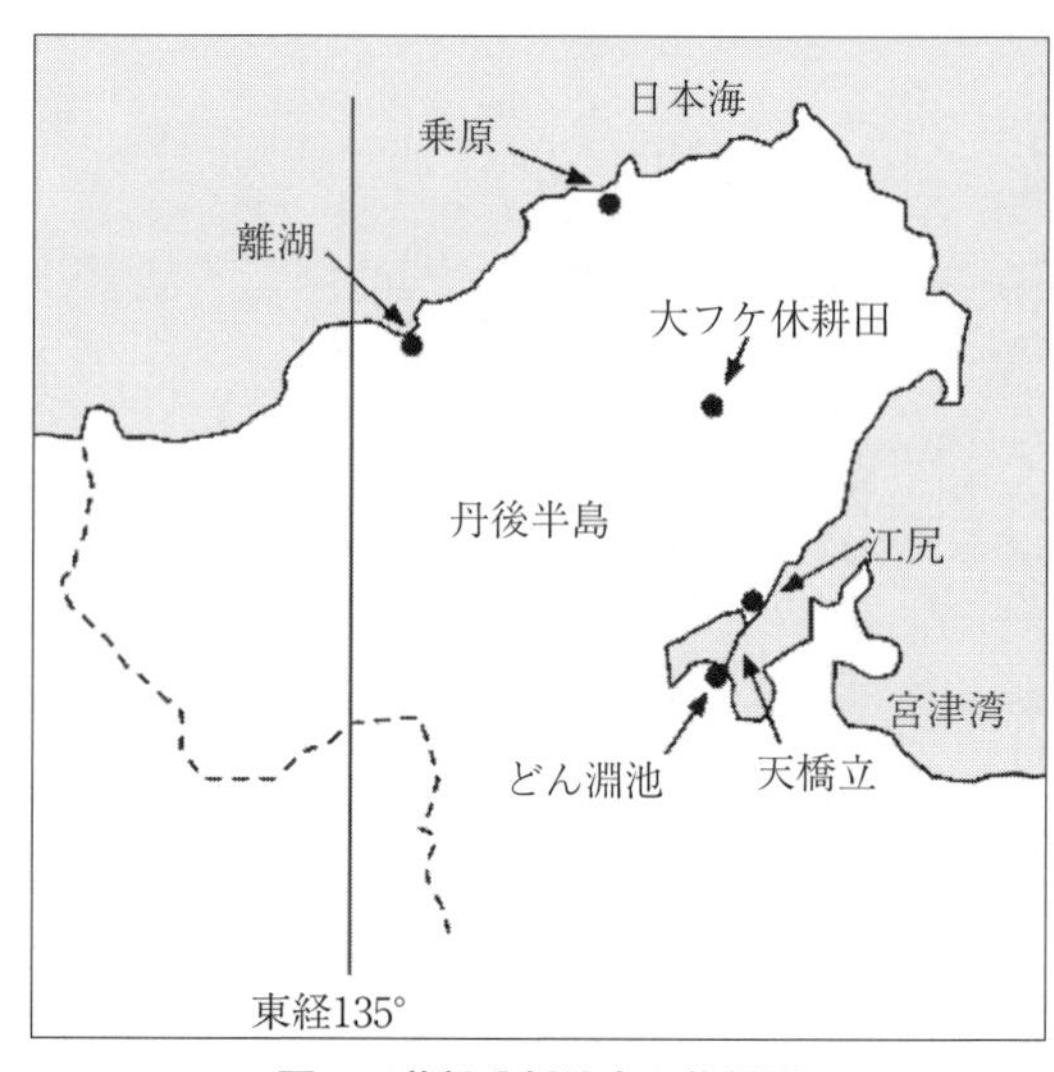

図1　花粉分析地点の位置図

果を対比して**図2**に示した。この対比図によると、丹後半島では約一〇〇〇～一三〇〇年前以前には、スギやアカガシ亜属などの常緑広葉樹、コナラ亜属、ニレ属あるいはケヤキなどの落葉広葉樹の優勢な森林植生が拡がっていた。しかし、約一三〇〇年前から沿岸部では植生が大きく変化し、優勢であったスギが衰退し、アカマツやナラ類などの落葉広葉樹からなる森林が形成された。さらに、草原を形成するイネ科などの陽生草本も増加した。丹後半島山間部では約一〇〇〇年前に火事が多発し、アカマツが増加し始め五〇〇年前には優勢となった。また、多くの場所で、ソバの栽培が伴っていた。

三　天橋立の砂嘴の形成過程と植生変遷

天橋立砂州（砂嘴）の南部で掘削された長さ二五メートルのコア「天橋立二〇一三年コア」の観察と粒度分析および放射性炭素（^{14}C）年代測定の結果、および平成二四年度に実施したボーリング試料の年代測定値に基づき、天橋立の砂嘴の形成過程と植生変遷を模式的にまとめ**図3**に示した。

天橋立およびその周辺部における植生変遷（高原）

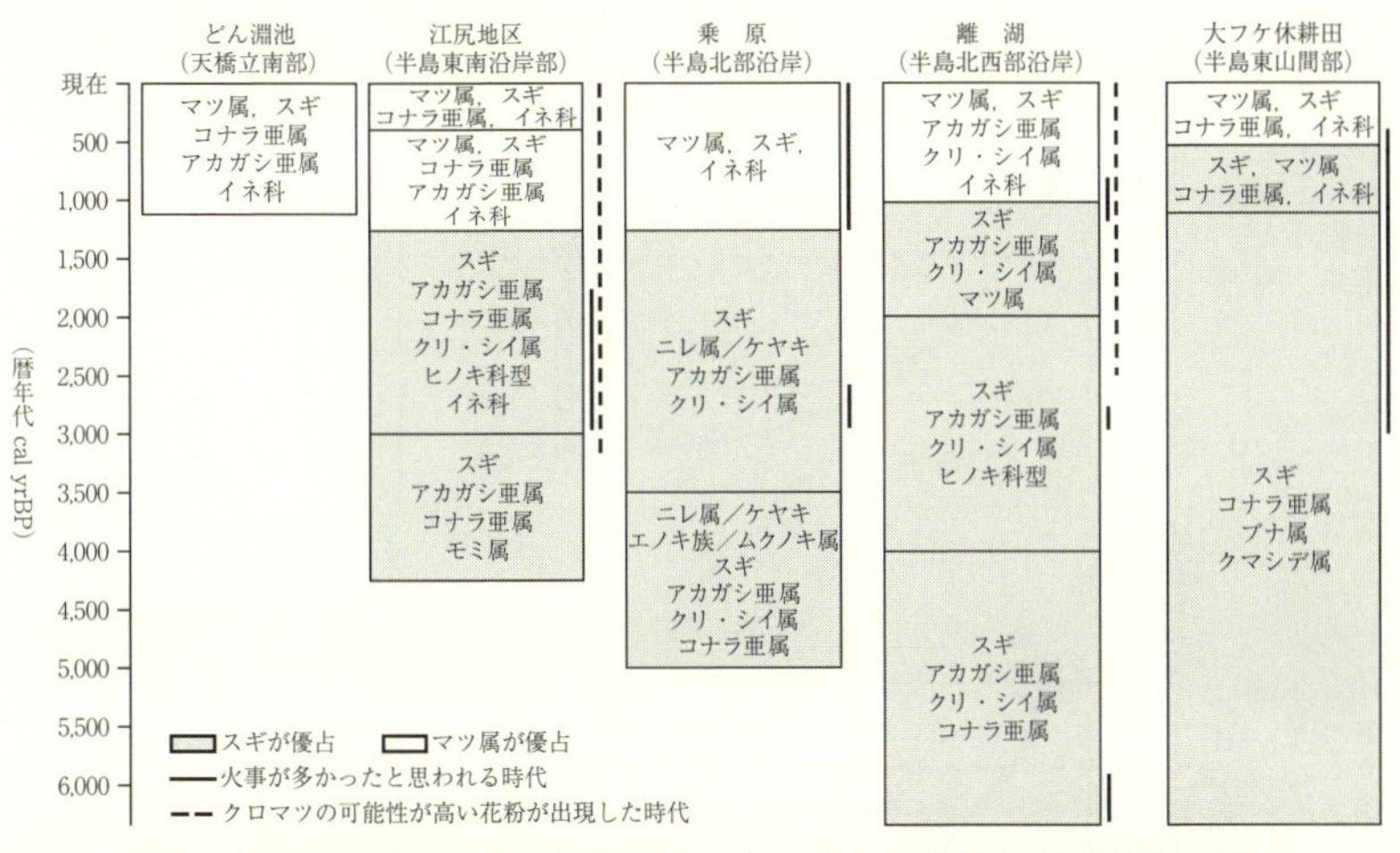

図２　丹後半島沿岸部と山間部の大フケにおける花粉分析の結果を対比

どん淵池（高原，未発表），江尻地区（高原・山岡，未発表），乗原（高原・竹岡，1987，高原・本間，未発表），離湖（三好・高原，2010），大フケ休耕田（三好・高原，未発表）

a　四〇〇〇年前以前（図３ａ）

天橋立の原型の砂州（砂嘴）は約七〇〇〇年前〜四〇〇〇年前までの間に、縄文海進時期に波によって砂が移動したことで形成された可能性が高い（増田ほか、未発表）。砂嘴の形成された詳しい年代や、四〇〇〇年前〜二〇〇〇年前までの砂嘴の変化については、天橋立砂嘴の中部以北でも更なるボーリング調査が必要である。

この時代には、丹後半島沿岸部ではスギや常緑広葉樹のカシ類、シイ類、落葉広葉樹のナラ類などの優勢な森林が拡がっていた。

b　二〇〇〇年前（図３ｂ）

少なくとも二〇〇〇年前には天橋立の砂嘴が形成されており、マツが生育していたと考えられる。丹後半島の植生について、先述のように、およそ一三〇〇年前から、人間活動の影響で自然林であったスギや広葉樹からなる森林が急激に減少しマツが増える傾向が見られる。またこれらのボーリング調査した地層からは植生の燃えた微

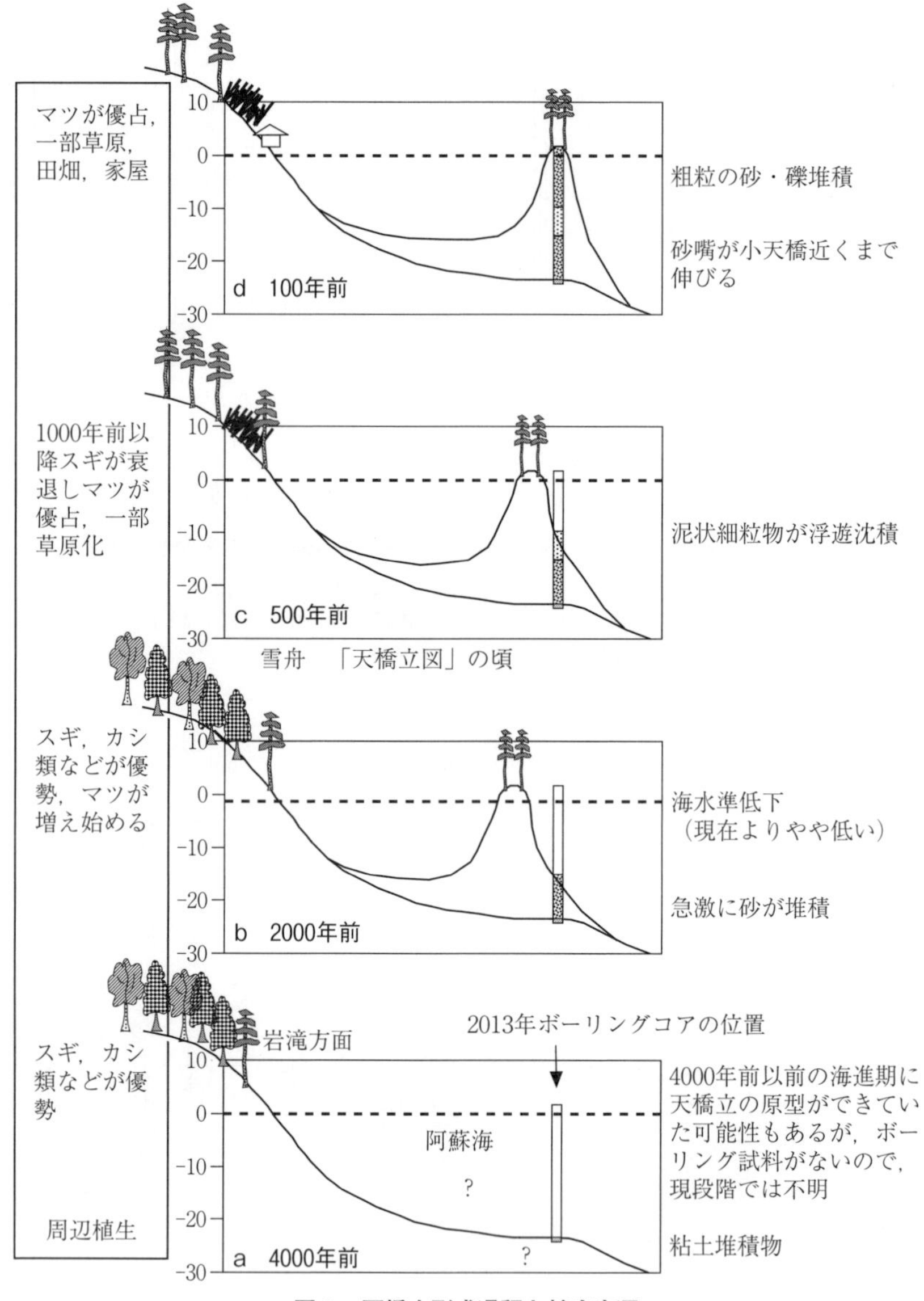

図 3　天橋立形成過程と植生変遷

天橋立形成過程については増田・植村・松原・高原（未発表データ）

細な炭片が検出され、焼き畑など、人がスギ林を燃やした可能性が考えられ、その後に優勢となったのは陽光の強い場所を好むアカマツである。砂嘴上には、砂質の海岸立地に分布するクロマツが生育していたと考えられる。

c　五〇〇年前（図3c）

「天橋立二〇一三年コア」の掘削地点は海中にあり、雪舟の「天橋立図」においてもこの地点は海中にある。丹後半島は、アカマツを中心とする植生が広がり、沿岸部にはクロマツが分布していたと考えられる。天橋立にもクロマツが生育していた。

d．一〇〇年前（図3d）

この頃になると、砂嘴が南西側に伸びるとともに、南側に小天橋が現れる。このことは人間活動による植生の改変がこの砂の供給に影響している可能性が高い。江戸時代後期の天橋立の絵図〈天橋立真景図巻〈島田雅喬筆〉、天橋立図〈松川龍椿筆〉〉に示されているように、江戸期には，丹後半島周辺においてもマツが散在し、草地の拡がる景観が示されており、植生が貧弱であったことがわかっている（高原二〇一五）。このように草原化したため、周辺の山地から海への土砂の流入量が増えたことから，砂嘴が伸び現在の形になったと考えられる。

以上の天橋立周辺における植生景観の移り変わりを模式的に**図4**に示した。約四〇〇〇年前〜一〇〇〇年前までは、スギやカシ類などが優勢な森林が拡がっていた。約一〇〇〇年前に、人々の農耕活動などによって、これまでのスギやカシ類などからなる自然林は，アカマツなどからなる二次林が急速に変化した。また、三〇〇〇年前から現在にいたるまで、天橋立などの沿岸部にはクロマツが自生していた。

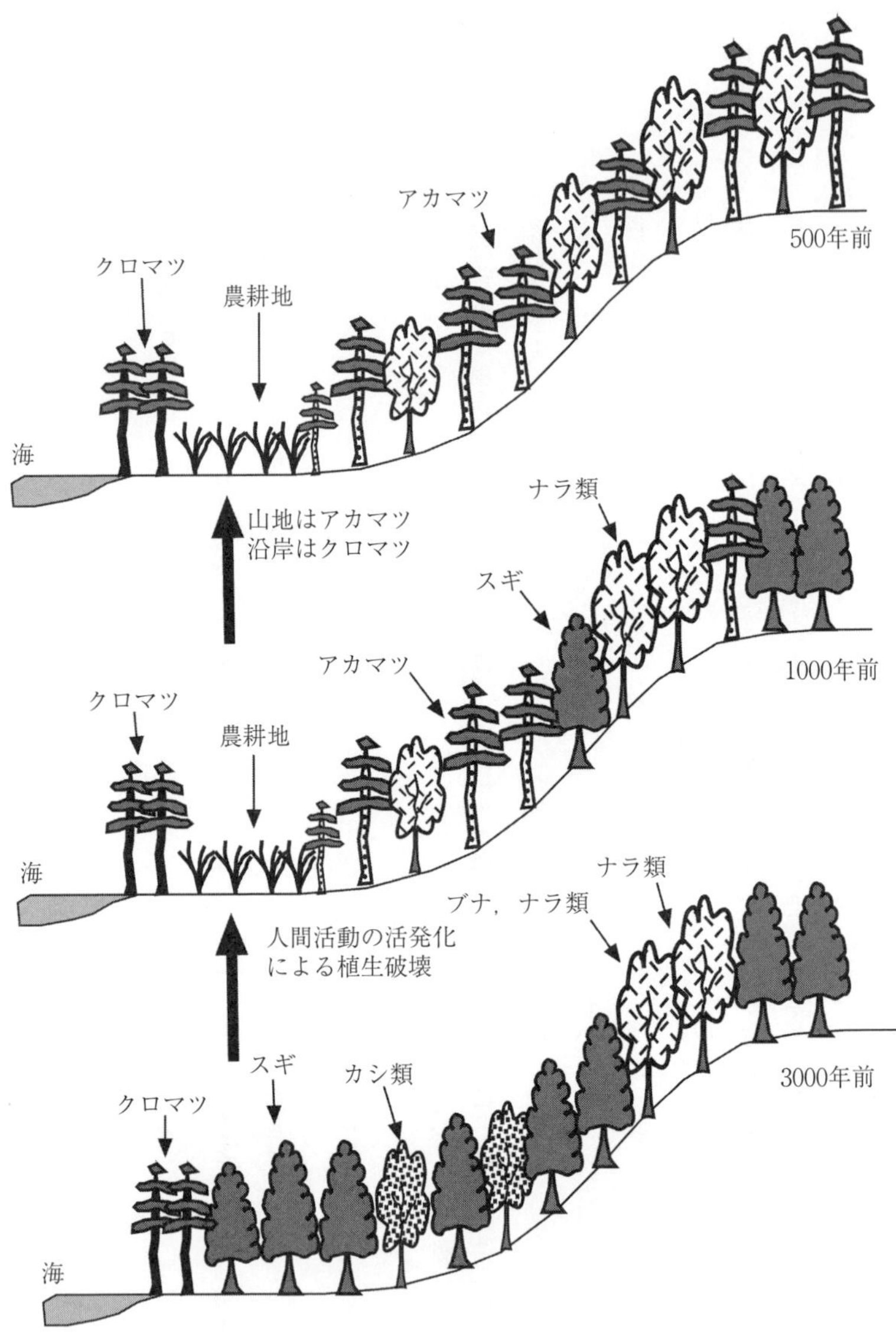

図４　天橋立周辺における植生景観の移り変わり

引用文献

三好小百合・高原光「丹後半島離湖・ハス池・久美浜湖各コアの花粉分析と微粒炭分析」（植村善博編『京丹後市久美浜湾の古環境と形成過程――阿蘇海・天橋立との比較――』京丹後市教育委員会、四七～七八頁、二〇一〇）。

高原光「人間活動に伴う植生の変化」（京丹後市史編さん委員会編『京丹後市史本文編　図説京丹後市の自然環境』京丹後市役所、一三〇頁～一三四頁、二〇一五）。

高原光・竹岡政治「丹後半島乗原周辺における森林変遷――特にスギ林の変遷について――」（『日林誌』六九、一五頁～二二〇頁、一九八七）。

第二章　芸　術

一　絵画

絵画作品に描かれる天橋立について

上杉和央

一　はじめに

天橋立は、平安期には名所絵の題材となっており、古くから絵画に描かれる風景として知られていた。ただし、平安期の名所絵は伝わっておらず、現存する絵画資料としては、絵巻「慕帰絵（ぼきえ）」（観応二年〈一三五一〉）が最古となる。

試しに、平成一二年（二〇〇〇）以降に開催された天橋立に関連する展覧会図録である『宮津からの旅、宮津への旅』（二〇〇四、宮津市歴史資料館）、『日本三景展――松島・天橋立・厳島――』（二〇〇五、「日本三景展」実行委員会）、『天橋立紀行――その歴史と美術――』（二〇〇五、京都府立丹後郷土資料館）を拾い上げてみると、全部で五二点を数えることができる。これらの資料の中には、成相（なりあい）寺や智恩寺、また丹後一宮（籠（この）神社）などの宗教施設を描写しているものもある。これらの宗教施設の成立が天橋立の存在と不可欠であることも踏まえるなら、絵画資料

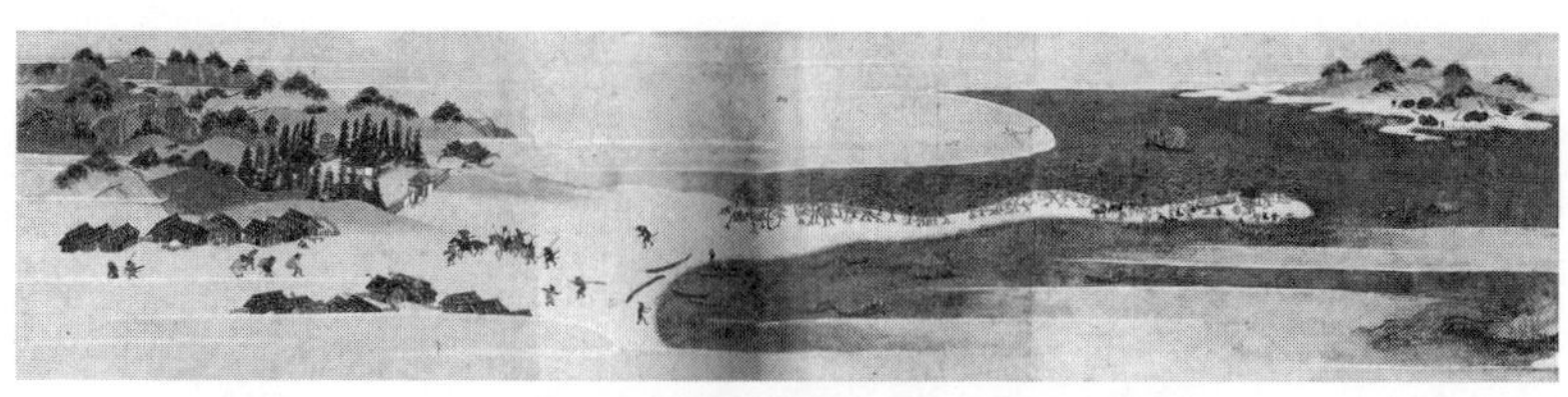

図１　「慕帰絵」藤原隆昌（京都・西本願寺蔵）
真宗史料刊行会編『大系真宗史料　特別巻』（法藏館、2006）より転載

に描かれる天橋立とその周辺の景観は、全体としてある種の宗教性を帯びたものとして、言い換えるなら宗教遺産として、捉えうる可能性を示すものである。

絵画資料は、当然のことながら、それぞれに表現内容の特徴があり、個性がある。しかし、同時に時期ごとの大きな流れや時代を超えた共通性を見出すことも可能である。ここでは描写の特徴を時期ごとに明らかにすることを第一の目的とした。そして、その上で通時的な共通性を確認することを第二の目的としている。また、このような分析の過程で、天橋立へのまなざしと宗教ないし信仰の関係についても、適宜触れることにしたい。

使用する資料は前掲の図録に掲載された五二点（**表１**）と、それらから漏れた若干の資料である。もちろん、天橋立に関する全ての絵画資料というわけではないが、主要作品と言えるものはほぼ網羅できていると考えられ[1]、分析結果に一定の有効性はあるだろう。

二　中世の天橋立描写

（一）南北朝期（一四世紀）

この時期までの作品は、「慕帰絵」（**図１**）しか確認されていない。そのため、本作品の描写が当時の天橋立に対するまなざしの中でどのような位置を占めているのかについて、検討することはきわめて難しい。ひとまず、「慕帰絵」の作成背景や構図を確認するにとどめたい。「慕帰絵」は本願寺三世の覚如（一二七一～一三五一）の伝記を描いた全一〇巻の絵巻であり、死語直後に覚如の息子慈俊（従覚）が著述し、藤原隆昌と藤原隆章によって絵が添えられた。覚如は貞和四年（一三四八）に成相寺を訪れており、その様子が第九巻に表現されている。

「慕帰絵」に描かれた天橋立は、阿蘇海側の上空から俯瞰したような構図をとる。阿蘇海・宮津湾どちらの側にも船が浮かぶ中、松並木とともに画面に横一文字に天橋立が伸びている。海には霞が漂っているが、天橋立やその上の松並木には霞がかかっておらず、海中に伸びる天橋立の細長さを際立たせる構図となっている。天橋立の先端付近にある橋立明神のそばでは宴席が設けられており、主人公である覚如はこの中にいるという解釈もなされている[2]。

府中側は町並みが表現されるほか、迎講の寺として紹介される大谷寺が大きく表現されている一方、旅の目的地の一つであった成相寺は表現されていない。また、文珠側は手前に陸地がみえるものの、智恩寺やその界隈は一切表現されていないのも特徴である。

（二）室町～戦国（桃山）期（～一六世紀）

この時代の作品としては、雪舟の「天橋立図」、屏風仕立の名所絵、参詣曼荼羅の三つの様式がある。

雪舟の「天橋立図」（**図2**）は、詳細な現地での観察をもとに栗田半島の上空から眺めたような構図に再構成されたものである。府中側には成相寺や籠神社、大谷寺、慈光寺、国分寺などの寺社と府中の町並が、文珠側には智恩寺と門前が細かく描かれている。阿蘇海も湾奥まで見通せ、大内峠と思しき峠も画面左奥に描かれる。また、画

時　代	時代（西暦）	視点（場所）	視点（高さ）	画　　像
観応２年	1351	大内峠	山	『日本三景展』（21）48～49頁
室町時代	16世紀	栗田	上空	『日本三景展』（参考）55頁
室町時代	16世紀	栗田	山	『日本三景展』（29）60～61頁
室町時代	16世紀	栗田	山	『日本三景展』（30）62～63頁
桃山時代	16世紀	栗田	——	『日本三景展』（24）54頁
江戸時代前期(寛永)	17世紀	栗田	上空	『日本三景展』（33）70～71頁
江戸時代前期	17世紀	府中（内海）	山	『日本三景展』（71）130～131頁
江戸時代前期	17世紀	栗田	上空	『日本三景展』（53）104～105頁
江戸時代前期(寛文)	17世紀	栗田	上空	『日本三景展』（34）72～73頁
江戸時代前期(寛文)	17世紀	栗田	山	『日本三景展』（39）84～85頁
江戸時代前期	17世紀	栗田	上空	『日本三景展』（41）82～83頁
江戸時代前期	17世紀	栗田	山	『宮津からの旅、宮津への旅』（16）２～３頁
江戸時代前中期	17～18世紀	栗田	上空	『日本三景展』（40）86～87頁
享保９年	1724	栗田	上空	『天橋立紀行』（32）38～39頁
享保11年	1726	栗田	上空	『日本三景展』（93）150～151頁
宝暦７年	1757	——	横	『日本三景展』（84）142頁
寛政８年	1796	府中（内海）	山	『日本三景展』（80）137頁
寛政12年	1800	府中（内海）	山	『日本三景展』（59）122頁
江戸時代中期	18世紀	府中（内海）	山	『日本三景展』（72）132頁
江戸時代中期	18世紀	栗田	上空	『日本三景展』（55）110頁
江戸時代中期	18世紀	栗田	上空	『天橋立紀行』（23）30～31頁
文政５年	1822	文珠（内海）	山	『日本三景展』（61）118～119頁
文政年間	1818～1830	文珠（内海）	山	『日本三景展』（95）154頁
文政13年	1830	栗田	上空	『天橋立紀行』（27）36頁
天保２年	1831	大内峠	山	『日本三景展』（６）33頁
天保５年	1834	栗田	上空	『日本三景展』（50）102頁
天保年間中期	1830～1844	——	——	『日本三景展』（102）159頁
天保年間中期	1830～1844	府中（内海）	山	『天橋立紀行』（21）29頁

表1　天橋立に関する絵画

	作品名	数量	作者	所蔵先
1	慕帰絵　第九巻	1巻	藤原隆昌	京都・西本願寺
2	天橋立図	1幅	雪舟（1420～1506？）	京都国立博物館
3	天橋立・須磨図屏風	6曲1双		個人蔵
4	天橋立・富士三保松原図屏風	6曲1双		個人蔵
5	成相寺参詣曼荼羅	1幅		京都・成相寺
6	厳島・天橋立図屏風	6曲1双		個人蔵
7	天橋立丹後図画冊	1冊	狩野探幽（1602～1674）	個人蔵
8	倭名所絵	1巻	狩野探幽（1602～1674）	個人蔵
9	厳島・天橋立図屏風	6曲1双		個人蔵
10	天橋立・住吉社図屏風	8曲1双		個人蔵
11	天橋立図屏風	6曲1双		京都・智恩寺
12	天橋立図屏風	6曲1双		個人蔵
13	天橋立・和歌浦図屏風	6曲1双		財団法人佐野美術館
14	与謝之大絵図	1巻		京都・成相寺
15	丹後国天橋立図	1帖	亡名子（生没年不詳）	宮内庁書陵部
16	天橋図賛	1幅	与謝蕪村（1716～1784）	個人蔵
17	五畿七道図帖・山陰奇勝之図（天）　丹後天橋立	1帖	淵上旭江（1753～1816）	岡山県立美術館
18	天橋立真景図屏風	2曲1双	淵上旭江(画)(1753～1816) 海保青陵(賛)(1755～1817)	大津市歴史博物館
19	天橋立図（眼鏡絵）	1枚	円山応挙（1733～1795）	個人蔵
20	松島・天橋立図扇	2柄	鶴沢探索（1729～1797）	東京国立博物館
21	天橋立図	1巻	松翁斎	京都・智恩寺
22	天橋立・富士三保松原図屏風	6曲1双	横山華山（1781～1837）	千葉市美術館
23	日本三景	1枚	歌川豊広（？～1830）	舞鶴市郷土資料館
24	天橋立図	1枚	松川龍椿（生没年不詳）	宮津市歴史資料館
25	天橋立図胴懸	1枚		京都・占出山保存会
26	二の丸御殿大奥対面所入側（三の間の西）	1巻	狩野養信（1796～1846）	東京国立博物館
27	本朝風景美人競　丹後天之橋立	1枚	歌川国貞（1786～1865）	北九州市立美術館
28	日本三景之内　丹後天橋立	1枚	歌川広重（1797～1858）	舞鶴市郷土資料館

時　代	時代（西暦）	視点（場所）	視点（高さ）	画　　像
天保６～10年頃	1835～1839頃	府中（外海）	山	『日本三景展』（96）154頁
嘉永６年	1853	文珠（内海）	山	『日本三景展』（98）155頁
安政２年	1855	栗田	山	『日本三景展』（46）96頁
文久２年	1862	府中（内海）	山	『日本三景展』（100）158頁
文久２年	1862	文珠（外海）～栗田	山	『宮津からの旅、宮津への旅』（19）23頁
江戸時代後期	19世紀	文珠（外海）	山	『日本三景展』（１）28頁
江戸時代後期	19世紀	府中（内海）	上空	『日本三景展』（２）29頁
江戸時代後期	19世紀	文珠（内海）	山	『日本三景展』（３）30頁
江戸時代後期	19世紀	栗田	上空	『日本三景展』（62）120～121頁
江戸時代後期	19世紀	府中（内海）	山	『日本三景展』（73）130～131頁
江戸時代後期	19世紀	大内峠	山	『日本三景展』（113）163頁
江戸時代後期	19世紀	府中（内海）	山	『日本三景展』（114）163頁
明治23年	1890	府中（内海）	山	『日本三景展』（117）163頁
大正９年頃	1920頃	府中（内海）	山	『日本三景展』（123）169頁
大正13年	1924	栗田	上空	『日本三景展』（118）164～165頁
大正13年	1924	舞鶴	上空	『天橋立紀行』（38）43頁
昭和９年	1934	宮津市街	上空	『天橋立紀行』（40）44頁
昭和28年頃	1953頃	宮津市街	上空	『天橋立紀行』（36）42～43頁
昭和28年	1953	宮津市街	上空	『天橋立紀行』（37）42～43頁
昭和35年	1960	文珠（内海）	山	『日本三景展』（126）171頁
昭和36年	1961	府中（内海）	山	『日本三景展』（127）176頁
昭和47年	1972	文珠（玄妙庵）	山	『日本三景展』（129）172頁
昭和48年	1973	府中（内海）	山	『日本三景展』（128）176頁
昭和時代	20世紀	府中（内海）	山	『日本三景展』（４）31頁

	作品名	数量	作者	所蔵先
29	諸国名所記　丹後天橋立風景	1枚	歌川広重（1797～1858）	舞鶴市郷土資料館
30	六十余州名所図会 丹後　天の橋立	1枚	歌川広重（1797～1858）	東京国立博物館
31	天橋立図襖（安政度内裏清涼殿障壁画）	2面	土佐光文（生没年不詳）	宮内庁京都事務所
32	諸国名所百景 丹後天のはし立	1枚	二代歌川広重 （1826～1869）	舞鶴市郷土資料館
33	諸国六十八景 丹後　天はし立	1枚	三代歌川広重 （1842～1894）	舞鶴市郷土資料館
34	日本三景図	3幅	狩野養信（1796～1846）	中塚晶博氏
35	日本三景図	3幅	上田公長（1788～1850）	有村善雄氏
36	日本三景図	3幅	山野峻峰斎 （1784～1852）	個人蔵
37	天橋立・松島図屏風	6曲1双	狩野永岳（1790～1867）	個人蔵
38	天橋立真景図	1巻	島田雅喬（1808～1881）	京都・智恩寺
39	大日本三景之図	1枚	玄々堂（生没年不詳）	舞鶴市郷土資料館
40	日本三勝景	1枚	岡田春燈斎 （生没年不詳）	舞鶴市郷土資料館
41	大日本三景之内 丹後国天之橋立	1枚	有山定次郎 （生没年不詳）	山口県立萩美術館・浦上記念館
42	天橋図	1幅	小野竹喬（1889～1979）	個人蔵
43	宮津橋立名所図会	1帖	吉田初三郎（1884～1955）	京都府立京都学･歴彩館
44	北丹鉄道沿線名所案内図	1帖	吉田初三郎（1884～1955）	宇治市歴史資料館
45	天橋立と橋北汽船	1帖	吉田初三郎（1884～1955）	京都府立京都学･歴彩館
46	宮津天橋立鳥瞰図	1面	吉田初三郎（1884～1955）	京都・上宮津公民館
47	宮津町観光鳥瞰図	1帖	吉田初三郎（1884～1955）	京都府立丹後郷土資料館
48	天橋図	1面	川端龍子（1885～1966）	独立行政法人日本芸術文化振興会（国立劇場）
49	天橋立	1面	岩澤重夫（1927～2009）	京都府立京都学･歴彩館（京都文化博物館管理）
50	天橋雪後図	2曲1双	麻田鷹司（1928～1987）	何必館・京都現代美術館
51	橋立雪餘	1面	河野秋邨（1890～1987）	京都府
52	日本三景図	3幅	児玉希望（1898～1971）	個人蔵

画像欄の書名の後の（　）内の数字は作品番号。

図2　「天橋立図」雪舟（京都国立博物館蔵）

面手前には栗田半島の山並みも表現されている。全体としてダイナミックなスケールで天橋立周辺が表現されている一方、最も詳細な描写がなされる作品でもある。雪舟の創意が丹後府中、すなわち都市の描出と不可分であったとする見解や、聖域としての天橋立が描かれているとする見解など、多様な解釈がなされている。(3)

一方、大和絵の流れをくんだものが屏風絵である。画面左側に智恩寺境内を描き、そこに伸びる天橋立を横に配置する構図をとる。府中側は描かれないか、描かれたとしても簡素な表現である。全体として定型的ないし観念的な表現であり、作者が実際の景観を写し取ろうとした形跡は少ない。しかし、逆にいえば、現地に明るくない人々であっても天橋立は表現でき、そしてそれを鑑賞者が「天橋立」として認知できるほどに、天橋立のイメージが共有されていたことを示す。

そして、この鑑賞者には現代の我々も含まれる。例えば、「天橋立・須磨図屏風」と題された作品の、天橋立とは異なる一隻については「一見どこを描いたものか不分明であるが、江戸時代の作例等から、ここでは摂津の須磨としておく」という解釈が施されており、(4)作者と鑑賞者との間にイメージが共有され得なくなっている実態を示している。それに対して、天橋立の場合、松並木のある細長い砂嘴と対岸の宗教施設というランドマークが特徴的であり、たとえ簡素な表現であっても、十分にイメージの共有が図れるものとなっている。砂嘴・砂州地形自体は必ずしも珍しい海岸地形ではないが、それにもかかわらず、それを天橋立周辺の景色として捉えることができるということは、天橋立がいかに認知された存在であるかを示すだろう。それと同時に宗教施設の存在が天橋立の「個性」にとって重要であることも確認することができる。

砂嘴は画面に対して、横方向にほぼ一直線で示される。これは、雪舟「天橋立図」にも、また「成相寺参詣曼荼羅」にも共通するものであり、さらに言えば、前代の「慕帰絵」にも共通する。後代の資料であるが、古式が意識されて作成された内裏清涼殿障壁画の「天橋立図襖」においても、天橋立は横方向に直線状に表現されており、この表現方法が、天橋立の描写の伝統的作法であった可能性が高い。

現地において、天橋立が一文字様に見えるのは、栗田半島側か大内峠側かのいずれかである。「慕帰絵」が大内峠側、その他の作例はすべて栗田半島側からであり、後代の作品も栗田半島側からのものが圧倒的に多い。「慕帰絵」は覚如の生涯を綴ることが目的であり、天橋立を描くことは主目的ではないので、これを例外とみて、基本的には栗田半島側から見える天橋立の姿――画面右側から左に伸びる砂嘴――を表現するのが作法であったとみることができるが、その作法に依らない場合も横に伸びる姿で表現するというのが常のイメージであったことになる。

実際に現地を訪ねた雪舟は府中側ないし文珠側から天橋立を眺めた可能性があるが、そのような経験が画面構成に立ち現れることはなく、栗田半島側からの構図を採用した。もちろん、ここには中国水墨画の西湖図などの影響もあるだろうが、日本の風景画の中で画期的とされる雪舟の表現も天橋立の描写の作法を踏まえたものであったことは確認しておきたい。

また、この時期の絵画資料には、文珠側（智恩寺）と府中側（成相寺や籠神社など）のいずれか、ないし両岸の諸施設が誇張表現を伴いつつ表現されている。その最も典型的な例は「成相寺参詣曼荼羅」であろう。曼荼羅は円環的な構造（構図）を持つが、参詣曼荼羅の場合、画面上部に信仰の中心的施設が配置され、下部にはその「聖地」への入り口が表現されることが多い。「成相寺参詣曼荼羅」の中心施設は成相寺本堂であり、当時の観音信仰の隆盛が表現されているが、その入り口として天橋立が配置されているのは重要である。籠神社や智恩寺、大谷寺など、その他の宗教施設も同一画面内に配置されていることも忘れてはならない。「成相寺参詣曼荼羅」は、この地が全体として聖地として認識されていたことを強く訴える描写となっている。

そして、そのような聖地の中で（聖地を舞台として）生業・生活の場面が描写されている点にも注意すべきである。成相寺に登る参詣道の麓を中心に、南北の街道に沿って家屋が並ぶが、それらは明らかに街道・参詣道を利用する者たちを相手にする造りとなっている。現在の傘松公園の土産物屋の並ぶ界隈の中世的様相とでもいえるだろう。一方で、阿蘇海に面するように入り口が設けられた家屋もあり、現在の溝尻集落に残されている「舟屋」に似た構造の家屋があったことを示している。

三　近世の天橋立描写

（一）江戸時代前期（一七世紀前・中期）

この時期も屛風絵の作例が大半を占める。それらはすべて栗田半島側からの視点から表現されており、画面右から横に伸びる松をたたえた橋立を描き、その左側に智恩寺境内を配置するという、前代の屛風絵の流れを踏襲して

図3　「天橋立図屏風」（智恩寺蔵）

いる。異なるのは、風俗図的要素が大きく取り入れられたことである。「成相寺参詣曼荼羅」にそのような要素はすでに表現されていたが、その描写がさらに詳細になり、参詣者のみならず、在地で生活する者たちが生き生きと描写されるようになる。

また、「天橋立・住吉社図屏風」や「天橋立図屏風」（智恩寺蔵、**図3**）では画面左側に宮津城も表現されるようになる。本来、宮津城はさらに東にあるが、宮津城下町と天橋立とを一体のものとして捉える感性があったことがわかる。

この時期の中で、特異な位置付けにあるのは狩野探幽（一六〇二～一六七四）の手による「天橋立丹後図画冊」である。この中では、成相寺付近からの眺望が描かれており、一文字様ではなく「斜め一文字」の天橋立が登場する。また、この中では智恩寺などの宗教施設が過度に強調されることもなく、また、風俗を体現する人物が表現されることもない。

ただし、この作品をもって、新たな側面の登場と即断することはできない。というのも、この作品が画冊の中の一枚であり、探幽が他ないし外に向かって表現しようとした「作品」というよりも、作品の構想を練る際のスケッチ画という側面が強いからである。

このような写生画は、天橋立を訪れた他の者たちもその場で筆を走らせて作ったことだろう。しかし、それはあくまでも風景のメモであり、「作品」を仕上げる前段階に位置付くものであった。実際、探幽が「作品」として仕上げている中にある天橋立は、横一文字のおなじみの表現が採用されているのである（「倭名所絵」）。その意味で、この画冊は、たしかに新たな側面がうかがえるものではあるが、見た景色をそのまま写し取ることが作品としてはみなされていなかった時代、ないし定型的な見方が支配的な時代における、本来「作品」の作製過程で埋没するはずであった遺物と捉えた方がよいのかもしれない。

（二）江戸時代中期（一七世紀後半～一八世紀前半）

この時期に作られたことが判明する作品には、注目すべき二つの潮流が現れている。一つは「日本三景」観の中での天橋立描写、一つは周辺に居住していた者による天橋立描写である。

「日本三景」の成立については、長谷川成一の議論に詳しい[5]。長谷川によれば、「日本三景」が世間に定着したのは元禄期頃だという。その際の議論に利用されているのが貝原益軒（一六三〇～一七一四）の「己巳紀行」にある天橋立評および「日本名数大全」の日本三景への言及である。

〔天橋立〕其の景絶言語。日本の三景の一とするも宜也（「己巳紀行」）
日本三景、松島陸奥、天橋立丹後、厳島安芸（「日本名数大全」）

これらの記述をもとに、長谷川はすでに世間で松島・天橋立・厳島が「日本三景」として認められており、「日本三景」を基準として他の景観も論じるようになり始めていたと論じている。

長谷川の議論は首肯される点が多いが、「日本三景」の「文字」での表現に主眼があり、「絵画」ないし「絵図」

による「日本三景」観の流布については議論がない。松島・天橋立・厳島が一つの作品の中に描写される作品としては狩野探幽の「倭名所絵」となるが、これは西湖十景にならって一〇カ所の名所が表現されたものとなっており、「日本三景」が意識されたものではない。また、「倭名所絵」は手描きの作品であり、不特定多数の者にその描写が広がるという事態は想定できない。「日本三景」なる観念が社会に広く流布することを捉えるには、やはり出版文化の中での流通する情報に目を配る必要がある。

「日本三景」の絵画（本の挿絵を含む）が同一の出版書ないし出版図画に含まれるもののうち、最古の刊行物が何にあたるのかについては、詳細な調査がなされておらず、現時点で明確なことはわからない。ただ、先の長谷川の議論も踏まえつつ、元禄期頃の出版物を見渡すと、例えば「陸奥之国　松嶋」・「丹後之国　切戸文珠」・「安芸之国宮嶋」という三地域の挿絵が掲載されている『日本国花万葉記』の場合、「日本三景」として掲載されているのではなく、各国ごとの名所の書上げの中に登場しているものであり、各国の名所の代表として挿絵が掲載されているにすぎない。そのため、少なくとも『日本国花万葉記』を手に取った読者が「日本三景」の観念を受け取ることはなかった。

また、「丹後之国　切戸文珠」は天橋立ではなく、むしろ宗教施設が主題となっている点は注目しておく必要がある。簡略な表現の中には二つの宗教施設が明示され、智恩寺のほかに、「ナリアイノ観音」も表現され、参詣者らしき描写もある。この地の空間は天橋立という景観構成の簡素単体として成立しているのではなく、これらの宗教施設も重要であり、周囲の山を含めた個々の構成要素が相互に関連して一体となった景観として捉えられていたのである。簡略な表現であるがゆえに、より端的にその関連性が示された図となっているといえるであろう。

さて、筆者の確認した範囲の中で、というきわめて狭い限定つきながら、出版物の中で初めて「日本三景」が明示され、かつ挿絵によって三景が視覚的に描写された作品は、正徳四年（一七一四）に刊行された山元序周（じょしゅう）作・橘守国画『絵本故事談』である。この本では題名のごとく、さまざまな故事が挿絵入りで紹介されていくが、その巻一の巻頭にあげられる話題が「日本三景」であり、その冒頭にあるのは「三景ハ所謂松嶋［奥州］天橋立［丹州］厳島［芸州］也」という文章である。日本三景の選定理由などは記されておらず、「所謂」という断り書きがあることによって、世間に流布した観念であることが示唆されている。ただし、この「日本三景」の話題の次に配置されているのが「西湖十景」であり、この観念が「日本三景」観に影響を与えていると考えられていたことがうかがえる。

『絵本故事談』では三景それぞれの挿絵がみられる。そのうち、天橋立の挿絵は「天橋立風景」（**図4**）と題されている。きわめて高い位置に視点が置かれるかたちで天橋立およびその周辺が表現されている。描写の仕方からみて須津峠付近をさらに南に行ったあたりの上空が視点場として設定されている。このような構図は、これまでの先行例になく、新しい視点となっている。このような天橋立像がどれくらい普及したのかについては、『絵本故事談』の社会への流布状況などが判然とせず、残念ながら明確にはしえない。ただし、この図像は、平賀源内（一七二八～一七八〇）によって創始された源内焼の皿や鉢の意匠に採用されており（「三彩天橋立図長皿」・「三彩天橋立図脚付角鉢」）、図像の流布・展開の一端をうかがうことができる。源内焼の意匠としては、ほかに日本図や世界図、獅子図や鳳凰図、樹下老人図などが知られるが、その中には西湖十景に範を得たような山水図もあり、天橋立が西湖十景に似た風景を持つことで採用された可能性もある。(6) いずれにしても、現時点では松島や厳島の意匠を採用した源内焼は確認されておらず、他の二地域に比べて天橋立のイメージ――『絵本故事談』の提示するイメージ――が源内焼の作者にとって好ましいものと映ったことは確かである。

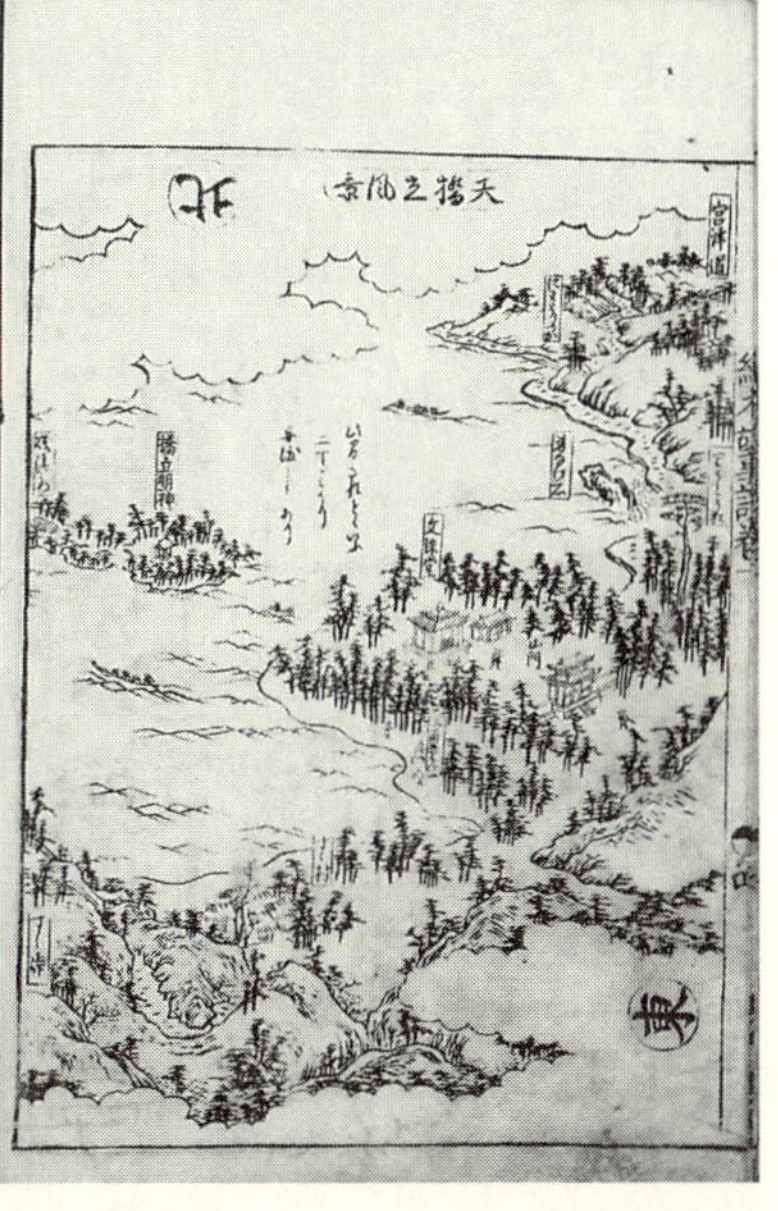

図４　「天橋立風景」（山元序周作・橘守国画『絵本故事談』巻一、早稲田大学図書館蔵）

この時期に出版された絵画で、もう一つ重要なのは『丹後国天橋立図』である。これは、貝原益軒による名所図シリーズ『扶桑名勝図』として企画された一枚で、天橋立のほか、吉野・平安城（京都）[7]・松島・宮島が含まれていた。[8] 先の益軒の「日本三景」観との関連がうかがえ、非常に重要なシリーズではあるが、吉野を刊行し、宮島の図を出す前に益軒は他界してしまう。そのため、天橋立や松島は益軒とは全く別人の手によるものであり、その図像は益軒のイメージと直接に結びつくわけではない。しかしながら、『丹後国天橋立図』に序文を寄せ、実際の作者と目されている亡名子は、自らを「丹丘乃野盤僧」と記しており、丹後国在住の僧であったことがわかる。出身が丹後であるかは不明であるが、在地の者が天橋立を描き、そしてそれを出版している点は重要であろう。在地の者による天橋立描画の最初の作品がこの『丹後国天橋立図』となる。

ただし、この図は「扨又雪舟乃古図にもとつきて今新に図し遊客乃助となし侍るものなり」とあり、雪舟の「天橋立図」を参照しつつ作製されたものであることがわかる。これは雪舟図が江戸時代の地元住民（知識人）の「天橋立」観に一定の影響を与えていたことを示すものとして重要であると同時に『丹後国天橋立図』を通じて、雪舟の「天橋立図」観が江戸時代の不特定多数の読者層に広まることになった点でも重要である。「天橋立図」の影響力は中世にとどまるものではない、ということになる。

とはいえ、雪舟が「天橋立図」に表現しようとした世界観（ここではあえて世界観と呼んでおきたい）が、そのまま継承されたわけではない。「天橋立図」に描かれた多くの堂宇は、『丹後国天橋立図』では、成相寺や籠神社、智恩寺など、引き続き表現されるものもあるが、「安国寺遺跡」のように「遺跡」として登場するものもある。亡名子は江戸時代にはなかったものを「遺跡」として明示させることで「天橋立図」との連続性を表現しようとしたのだと思われるが、結果的に雪舟の時代との違いがより明確に現れるようになっている点は皮肉な結果であろう。

当該期には、もう一枚、同じく丹後に居住していた知識人による天橋立描写が知られている。それが与謝蕪村（一七一六〜一七八四）による「天橋図賛」である。蕪村は宝暦四年（一七五四）から三年ほど宮津見性寺に滞在した。この作品は宮津を離れる際に作られたもので、縦長の構図の上部から五分の四ほどは賛が占め、下部五分の一が図となっている。天橋立は、水分を多く含む墨を付けた太筆で一気に「一文字」に表現され、その上に濃淡で黒松が表現されている。海岸などの低い場所から横方向に眺めた天橋立が表現されていると言ってよい。両端が切り取られ、ただ「一文字」の洲として表現される点で、日常的な風景ではなく、きわめて作為的な天橋立像となっていることは確かであり、一般化するつもりは毛頭ないが、天橋立を眺める目線の高さだけでみれば、ここに表現されている天橋立は在地に居住する者たちの日常的な目線での天橋立であり、同じ「一文字」で表現される描写であっても、旅人が愛でる天橋立とは一線を画しているといえる。

四　江戸時代後期（一八世紀後半～一九世紀中葉）

この時期の特徴は、多様な描写法の中で府中側の視点が採用されるほか、さらに文珠の阿蘇海側（桜山付近から の眺望や大内峠付近からの眺望も構図として採用されるようになることが挙げられる。画家が定型的な作法からより自由になり、四方から天橋立を自由に表現できるようになったといえるだろう。

なかでも、景観を細密に写し取ることが「作品」として成立するようになったことは大きな画期であり、探幽が「習作」として天橋立をスケッチした場所とほぼ同じ地点からの眺めを淵上旭江（ふちがみきょっこう）や円山応挙（まるやまおうきょ）が採用し、「作品」に仕上げている。ここにきて、府中側からの眺め、とりわけ成相寺付近からの眺めが、絵画の構図の一つとして定型化していくことになる。真景画の構図としてまずもってこの府中側からの眺めが登場したという点は、従来からこの眺めを人々が愛でていたことを暗に示すものだろう。宮津から遠く離れた場所で流布したイメージとしての天橋立——間接的な経験としての天橋立——が「一文字」であったのに対し、実際に訪れた人々のイメージとしての天橋立——直接的な経験としての天橋立——は、「斜め一文字」であったということになるだろうか。実際、天橋立が主題となる実景的な作品の中で、栗田半島ないし大内峠側からの視点の作品はないようである。

一方で、従来通りの定型化した天橋立の描写もなされており、天橋立を一文字に捉える視点は、引き続き一つの有力な見方として共有されている。よって、絵画の構図における視点場（ないし描画の定型）が変更されたというよりも、新たな視点が追加されたと捉えるべきであろう。

もう一つ、この時期の特徴として印刷物、より具体的には浮世絵に天橋立が採用されたことがあげられる。これは風景版画のジャンルがこの時期に確立していくことに深く関連しており、葛飾北斎とならび、ジャンル確立に大きく寄与した代表的作家である歌川広重が、天橋立についても作品をいくつか残している。広重らによる一連の作品の中で、より広範囲の人々に天橋立イメージが共有されていくことになるが、その意味でも広重の作品をここで取り上げておく必要がある。

「諸国名所記　丹後天橋立風景」は一文字の橋立が表現されている。「手前の旅装束の人物が導き手となって、橋立の風景を望む。……鑑賞者の旅情をくすぐったことだろう」[9]と、旅装束の人物を配して鑑賞者を空想の旅に引き込む巧みな演出が評されている。しかし実のところ、この構図はとても奇妙であり、現地にこのような角度から旅装束の人物が天橋立を眺められる場所はない。広重は現地に赴くことなく、手元の資料を組み合わせることで鑑賞者を旅に誘う抜群の風景画を生み出していたことが知られているが[10]、本作品ではやや趣向が過ぎた感がある。

それに対して、「日本三景之内　丹後天橋立」および「六十余州名所図会　丹後　天の橋立」（**図5**）は広重のきわめて斬新な視点が光る作品となっている。前者は府中側からの構図だが、途中で逆「く」の字型に天橋立を曲げ、その長さを強調するような方法を採用する。これまでのどの作品においても府中側もしくは文珠側のいずれかは少なくとも表現され、またその多くで背後の山並みが描き込まれていた。しかし、本作品では本来見えるはずの智恩寺を省略し、天橋立そのものに視点を集中させている。

さらに「六十余州名所図会　丹後　天の橋立」では背後の山並みまでも排され、画面左上から右下に迫りくる一筋として大きく天橋立が配置され、何艘かの船と橋立明神のみが彩りを添えるのみである。視点としては文珠側の智恩寺背後の山（玄妙庵〜ビューランド付近）となるが、先に触れたように、広重は現地を訪れておらず、既存の資料を再構成して作り上げた架空の視点となる。縦大判という用紙の特徴をきわめて有効に利用した構図であるといえ、「一文字」ないし「斜め一文字」が静的なイメージを伝えるのに対し、こちらはダイナミックな躍動感を伝える構図となっている。さらにいえば、現在の「飛龍観」などに通ずる視点ないしイメージともなっており、このような天橋立像が当代きっての浮世絵師によって流布された点は重視してもよい。

　画面を縦長にとり、文珠ないし府中側からみた天橋立を縦方向に表現する手法は、狩野養信（おさのぶ）（一七九六～一八四六）や上田公長（こうちょう）（一七八八～一八五〇）らの作品にもみえ、浮世絵以外の作品でも採用されている。また、広重の作品と同じく、これらの作品においても、宗教施設は省略ないしごく簡単な描写しかなく、重点が置かれていないことは明らかである。

図５　歌川広重「六十余州名所図会」丹後天の橋立（東京国立博物館蔵、Image：TNM Image Archives）

　広重の作品は「名所」がテーマとなった連作であり、養信・公長の作品はいずれも「日本三景図」と銘打たれた三部作の一つである。この時期になって、名所ないしより端的に日本三景が絵画の主題として登場してきた。そして、その中で宗教的要素がさらに後景に退き、景観美という観点から天橋立が描写されるようになったといえる。そして、そのような観点を追求する中で縦長の画面構成の中で縦一文字に近い形状に天橋立を表現していく試みが生まれてきたと考えられる。

五　近代の天橋立描写

明治以降も天橋立は絵画のモチーフに利用され続けた。その中には川端龍子（りゅうし）（一八八五〜一九六六）の「天橋図」のように江戸後期に登場した縦方向に天橋立を表現する手法をさらに大胆に推し進める作品もみられるが、基本的にはこの時期までに天橋立の表現方法の作法はすでに出揃っており、このような作例を含めて、これまでに指摘した表現方法のいずれかに分類しうる見方をしている。

その中にあって、二つの新たな分野が登場したことは指摘しておかねばならない。一つは土産用の絵はがき・写真はがき、一つは吉田初三郎（一八八四〜一九五五）によるパノラマ図である。前者については、表には示していないが、数多くの絵はがき・写真はがきが作られていたことが確認されている。そこには、天橋立界隈の個別の施設の写真のほか、「股のぞき」や「袖のぞき」をする人物（女性であることが多い）とその奥に見える天橋立という構図が数多く採用されている。数としては府中側の傘松公園からの眺めによるものが多い。これらの絵はがき・写真はがきによって人々は実景としての天橋立を楽しむことができたと同時に、天橋立を現地でみる作法についても共有していくことになる。

後者の吉田初三郎については、天橋立に限らず、日本全国をパノラマ図で表現した人物としても著名である。その中で天橋立には何度も訪れており、上宮津公民館には初三郎の描いた原図が保存されているほか、宮津市街地の旅館、清輝楼の画帳には初三郎のサインを二度確認することができるなど[11]、その足跡を宮津市内に残している。天橋立に関する初三郎の表現方法の類例をあえて探れば、雪舟の「天橋立図」や亡名子の「丹後国天橋立図」となるのであろうが、初三郎の目的は観光・交通の紹介であり、宗教ないし信仰と密接に結びついた一つの完結した空間ではなく、交通網によって連なった開放的な空間の中で主題を配置することを念頭に置く。そのため、はるか上空に視点を置くことは共通ながらも、そこに見える世界の範囲は全く異なっている。

六　天橋立の描写の特性――まとめにかえて

天橋立は、当初、栗田半島側ないし大内峠側から宗教的観点も含みつつ横一文字様に表現されていた。その後、次第に宗教的観点が薄れて景観美的観点が強くなり、それとともに府中側や文珠側から眺めたような斜め一文字様にも表現されるようになり、さらには縦一文字様のダイナミックな表現も加わるようになった。このような描写法の大きな変遷を確認することができたが、横一文字様の表現がなくなったわけではなく、後世において新たな視点からの描写が追加されていったのであり、その点では変遷というよりも展開と言ったほうが適切である。

いずれにせよ、このような中で、天橋立の描写にはいくつかの共通する要素がある。その一つは「松」であり、天橋立には常に松が表現される。例えば屏風絵などにおいては画面に多くの金雲ないし霞がたなびいているが、これらが決して松を隠すことはなく、雲・霞が付近に表現される場合も、雲・霞の上から松が描写されている。また与謝蕪村や歌川広重、吉田初三郎、川端龍子らによるきわめてデフォルメされた天橋立においても、松は常に添えられている。

「松」が描写内容であるとすれば、もう一つは描写の視点に関する共通性である。先にも指摘したように、時代とともに視点場は多様性を獲得していったが、それらにほぼすべて共通する点がある。それは天橋立を見下ろす視点が採用されている点である。換言すれば、天橋立は「俯瞰の美」なのである。例外に属すのは与謝蕪村による「天橋図賛」であろうが、それは先に述べたように丹後に居住した者の日常的な目線であり、また自画自賛というある種、特異な図であった。同じく日常的に天橋立を眺めていたであろう亡名子が、日本三景の一つとして天橋立を描写する際に雪舟の「天橋立図」をベースとした作品に仕上げていることをみれば、天橋立を表現する構図としては、やはり「俯瞰の美」が一般的であったと言ってよいだろう。

天橋立に「俯瞰の美」が共有されていたことは、日本三景の他の二地点の絵画と比較すれば、さらに明確となる。もちろん絵巻物や障壁画を例にあげるまでもなく、日本の絵画は古来より俯瞰的構図で物事を描写することが多く、俯瞰的構図が珍しいわけでは決してない。松島や厳島についての古い作品も、すべて俯瞰的な描写がなされている。しかし、時代が下り江戸時代頃になると、多様な描写の視点が採用され、水平的な構図の作品も登場するようになった。例えば、広重による「六十余州名所図会」シリーズには「陸奥　松島風景　富山眺望之略図」と「安芸　厳島祭礼之図」も含まれているが、このうち厳島については、視点の位置が海面に立つ鳥居にあり、水平的な視線での構図が採用されている。また同じく、日本三景が同一のシリーズに含まれる有山定次郎と渡辺忠久による「日本三景之内」シリーズでは、「丹後国天之橋立」が俯瞰図なのに対し、「安芸之宮島真景」と「陸前国松嶋之真景」とはいずれも海水面近くに視点があり、水平的な構図を持つ事例をいくつもあげることができる。

文学作品や紀行文には、水面から眺めた状況などの描写を数多く見出すことができる。しかし、絵画として天橋立を可視化する場合においてはもっぱら俯瞰の構図が採用されたということになる。天橋立を描写するには上からの視点がよい、という感覚、さらに言えば、天橋立は上から見た姿が最も美しいという感覚が時代を超えて共有されてきたことを示すものだろう。それは宗教ないし信仰と密接に結びつく中で醸成されたが、後には自然美や観光といった新たな要素とも結びつく形で展開していったのであり、背景（コンテクスト）は変化しつつも、画面（テクスト）上は「俯瞰の美」としての天橋立が常に生産され続けたのである。

註

（1）なお、**表1**に各資料の掲載される図録などの情報も掲載した。これらの図録にはカラーで掲載がなされている。資料については、これら図録も参照していただければ幸いである。

（2）①宮津市歴史資料館編『宮津市歴史資料館二〇〇四年春季特別展　宮津からの旅、宮津への旅』宮津市歴史資料館、二〇〇四、一四頁。②「日本三景展」実行委員会編『日本三景展――松島・天橋立・厳島――』「日本三景展」実行委員会、二〇〇五、二〇〇頁。

（3）例えば、次のような議論がある。①小川信『中世都市「府中」の展開』思文閣出版、二〇〇一、②伊藤太「一色氏と雪舟が描いたまち　丹後府中」（守護所シンポジウム@岐阜研究会世話人編『守護所・戦国城下町を考える』守護所シンポジウム@岐阜研究会、二〇〇四）、③福島恒徳「天橋立紀行――雪舟のみた中世の風景――」（京都府立丹後郷土資料館編『京都府立丹後郷土資料館開館三十五周年記念秋季特別展　天橋立紀行――その歴史と美術――』京都府立丹後郷土資料館、二〇〇五）。

（4）前掲註（2）②、二〇二頁。

（5）①長谷川成一『失われた景観――名所が語る江戸時代――』吉川弘文館、一九九六、②前掲註（2）②、一四～一九頁。

（6）『絵本故事談』の別の挿絵を参考にした「二彩淳手髭図鉢」も知られている。五島美術館『源内焼――平賀源内のまなざし――』五島美術館、二〇〇三、七九頁。

（7）ただし、平安城についての図は未刊に終わった。

（8）『扶桑名勝図』についての書誌学的調査に次の論考がある。川平敏文・勝又基「『扶桑名勝図』考――九大本を中心に――」『文献探求』三六、一九九八、一六～三〇頁。

(9) 前掲註(2)②、二一〇頁。
(10) 大久保純一『広重と浮世絵風景画』東京大学出版会、二〇〇七。
(11) 中嶌陽太郎氏のご教示による。

二　文学

神話、文学の中の天橋立

上杉和央

一　神話と天橋立

天橋立は古くから『日本書紀』神代上、もしくは『古事記』神代二之巻にみえる「天浮橋」に比定されてきた。鎌倉時代末期の『日本書紀』注釈書である『釈日本紀』の中に、すでにその見解が確認される。『釈日本紀』には、現在は失われている『丹後国風土記』の記事が採録され、比定の根拠とされている。

この『丹後国風土記』逸文には、天橋立（天椅立）と伊射奈藝命の伝説が記述されている。その内容は、『日本書紀』『古事記』にみる「天浮橋」の神話と若干内容が異なるが、例えば江戸時代に本居宣長が著した『古事記』の注釈書『古事記伝』でも、「天浮橋」の解釈に『丹後国風土記』逸文が利用されるなど、『丹後国風土記』を根拠とした「記紀神話の天浮橋＝天橋立」という見立ては、広く人口に膾炙するところであったと考えられる。こうした見立ては、現在の天橋立の解説でも取り上げられており、天橋立認識を支える一つの要素となっている。

なお、『丹後国風土記』は地域の歴史や地勢を記録した古風土記の一つである。そのため、上述した伊射奈藝命の伝説のほかに、天橋立の長さや幅、天橋立を挟む両側の海の名称（与謝海・阿蘇海）などが記されている。また、「是二面海　雑魚貝等住　但蛤乏少」と、与謝海・阿蘇海では多くの魚介類が生息（蛤は少なかった！）していたことが記録され、神話的なまなざしのほか、現地の自然環境や生態系に対する理解がうかがえる点は特筆される。

二　中世神話と天橋立

文珠地区に位置する智恩寺では、中世に「九世戸縁起」が作成された。その概要は以下の通りである。

①伊弉諾尊（いざなぎのみこと）、伊弉冉尊（いざなみのみこと）の二柱が降下し、龍神を平定するために文殊菩薩が招請された。
②二神の降下の際に如意を浮かべ、龍神たちが土を築き、舞い降りた天人たちが一夜に松を植えて橋立となった。
③橋立明神は地神第一、第二神の天照大神、天忍穂耳尊（あめのおしほみみのみこと）が建立した。
④天神七代と地神二代をあわせて九世戸と名づけた。
⑤延喜帝が天橋立智恩寺の山号、寺号を与えた。
⑥千歳浦、火（日）置、龍穴、江尻、経ヶ岬、冠島などの地名の由来。

戦国時代に天橋立を訪れた細川幽斎（ゆうさい）らも、「九世戸縁起」の世界観に基づいて、この地を遊覧した可能性が指摘されており、この作品は風声から江戸時代の天橋に対する認識を考える上で見逃せない。特に「九世戸縁起」で語られた神仏習合の世界観は、天橋立と社寺が一体となった当地のグランドデザインと重なる部分も多く、その景観形成にも大きな影響を与えたと考えられる。

三　文学・詩歌と天橋立

天橋立は、丹後国を代表する歌枕の地であった。能因（九八八～一〇五〇または一〇五八）の『能因歌枕』は、歌枕の固定化が進み始めた初期段階の歌枕一覧書であるが、すでにこの中でも、天橋立は丹後国の歌枕となっている。また、『枕草子』には「海は、水うみ、よさの海、かはぶちの海」とあり、与謝海が代表的な海の一つにあげられているが、天橋立のほかに与謝海が和歌に詠まれる例も多く、天橋立はその周辺と一体となって歌枕の地となっていた。

天橋立を詠んだ古い作例として、伊勢（八七二頃～九三八頃）の「音にきく天橋立たてたておよばぬ恋も我はするかな」（『伊勢集』）や、源順（九一一～九八三）の「満つ潮ものぼりかねてぞ返るらし　名にさへ高き天の橋立」（『順集』）、大中臣能宣（九二一～九九一）の「与謝の海の天橋立見渡せばかたかた波をわくるしめかも」（『能宣集』）などがある。なかでも、最も知られた作品は、小倉百人一首に収載された小式部内侍（生没年不詳）の「大江山いくの丶道の遠ければまだふみもみず天のはしだて」だろう。

ところで、こうした和歌は現地で詠まれる場合と、「都」で詠まれる場合があった。

まず、前者は、国司として丹後国に赴任したり、随行したりした貴族により詠まれた例が多い。丹後国府は阿蘇海に隣接したと考えられ、丹後に赴いた貴族らは日常的に天橋立を眺めることができた。夫の藤原保昌に従って下向した和泉式部（生没年不詳）は、その代表的な人物といえ、天橋立に関する和歌をいくつも残している。例えば「橋立の松の下なる磯清水都なりせば君も汲ままし」や、「思ひたつ空こそなけれ道もなく霧わたるなる天の橋立」

(『和泉式部集』)など、天橋立の具体的な描写を織り込んだ作品が多い。

一方、後者については、小式部内侍のように、普段のやり取りの中で詠歌された場合もあるが、「都」で天橋立を想像する主な舞台は、宮中や貴族の屋敷で催される歌合わせであった。天橋立を題材にした詠歌が求められる際には、天橋立を模した前栽や、天橋立を描写した衝立などが置かれることもあり、貴族たちは実際の天橋立を見た経験がなくとも、こうした写しものを通じて、天橋立のイメージを共有していった。天橋立の景観を「都」に移す営為は作庭にも現れる。

このように、天橋立のイメージは、先例となる和歌や、前栽や衝立、庭の造形を通じて、人々に広く共有されていった。その結果、景観の構成要素は単純化され、海中に突き出す砂州地形と白砂青松の組み合わせという天橋立像が確立していく。ただし、貴族社会や文化の減衰とともに、「都」で天橋立が詠まれることは少なくなり、実際に現地に赴いた者が和歌を詠む事例が多くみられるようになる。こうした背景には、宗教者や文化人の天橋立遊歴の増加がある。雪舟(一四二〇～一五〇六?)はその代表的人物といえ、また、近世中期に与謝蕪村(一七一六～一七八四)が宮津に一時居住したことは有名である。近代には河東碧梧桐(かわひがしへきごとう)(一八七三～一九三七)や長塚節(たかし)(一八七九～一九一五)、与謝野晶子(一八七八～一九四二)など多くの文人が天橋立を訪れ、「天橋漫歩　霧晴るゝ松毎に又波毎に」(碧梧桐)、「鯵網を建て干す磯の夕なぎに天の橋立霧たなびけり」(節)、「船を出で十町が程踏みだりし白き真砂子の橋立の道」(晶子)などの詩歌を残している。

四　紀行文・旅行記にみえる天橋立

昭和一三年（一九三八）に小室洗心（せんしん）（萬吉：一八七七〜一九七〇）が編んだ『天橋立集』には、実際に天橋立・宮津を訪れた六九作品の紀行文・旅行記が収録されている（**表1**）。

紀行・旅行を考える上で、交通体系の変化が及ぼす影響は重要である。宮津市域では、栗田トンネル開削（明治一九年）、京都・宮津間の車道整備（明治二二年）、宮津・敦賀の定期航路の開設（明治二二年）と大きな変化が起こる明治二〇年前後、鉄道が開通し宮津駅設置（大正一三年）、天橋立駅設置（大正一四年）が相次ぐ大正末期に、それぞれ画期が設定できる。

こうした二つの画期を用いて、第一期（江戸〜明治二二年）を「徒歩・船」利用期、第二期（明治二二〜大正一三年）を「車・船」利用期、第三期（大正一三〜昭和一三年）を「汽車・船」利用期と時期区分すると、次のような点を指摘することができる。

表1

作成年（訪問年）	**作成年（和暦）**	**タイトル**	**作者**	**天橋立の感想**
一六六〇	万治三年	旅日記	安原貞室	年比おもひわたりし橋立の月にあこかれ侍りて（四頁）
一六七七	延宝五年	与謝巡遊記	和田宗允（静観窩）	――

作成年（訪問年）	作成年（和暦）	タイトル	作　者	天橋立の感想
一六八三	天和三年	日本行脚文集	大淀三千風	三里の江に幅十六間長三十四町の崎に、自然の古松立並び、梢を浪にひたし、魚木に躍る、本朝十二景第四の風光なり、天の極、陰陽、行合の橋の形見、言語道断の地境なり、記も書まほしけれど、都近く世人知る所なれば止みぬ（七頁）
一六八九	元禄二年	己巳紀行	貝原益軒	【橋立明神】此神社の辺は橋立の幅頗る広し、是より北の方山下の里江の尾まで十丁許りの海中に一條の低き沙原の洲あり、是橋立なり、幅は七八間十間餘二十間に足らず、老松茂れり、此十丁許りの所恰かも海中に橋を架せるが如し、故に橋立と号するならん（一一頁）【成相寺本坂】此坂中より天の橋立切戸の文殊、与謝の海、阿海（蘇）の海、目下に在つて其景目を驚かす、日本三景の一とするも宜也（一一～一二頁）
一六九二	元禄五年	磯清水	中尾我黒	橋立は日の本の三つか一つの致景にて（五二頁）
一六九四	元禄七年（訪問は六年）	丹後鰤	只丸	
一七三二	享保一七年	但馬湯島道文記	河合章堯	【成相参道】此坂中より天橋立切戸の文殊内外の海目下に在て其景目を驚かす日本三景の一とするも宜なり（七六頁）
～一七五一	寛延四年まで	摩詰庵入日記	吉井雲鈴	
一七六六	明和三年	橋立の秋	五舛庵蝶夢	名にしおふ与謝の海の秋の月見んとて（一七頁）夕日の浦なる対潮庵にいさなわれて、欄干につら杖つきて見渡せは、与謝の海橋立の松をはしめ、得も言へぬ島々迄、目の下にありて画ける様なり（一七頁）
一七六七	明和四年	経ヶ崎之記	杉米珠	
一七七二～一七八八	安永～天明	天橋立	百井塘雨	先つ橋立を見ん者しあらは、丹波より行て福知山の府より河守といふに元伊勢とて在ます、夫より普甲嶺に上りて初めて橋立を眺望すへし（三九頁）
一七九五	寛政六年	天橋遊草	藤原成粲	舟既渡五里、天橋右逼舟首、邦俗沙觜曰洲崎、徧洲崎而白沙徧白沙而青松爛兮蒼兮（一二三頁）因問四時何如、導［成相寺僧］笑曰此地之勝以洲為最、洲之観以松為美、松無古今色況四時乎（一二五頁）

一七九九～一八〇〇	寛政一一・一二年頃	遊天橋投良寿師遺骨記	蒲生君平	既而所謂天橋之観、隠然表於烟霧之外、中翠緑白、綿々其延、龍乎虹乎奇哉（二七頁）
一八〇二	享和二年	筑紫紀行	吉田重房（菱屋平七）	【樗峠】珍しく面白うして心目を豁開せり（三二頁）【溝尻から成相寺への山道の茶屋】此所より見おろす橋立の景色言語に絶す（三二頁）【成相寺】本坊の庭前より南にむかひ眺望すれば、橋立の松原、与謝の海中に緑の糸などうちはへたらんやう浪にうかび、また宮津の城など落る隈なく眼下に見え渡り、実に日本三景の一とはいふにたがはざりけりと感嘆して（三二頁）
一八〇八	文化五年	天橋紀行	篠崎小竹	【獅嶺】一看天橋大改其観、与謝之海、自北入五里、圓如開鏡、天橋自右架之、如烏鵲之絶漢、……彩翠可拾以寧誇天橋之勝（九六頁）【成相寺（大谷）】但天橋之望、与彼獅嶺相反、遥邇諸勝如窺鏡中之物、彼之所左此、則必右、彼之所後、此則必前、指点之際、応接之忙、与西方山陰道上、未知如何而已（九八頁）【大内嶺】天橋之勝、加能野一等、譬諸図画（九九頁）
～一八〇九	文化六年以前	与謝の海原	上田秋成	
一八一四	文化一一年	天橋紀行	韓珏聯玉	天明中、山崩寺陥、住持僧更営寺于高所、而眺望減舟中所見下寺三丁、過其旧墟、俯眺天橋、全相歴然、乃知収天橋之勝、真在于此（四九頁）回舟又歩天橋、一帯長州、万松稠暎、洲出水纔尺、終古不為潮汐所没、又一奇也（四九頁）
一八一八	文政元年	天梯立日記	六人部是香	まづそこなる御社にまうでて橋立の景色を見渡すに広き海原に帯など引はえたらん様にて浪にかかれる有様まことに怪しきとも怪しき所のやうなんありける（三九頁）
～一八二七	文政九年まで	磯野笠	西村定雅	興満て更に言ひ出すへき言なし誠に絶景に句なしとはかかる事をや（八四頁）
一八三二	天保壬辰	天橋記	梅辻春樵	凡観天橋之勝宜観於高所不宜観於卑所、観於高所者樗嶺也、成相也、栗嶺也、黒崎也（四五頁）且夫於樗嶺則横天橋而観之、於相相則竪天橋而観之（四五頁）
～一八五四	安政元年まで	天橋記	新宮碩（涼庭）	白砂皎麗、万松鬱茂（三八頁）【成相寺】踞而臨天橋、如蒼龍伏波、文珠与謝之諸勝点々碁布、在于扉履之間矣（三八頁）
一八五六	安政三年	天橋立日記	僧周澄	成相寺の坂の上より与謝の海原橋立のなみまつ見渡したるさま日本三景の一とは聞けとおのれいまた松島、象潟を知らされたれはたゝ類ひなくおもほゆるのみ（九〇頁）橋立にかゝりて並木の松の下道あるく事およそ三十丁はかりなりその景色類ひやある（九二頁）

作成年（訪問年）	作成年（和暦）	タイトル	作者	天橋立の感想
一八八六	明治一九年	栗田トンネル開通		
一八八七	明治二〇年	大八洲游記	青山延寿	【成相山】下瞰内外海極為美観、余憚労竟循天橋而南、又乗船海上則峰巒圍鐃、其岸漁家錯落、其景不為不佳称為我邦三景者、唯以有此長堤也（一〇二頁）
一八八九	明治二二年	京都・宮津間車道完成、宮津―敦賀定期航路開始		
一八九三	明治二六年	巡礼日記	愚庵鉄眼	【成相山】山の半腹に立てる謝海を見渡せは、天橋立は一文字に海を渡して遥に切戸の森に接し、山廓水村或は遠く或は近く、宿霧の間に隠顕して櫓聲帆影又去り又来り、蒼波の中に出没する様、絶景など云はんは中々におろかなり（一〇五頁）
一八九三	明治二六年	遊天橋記	中嶋一鷗	【成相山】攀険阪数丁斜望天橋歴々于眼下……昂然不可企壮観也、聞土人之言曰、観天橋以樗嶺為第一、乃行六里餘、過岩瀧登数丁極其嶺、横望天橋、松林劃為一字形猶架橋、足知天橋之名不虚也（一一四頁）
一八九六	明治二九年	翠虹万丈	久保天隨	【船から】洲上千株万株の老松列植並生、一片の走翠軽く飛ひ落つれは手つから捉へ得へし、俯して見れは松影水に落ちて水中乍ら松あり、水光天を涵して天上乃ち橋あり、天橋の名虚称ならさるを知る（一一五頁）【成相山】回顧すれは与謝の海一碧千頃、天橋直に脚底より突出す、風致研麗（一一五頁）山北の中腹に傘松あり、その最も富覧の区たるを聞くや又た座憩し眸を放て曠観を貪る……その天橋の景は一傘松の下にあり……凡そ此地に至る者は俯して股間より望見するを例と為すとか（一一六頁）
一八九八	明治三一年	橋立旅日記	中根香亭	【発雲洞】之を出つれは天橋立遥かに見ゆ（一二二頁）【傘松】こゝを橋立眺望第一の地といひ伝へたるか実に其言に背かす……猶此の奥に成相寺といふ寺ありと聞けと此に時を費して日漸く傾きしかは遂に寺には至らすして下りぬ（一二三頁）【樗峠】樗峠に休みて橋立を回望す、此も有名の眺望なれとも撥雲洞と同しく稍遠きに過くる感あり（一二三～一二四頁）

一八九九	明治三二年	天の橋立を観る	遅塚麗水	【文珠】碧水の上宛から巨筆に幾斛の濃緑を喞ませ、一気呵成に一字を劃するか如し（一三五頁）【橋立】万松齋しく枝を垂れ地を距ること数尺、松は多くは雄松双生するもの十の七八、落々として趣態あり、間ま雌松交ふ（一三五頁）【傘松】清陰に箕踞して与謝の海を下俯すれは天の橋立碧湾を劃して斜めに切戸の文珠堂に接す、晩翠の色清瀾の上に浮動するかことし（一三六頁）【股のぞき】余飽まて之れを看る（一三六頁）
一九〇〇	明治三三年	丹後の宮津	大松桂月	【到着】夜のほの〴〵と白む頃船は残月を帯ひて宮津湾に入りぬ。一帯の白砂青松はこれ名たゝる天の橋立、むかし何物の風流男か日本三景の一に数えましけむ（一二八頁）【文珠】明治の初年にはかに洲破れて智恩寺のこなたに瀬戸を生じ、大に橋立の風致を減じたりとぞ（一二九頁）【傘松】傘松といふ、橋立を眺むるに最もよき所也……橋立を日本の三景に数ふるは首肯し難けれとも、風光明媚なる勝地なることは争ふへからす（一三〇頁）
一九〇一	明治三四年	丹後宮津	中村楽天	成相山上から天橋を見るなとは月並的ちやから止にして文珠の方で和泉式部の墓を弔し六厘の渡賃を出して切戸を渡して貰ひ……打ち寄する碧濤か此低く狭き天橋を崩して仕舞はないのを不思議に思つた（一二五～一二六頁）
一九〇一	明治三四年	大内嶺	橋本紫星	【大内峠】樹影蓊鬱たる間を駆け上り、小丘の台石に踞して東方を眺むれば、天橋立は悠然として龍蛇の眠たるが如く眼前に搖曳せり（一四八頁）昔は天の浮橋と云ひけむ白沙青松は、雲より雲に架けたる虹の如くに曳けるなり……天の橋立は、夫れ女神の御手か（一五〇頁）嗚呼大内嶺の眺望！天の橋立の美観！我は此半日の清遊に、人生纏綿の恨を忘れしことを謝せずんばあらず。……人は伝へて、成相山、普甲峠に此嶺を添へて天橋観光の三絶ととなへ、成相山の如きは特に多くの人の筆に上れると雖、我は此嶺を以て一品と頌せむ（一五一～一五二頁）
～一九〇一	明治三四年まで	橋立のぞき	大橋乙羽	【文珠上】龍燈の松高く聳ゆる後辺より小高き山に登りて天の橋立を一目に見渡せば、右は黒崎の鼻左は鷲崎の觜より折れて真一文字に渡りたる六里の長堤、古松緑に沖を行く白帆の絵の如くなるも面白や（一五三頁）【敦賀行きの船】月もあるに甲板こそと上に出づるに、日は落ちて海蒼みたり、月出てゝ、橋立の松は黒う眠りぬ（一五五頁）

作成年（訪問年）	作成年（和暦）	タイトル	作　者	天橋立の感想
一九〇二	明治三五年	浴泉紀行	内藤湖南	【大内峠】半曇の天気既に暮景に薄りて…橋立は空に浮かふかと疑はれ、澹遠蒼茫牧渓の水墨画に髣髴たり、余歎賞已まされは、畜堂頗る得意気にて橋立を望むは宜しく此所よりせざるべからさるを説く、蓋し橋立を望むは成相山よりすること世俗の慣聞する所なれとも、彼は橋立を竪に看る者にて大内峠の横に見るに如かすとは梅辻春樵等已に之を言ひ、宮津より平観するは最も其方を失へる者なりといへり（一四一～一四二頁）三景といふ取合せは固より首肯し難き者なれとも、余は既に三景を尽く観たれは試みに之を比較せんに……橋立の薄暮と雨中とは観るに時を得たる者、若し晴日に見たらんには四分の趣を減すへし（一四六頁）
一九〇二	明治三五年	橋立観月紀行	養志軒愛我	所は名にし負ふ皇朝三景の一、時はこれ今月今宵の清光、風狂の身にとりて千載の一遇とやいはん（一一二頁）
一九〇六	明治三九年	天橋より	徳富蘇峰	予は橋立を来観したるを悔る能はざる也遠く眺めても近く俯瞰しても将た其の一帯の松林を通過しても何れも見るべきものある也（一六四頁）
一九〇九	明治四二年	天橋雑記	角田晧々歌客	【舞鶴から船】三景の名高きに耳熟し写真絵葉書に眼は馴れたる予は船の宮津湾に入りて前面に太き一文字を描ける松林を天橋なりと指摘されたる時成程と合点せしまでなり、天橋は予に未見の相識にして今相見て知らんとするは天橋そのものよりも天橋を囲繞する天然なり、……よく天橋を知るには天橋を生める境地を見るを可とす（一七二頁）【傘松】景としての天橋は全く此の俯瞰にあるべし、与謝と阿蘇の両海を一直線に劃して曲線ある高低起伏の山を輪郭に描きたる、その対照配合は一幅の好図画に相違なき（一七三頁）然るに尚天橋が三景として人口に膾炙し、所謂最好批判者なる社会に承認され居るは先づその佳名なり、松原の沙洲の恰好に両海を劃したる配合なり、眺望の之に適応して佳なるなり……天橋の美はその大小にあらず、唯だ松林の長洲として斯く総合の観を示すの地他に鮮なければなり（一七三～一七四頁）

一九〇九	明治四二年	続一日一信	河東碧梧桐	樱山の天橋観は宮津湾を挟む黒岬鷲岬の両端へ走る山々を副景にして、天橋内外の阿蘇海と与謝海を程よく区画した、言はゞ天橋を中心にした景となつて居る、蜿蜒とした松の龍尾は知らず龍頭を眼下の文珠の切戸に欹てた如くにも見える、之を天橋の頭観といふ。成相寺の天橋観は眺望が遠く外海に展開して冠島沓島をさへ双眸に収める広濶な画図となるので、天橋は唯一筆蝌斗の水に浮ぶに類しておる、之を天橋の尾観といふ（一七九頁）【大内峠】樱山成相の眺望と相待つ天橋の三大観であるとのことだ、峠の上に妙見堂がある、堂の境内に立つて見下す天橋観はまた前二大観と幾分趣きが違つて居た、先づ天橋の横劃を我眼と並行に沖行く鯨の如く眺める、之を頭尾両観に比して天橋の腹観ともいふべきであらうか（一八〇頁）
一九〇九	明治四二年	与謝の海	まさを	【舞鶴からの船】遥かの沖合に橋立の松原が紫色に霞んで見えた（一六六頁）【車夫の話に】併し私は夫を恩に被る程有難いとは思はなかつた、一つは今迄絵画や写真で飽きる程見てゐる故もあらうが、海の中に白い洲が出来てそこに松が生えてゐる、夫丈では何の変哲もない、三景の随一が之では心細いと思つた（一六八頁）【傘松で股のぞき】併しどこまで行つてもやはり大仕掛な箱庭乃至盆景といふ趣を脱せぬのだが、考へてみると車も船もない昔に京の公卿上﨟衆が、異国の様に恐ろしい丹波の山路を越えてこの浦へ辿り着て、始めて水中に漂う一里の島を仰いだ時彼らの歎はどんなであつたらう（一六八頁）
一九一〇	明治四三年	樗峠から橋立の遠望	坪谷水哉	【樗峠】「ナール程これは絶景だ」……蒼龍の游ひて海を渡るかとも疑はれ、真に是れ無類の壮観である（一八二頁）【樗峠の茶店亭主に股のぞきを勧められ】壮観美観絶大の眺め何とも形容するを得ぬ、余は前年橋立に遊ひ宮津から横に望みまた親しく長洲の松原をも逍遥したか、当時甚たしく景の奇を認めす……今此の絶勝を眺め始めて古人か日本三景の一に選んだ事の無理ならぬを知つた（一八三頁）【成相山】樗峠と相併んて縦一文字の壮観を望むのが成相山……天橋の眺望は例に依て股間から望むのが最も奇だ（一八四〜一八五頁）
一九一四	大正三年	城崎より橋立へ	久保天随	【瀧上遊園上の紫煙峰】眺め下せは、成相の一山を背景にして対岸随所に数點せる漁家をあしらひ、橋立は鏡裏に龍蜿を掣してさなから碧波の上に浮んて走るか如く見える（一九一頁）

作成年（訪問年）	作成年（和暦）	タイトル	作者	天橋立の感想
一九一五	大正四年	海とトンネル	田山花袋	橋立はいい所だ三景の中で瀟洒の感じのするのは此処だけである、俗気かない老松の長く海中に靡いてゐる形はいかにも芸術的である、さびしいやさしい当気のない所は他の三景に見ることの出来ない所である、然し傘松の上の眺望よりも橋立神社のある松の中を歩く時の方か一層心持かよかつた、浅い海に漂つた藻の上を舟の底か静かに触れて動いて行く感しも静かであつた（一九四頁）
～一九二一	大正一〇年まで	山陰十一日	高浜虚子	元来橋立の景色そのものに重きを置いてゐない私達は、この切戸の文珠あたりの景色を唯普通の景色として面白いと思つた（二〇七頁）天の橋立の白砂青松は餘り名が高い為に却つて旅人を失望さす処もある（二〇八頁）【樗峠】橋立を横一文字に遠望するのであつて、それも正しく整斉したいゝ景色であつたが、それよりも樗峠を下りて水辺楼の手摺りに靠れて暮霞に包まれてしまつた橋立を眺めた感じが私には一番静かでなつかしかつた（二〇九頁）
一九二一	大正一〇年	天橋紀行	古見豆人	【舞鶴から船】やがて両岸の山の合せ目に当つて大濤の上に一抹の長洲が発見された「橋立。橋立」と思はず横手を打つ（二一二頁）【傘松までの坂道】息ははずむが一歩一歩天橋の眺脚下に広がつて行くのを松の間から顧みられるのは頗る愉快だ（二一四頁）【樗山】樗峠と傘松と樗山とそして丹後富士とを天橋四大観と云ふさうだがその中では樗山で見たのが一番感じがよい……天橋の美観は之を松島や三保などに比べて四山の高く翠微の濃い処にあるのだから翠微の凝つた様な厚松と文珠の渡しあたりを美観の中心とみなければならない（二一八頁）
一九〇一～一九二三	明治三四～大正一二年	天の橋立	徳富健次郎	【舞鶴から船】見る〳〵日は山に入つて了ふた、山は皆紫になつた、海は白く光つてゐる、其白く光る海と紫匂う山の間に横一文字に濃青に煙るものがある。天橋立！橋立てなくて何だろう？（一九八頁）【橋立の電柱】折角の天橋立も斯く建物がごちゃ〳〵してはうるさく思はれる、否それよりも夥しい僻事がある、天橋立一里の松原其西側の松影にでも潜めて置く事か、大ひらに与謝の海に面した東表の汀にすらりと百足の足に電柱か行列さしてある、何といふ無茶をするたろう（二〇四頁）【傘松】雄大はないか明媚な景はそう類あろうとも思はれぬ（二〇五頁）
一九〇四～一九四四	明治三七～大正一二年	橋立紀行	野田別天楼	【文珠】手を延ばせば橋立の蒼翠を捉らへ得べし（一五九頁）【傘松】途上傘松のほとりより天橋の俯瞰するもの景殊によしときく…（間違った場所で橋立批判）…風

				光絶佳われさきに橋立を軽侮したることを悔ゆ（一五九～一六〇頁）
～一九二三	大正一二年まで	枕頭山水	幸田露伴	傘松の下に到る、さあ此所より天橋御一覧あれと云ふ舟子の言葉に、初めて首をめくらし顧視すれは、実に日本に三景の一といはるゝ景色にて、与謝の江与謝の海を劃れる白沙青松浮かふか如く、六里の翠色万頃の波光と映したる様画にも及はす筆にも及はす、見すは知らしと答へましと烏丸卿の詠せられしこそ負惜みのなくて真実なれ（一一八～一一九頁）天の橋立股眼鏡とか称して、登臨眺望の客皆一度は仕て見るものゝ由なれは（一一九頁）天橋を観るに観所二つあり、一つは但馬の城の崎丹波の福知山なとへ行く方の旧道の中の樗峠なり、此より見れは天橋を横一文字に観る由、一つは即ち傘松の下にて少し斜なれとまつ縦一文字に観るなり、樗嶺はやゝ遠く傘松はよき程なれと人によりては樗峠より観るを最も好しといふ（一二〇頁）
～一九二三	大正一二年まで	日本の三景	笹川臨風	日本三景といふのは何れも海なり（一六四頁）天橋立は成相山に於て見ざるも櫻山に於て見ざるも、文珠の切戸の渡を渡り磯清水のほとりを徘徊すれば白砂青松の間に無限の趣あり、一帯の長洲江と海とを劃して画図も及ばず、余は三景中最も橋立を好む（一六五頁）
一九二三	大正一二年	廻旋橋できる		
一九二四	大正一三年	宮津に鉄道開通		
一九二四	大正一三年	巡礼道中記	石倉翠葉	【文珠：松影楼で宿】「好いですネ、松島より雄大な感じがします、あの文珠堂と多宝塔の寂のあるのも好い景物です」（二三七頁）【傘松：また覗き】噂に違はず海は空と見え空は海と覚え、一條の長橋が空にかゝり、全で羽化登仙の思ひがするくらゐである（二四二頁）【成相寺】天下の絶景とは蓋しこのこと、言いたくなる（二四二頁）
一九二四	大正一三年	西国三十三番巡礼の旅	山崎斌	
一九二四	大正一三年	天橋紀行	乾木水・名和三幹竹	【樗峠】橋立の正面観として第一の眺望の場所である、ほんとうの天橋の眺望はこゝに限るといふ洗心氏の言葉も全くその通りであると思はれる（二二七頁）【成相山：念仏坂】裸か鐘楼のある寺の傍から上り阪はいよ〳〵急になる（二二九頁）【傘松】海中に突き出てゐる天橋は全くの奇観である（二三〇頁）【橋立】江尻の里

作成年（訪問年）	作成年（和暦）	タイトル	作　者	天橋立の感想
				から天橋の中に出る道には小松が植え足してある、前の木内京都府知事の天橋延長論から実行されたものであるといふ……昼食もせぬ腹であるが天橋の是色に見惚れて食欲を忘れてゐるようである（二三一頁）明神の社頭には戦役記念奉納の大きな大砲が据ゑつけて不自然なさまに見えてゐる（二三二頁）【文珠】切戸の渡しは今は橋がかけられ（二三三頁）
一九二四	大正一三年	奇勝天の橋立	京都日日新聞	松島、宮島と共に三景と称されてゐるけれど、宮島は人工の美が加味されたもの、松島は風光の変化によつて名高いけれど天橋の規模の雄大さは松島以上である（二六二頁）【傘松】股の間から天橋の風光を望むと、その奇形は油絵も及ばず、パノラマも及ばず、一見三嘆を禁ぜざらしめるのである（二六三頁）
一九二四？	大正一三年か	天の橋立	太田鴻村	【傘松】なるほど股の下からのぞき見る橋立の景致は一層妙だ（二七二頁）
一九二五	大正一四年	天橋立駅できる		
一九二八	昭和三年	天の橋立	荻原井泉水	【宮津】昔は米穀を積んだ千石船の出入にかなりに繁華であつたという此港も「二度と行くまい丹後の宮津縞の財布がからになる」という唄に名残をとゞめて今は天の橋立観光の遊覧客を以て賑はす為に汽車をつける事に努力して其が漸く通じたといふ所である（二七五頁）【宮津から府中への船】行手の眼界に横はつて長々と一筋松が並んでゐる砂浜は幼い頃から版画にも写真にも見飽きる程見てゐた天の橋立だつた（二七五～二七六頁）
一九二九	昭和四年	橋立日記	芭蕉堂公雄	【大内】天橋四大観の随一にして西より天橋を見る東より見る栗田峠南より見る成相山、北より見る櫻山と共に各其観を異にし東より見ると白糸浜、西より見るを一字洲、雁字洲、南より見るを錫丈島、如意か島、北より見るを龍ヶ島と名つくる由、皆其形状を云ふらし、洗心先生の説明に耳を傾けつつ（二八一頁）
一九三〇	昭和五年	天橋と大江山	西尾其桃	【櫻山】洗心さんが櫻山、一に玄妙といふ小山の頂上へ案内された……眺望は驚く計である（二八四頁）【大内峠】兎も角も一文字が此大観の主人公であると同時に一文字がこの大観の概念をなしてゐる、あとの景は所謂景物でお客分、御相伴客と見るべきであらう（二九五頁）【喜楽庵：山添氏】こゝのは頗る雄大でさすがに外海をひかへてゐるだけ少しあら〳〵しき観がある（三〇二頁）

一九三〇	昭和五年	橋立と岩瀧	与謝野晶子	高処大観と云ふ通り、橋立の美は高きに登つて初めて知られるのであつた。松の美のみで無く、所山の囲む海の内外の展望が更に美しいのである（二八二頁）
一九三〇	昭和五年	丹但遊記	乾猷平	【栗田】栗田峠を越えると右手にあこがれの天の橋立、眼下に宮津の町だ、思はず一行は快哉を叫んだ（三二二頁）傘松の股のぞき樗峠の俯瞰は萍に似て浪上に漂つてゐるのではないかと思はれるくらゐだ（三二二～三二三頁）
一九三四	昭和九年	天の橋立	下村海南	【大内峠】その眺めやまさに天の橋立の大観峰である……境内には義仲寺の蝶夢和尚の…句碑もあれば、与謝野晶子さんの歌碑もある（三〇六頁）【傘松】傘松は近く橋立を縦にながめる。それだけに松原も手にとるやう、ことに眼の下なる江尻の町並のけしきもとり〲によい（三〇七頁）
一九三五	昭和一〇年	丹後の宮津	森田草平	【荒木屋】女中は「天の橋立の股覗きは宿の主人の先代が発明したものだ」と教へてくれた（三三五頁）
一九三六	昭和一一年	天橋遊草	翠屋	【大内峠】天橋一字観では股覗きに時を過し（三三二頁）

（一）第一期

『天橋立集』に収録される当該期の作品は、すべて江戸時代に位置付けられる。第一期の特徴は、江戸時代のものと言い換えてもよい。

宮津城下に関しては、宿泊など簡単な記述がほとんどで、具体的な言及は貝原益軒（一六三〇～一七一四）による『己巳紀行』（一六八九）、川合章堯（生没年不詳）『但馬湯島道文記』（一七三二）、吉田重房（生没年不詳）『筑紫紀行』（一八〇二）のみである。いずれも海運業を中心とした宮津城下の繁栄が記される。

天橋立に関しては、府中の成相寺および成相寺参道からの眺めを述べるものが圧倒的に多い。『己巳紀行』は、実際に訪問した景観を踏まえて天橋立を日本三景の一であることを記した最初の作品として知られているが、益軒が「宜也」とうなずいたのは府中から成相寺までの本坂道からの眺めである。また『筑紫紀行』も、溝尻から成相寺に上がる道中の茶屋からの眺めを絶賛している。茶屋があるという記述から、この道も本坂道であることがわかる。

天橋立については、府中の山地部に加えて、大内（樗）峠や栗田峠からの眺めも評価されているが、例えば梅辻（うめつじ）春樵（しゅんしょう）（一七七六〜一八五七）の『天橋記』（一八三二）に「凡観天橋之勝宜観於高所不宜観於卑所」とあるように、天橋立の景観を評価する際、高所からの視点であることが圧倒的に多い。

ただし、高所からの美観は天橋立のみを評価するものではない。天橋立が日本三景の一であることを再確認した言説をみると、益軒が「天の橋立切戸の文殊、与謝の海、阿蘇の海、目下に在つて其景目を驚かす」と言い、重房が「橋立の松原、与謝の海中に緑の糸などうちはへたらんやう浪にうかび、また宮津の城など落る隈なく眼下に見え渡り」と述べるように、天橋立を中心としながらも、その周辺を含めた全体の景観が評価の対象となっている。こうした全体性は、確かに高所からでなければ確認できないものであり、その中で天橋立は構成要素の一つにすぎない。

一方、天橋立そのものに記述が及ぶ場合は、（高所ではなく）低所からの視点――より端的にいえば、海面の船中からの眺め、もしくは天橋立そのものに踏み入れた時の眺め――が重要な位置を占める。この時期に当たる二二作品のうち、半数の一一作品が天橋立に立った時の情景を、そして八作品が船で阿蘇海を渡る時の情景を書きとめている。いずれか一方となると一六作品にのぼり、半数以上の作品で低所からの視点が認められている。そこでは「松」や橋立の洲、砂が強調されている。

現在、天橋立は白砂青松（はくしゃせいしょう）と評されることが多い。今回取り上げた作品の中で「白砂（沙）」と「青松」がそろって登場する作品は、藤原成粲（生没年不詳）の『天橋遊草』（一七九五）を初出とし、「徧洲崎而白沙徧白沙而青松爛兮蒼兮」と評価されている。また、新宮碩（涼庭：一七八七〜一八五四）『天橋記』（一八五四以前）にも「白砂皎麗、万松鬱茂」と詠じられる。

（二）第二期

この時期になると、丹後の主要都市である宮津市街の記述が多く現れる。その記述をみると、中根香亭（一八三九〜一九一三）『橋立旅日記』（一八九八）や、まさを（生没年不詳）『与謝の海』（一九〇九）のように宮津市街の美しさを述べるものもあるが、全体の記述は「二度と行くまい丹後の宮津縞の財布が空になる」という宮津節の一節に大きく影響を受けたものとなっている。これは縮緬の集積地であった宮津が、縮緬業者や廻船業者が金を落とすことで繁栄した状況を唄ったもので、大松桂月（生没年不詳）『丹後の宮津』（一九〇〇）は「昔の宮津が如何に繁昌したかを知ることが出来る」と往時の宮津に思いをはせている。

天橋立に関しては、府中からの眺め、天橋立そのものに立った時の感想が最も多く述べられており、その傾向は第一期から変わらない。しかし、いくつかの新しい動向もみえる。

まず一つ目は、「傘松」の登場である。傘松は明治三三年（一九〇〇）頃、吉田皆三（生没年不詳）により民間の展望所が開かれたとされているが（『宮津市史　通史編』下巻）、明治二九年（一八九六）にここを訪れた久保天随（一八七五〜一九三四）は、傘松を座憩しながら景観を楽しむことができる場所と記している。また、いわゆる「股のぞき」も「例と為す」（『翠虹万丈』）とされており、すでに一般的なものとなっていたことがわかる。中根香亭『橋立旅日記』（一八九八）には「ここ（傘松）を橋立眺望第一の地といひ伝へたるか実に其言に背かす」という言説が登場し、天橋立の眺望地点として最も優れると評価している。また、中根は「猶此の奥に成相寺といふ寺ありと聞けと此に時を費して日漸く傾きしかは遂に寺には至らすして下りぬ」としており、府中の山に登る理由は天橋立の眺望を得るためであり、成相寺参詣はもやは副次的なものとなっている状況がわかる。

次に、「三絶」「三大観」という言説が注目される。ただし、その場所は固定されておらず、例えば橋本紫星（生没年不詳）『大内嶺』（一九〇一）は成相山・普甲峠・大内峠を、河東碧梧桐『続一日一信』（一九〇九）は成相・桜山・大内峠を、中根香亭『橋立旅日記』（一八九八）は栗田峠・成相山、大内峠をあげている。さらに古見豆人（一八八六～没年不詳）『天橋紀行』（一九二二）は、大内峠・傘松・桜山・丹後富士からの眺めを「天橋四大観」と言うと伝えている。

以上、第二期の様相をみると、第一期に比べて天橋立の視点場（ビューポイント）が多様化していたことがわかる。それらは全て高所に位置し、角田（かくだ）皓々歌客（こうこうかきゃく）（一八六九～一九一六）『天橋雑記』（一九〇九）が指摘した「景としての天橋は全く此の俯瞰にあるべし」という感覚が共有されていた。「三景の名高きに耳熟し写真絵葉書に眼は馴れ」てしまっていたと当時の人々にとって、天橋立のイメージはすでに十分頭に定着しており、「今相見て知らんとするは天橋そのものよりも天橋を囲繞する天然なり、……よく天橋を知るには天橋を生める境地を見るを可とす、……天橋の美はその大小にあらず、唯だ松林の長洲として斯く総合の観を示すの地他に鮮なければなり」というように、天橋立に焦点を当てるのではなく、それを生み出した「天然」「境地」を含めた「総合の観を示すの地」として、天橋立を認識する視点が生まれたことは、十分に注目される。

また、天橋立そのものについても新たな見解が加わっている。まず一つ目は、天橋立により一層の「趣」を看取する視点である。田山花袋（かたい）（一八七一～一九三〇）『海とトンネル』（一九一五）には「俗気かない老松の長く海中に靡いてゐる形はいかにも芸術的である、さびしいやさしい當気のない所は他の三景に見ることの出来ない所である、然し傘松の上の眺望よりも橋立神社のある松の中を歩く時の方か一層心持かよかつた、浅い海に漂つた藻の上を舟の底か静かに触れて動いて行く感しも静かであつた」という記述がみられ、静けさの美が強調されている。また、笹川臨風（一八七〇～一九四九）『日本の三景』（一九二三までに成立）は「天橋立は成相山に於て見ざるも、樱山に於て見ざるも、文珠の切戸の渡を渡り磯清水のほとりを徘徊すれば白砂青松の間に無限の趣あり」とし、白砂青松に「無限の趣」を読み取っている。

二つ目として、景観上の問題を取り上げた批判的見解が登場する。徳富健次郎（蘆花：一八六八～一九二七）『天の橋立』（一九〇一～一九二三に成立）には「折角の天橋立も斯く建物がごちゃ〳〵してはうるさく思はれる、否それよりも夥しい僻事がある、天橋立一里の松原其西側の松影にても潜めて置く事か、大ひらに与謝の海に面した東表の汀にすらりと百足の足に電柱か行列さしてある、何といふ無茶をするたろう」とあり、天橋立にある電柱に幻滅しているのである。その前日、日暮れからほどない時間に船で宮津に入った時に「海は白く光つてゐる、其白く光る海と紫匂う山の間に横一文字に濃青に煙るものがある。天橋立！橋立てなくて何だろう?」と天橋立に感激していた徳富の発した「何といふ無茶をするたろう」は、実感のこもった率直な感想であり、厳しい批判であった。

(三) 第三期

宮津市街に関しては、第二期に引き続き、宮津節に表現された世界が旅人の認識の中心となる。一方、鉄道の敷設を、観光業のみならず産業の好機とみる視点もあり、「宮津はも早や単なる遊覧都市だけではなくなつた、宮津美人が腕に撚りをかけて縞の財布を空にする一面、丹後縮緬の生産地を背景とするこの与謝郡の中心地は交通網に恵まれ将来大いに伸びんとする意気込み盛んである」（乾猷平〈一八九六～一九三六〉『丹但遊記』一九三〇）という意見もみえる。

天橋立に関しては、与謝野晶子『橋立と岩瀧』（一九三〇）に「高処大観と云ふ通り、橋立の美は高きに登つて初めて知られるのであつた。松の美のみで無く、所山の囲む海の内外の展望が更に美しいのである」とあるように、天橋立は高所からみた眺めがよいとする言説が引き継がれる。

また、この頃には天橋立を東西南北から展望する「四大観」が説かれ、地元の人々によってこうした展望観が訪問者に紹介された。一般には船頭や車引きなどがその役目を担ったが、『天橋立集』の作者である小室洗心（萬吉）は文人や知識人に天橋立を紹介し、数多くの記録や作品の誕生に重要な役割を果たした。小室は自らが住む岩滝に近い大内峠からの眺めを第一としつつも、成相山や桜山などに人々を案内している。

天橋立そのものに対する見解も、これまでと基本的に変わらない。ただし、乾木水（生没年不詳）と名和三幹竹(なわさんかんちく)（一八九二～一九七五）による『天橋紀行』（一九二四）には「江尻の里から天橋の中に出る道には小松が植え足してある、前の木内京都府知事の天橋延長論から実行されたものであるといふ」といった植林事業の様子や、「明神の社頭には戦没記念奉納の大きな大砲が据えつけて不自然なさまにみえてゐる」といった一八九六年奉納の戦艦砲弾の「不自然なさま」が表現されている。

なお、「漁村の風物は我々の目を引くばかりである」（『天橋紀行』）という溝尻村へのまなざしや、「傘松は近く橋立を縦にながめる。それだけに松原も手にとるやう、ことに眼の下なる江尻の町並のけしきもとり〲によい」（下村海南〈一八七五～一九五七〉『天の橋立』一九三四）といった傘松から俯瞰した際の江尻の景観など、集落の景観に対する感想は、前期までには記述されていなかった点である。

五　小　結

以上、文学作品の中にみえる天橋立の記載を時代ごとに概観した。ごく簡潔にまとめるならば、想像の描写から実景の描写へという変化があったことが認められる。もちろん、天橋立を目の前にした場合も、作品としては想像やイメージの中で再構成されるわけだが、実際の風景がベースとなっているかどうかは、大きな違いである。

このような大きな変化は、絵画的描写の変化とも一致している。一方で、絵画的な描写は一貫して「俯瞰の美」の視点で作品をまとめることが支配的であったのに対し、文学作品の場合、俯瞰的な視点とともに水平的な視点で橋立を描写するものが多くみられた。これは作者の体験がより直接的に表現されやすい言葉の芸術に特有のものであると言えるだろう。

王朝和歌における「天の橋立」

赤瀬信吾

一　はじめに

天の橋立について最も古い伝承を記している『丹後国風土記』の伝本は、残存していない。鎌倉時代中期に卜部兼賢（生没年未詳）が著した『釈日本紀』の中に、『丹後国風土記』からの引用がいくつか知られているのみである。天の橋立についての『丹後国風土記』逸文も、『釈日本紀』巻第五によって知られる。

> 与謝の郡。郡家の東北の隅の方に速石の里あり。此の里の海に長く大きなる前あり。…（中略）…先を天の椅立と名づけ、後を久志の濱と名づく。然云ふは、国生みましし大神、伊射奈藝、天に通ひ行でまさむとして、椅を作り立てたまひき。故、天の椅立と云ひき。神の御寝ませる間に仆れ伏しき。仍ち久志備ますことを恠みたまひき。故、久志備の濱と云ひき。此を中間に久志と云へり。（原漢文）

天の橋立と、その南端の対岸地である久志浜との地名起源説話である。天の橋立については、伊弉諾尊が天に通うために梯子（はしたて）を作ったのだが、眠っている間に梯子が倒れてしまい、それが現在の天の橋立になったのだと伝える。梯子といっても、現在の梯子とは形状の異なる、一本の丸太などを削って作ったものである。そうでなければ、天の橋立の形状と合わない。

ただし、この伝承が平安時代以後のいわゆる王朝貴族たちの間に広まっていた様子はうかがわれない。『風土記』それ自体が、書物や逸文として残存する量から見ても、王朝貴族たちに好んで読まれていたとは考えがたい。王朝貴族たちが日常的に親しんでいた和歌の世界には、神代をはじめとする神話的な世界とリンクしている要素が認められる場合もある。ところが、天の橋立に関しては、右の『丹後国風土記』に見られる伝承の痕跡と考えられる確証を見いだすのは困難である。

二

天の橋立を詠んだ王朝和歌の中で最も有名なのは、和泉式部の娘であった小式部内侍（?～一〇二五）の一首である。

和泉式部保昌に具して丹後に侍りけるころ、都に歌合侍りけるに、小式部内侍歌よみにとられて侍りけるを、定頼卿つぼねのかたにまうで来て、歌はいかゞせさせ給ふ、丹後へ人はつかはしてけんや、使まうで来ずや、いかに心もとなくおぼすらん、などたはぶれて立ちけるを引きとゞめてよめる

大江山いくの、道のとほければふみもまだ見ず天の橋　小式部内侍

（『金葉和歌集』雑部上・五五〇）

「歌合に参加なさるそうですが、母上様からご助力をいただかれましたか」という藤原定頼の戯れに、当意即妙に答えた小式部内侍の歌は、『俊頼髄脳』のような歌学書や『古今著聞集』のような説話集などにも取り上げられ、人口に膾炙することとなった。さらに『百人一首』六〇にも、「大江山いくの、道のとほければまだふみもみず天のはしだて」として収められて、国民的な古典和歌の一首となったのであった。『百人一首』のように詞書を示していない場合も多いけれども、地名「生野」に「行く」を、「文」に「踏み」を掛け、「踏み」は天の橋立の「橋」の縁語として仕立てるという、機知を働かせた、いかにも摂関時代の王朝貴族好みの和歌である。詞書によって詠まれた状況が説明されなくとも、一首の面白さは誰にでも理解される。

小式部内侍の「大江山」の歌が、天の橋立を実際に見た体験をもとに詠まれたものでないことは言うまでもない。ただし、この歌が詠まれた一一世紀初頭には、天の橋立が丹後国の名所として有名であったことは確実である。しかも、ここには『丹後国風土記』逸文に見られた神話的なイメージは認められない。

『古事記』『日本書紀』の歌謡、また『万葉集』に収められる和歌で、天の橋立を詠んだ例は見当たらない。平安時代の和歌の中で天の橋立を詠み込んでいる早い例は、次の『伊勢集』の歌である。

音にきく天の橋立たてたてておよばぬ恋もわれはするかな

（『伊勢集』四〇六）

伊勢は、九世紀末から一〇世紀前半にかけて活躍した女流歌人で、生没年は未詳だが『古今和歌集』に女性として最多の二二首が入集している。『古今和歌集』当時の一流の歌人であった。ただし、『伊勢集』は伊勢自身が編纂したものではなく、他撰の家集であり、右の「音にきく」を含む六五首（三七九～四四三）は、万葉歌の異伝や、源宗于（？～九三九）、また源重之（？～一〇〇〇頃）など一〇世紀の歌人の詠んだ歌をも含む歌枕詠の集成で、「音にきく」という歌を伊勢が詠んだものかどうか判然としない。一首の意味は、「あの名高い天の橋立を立てて、また立てても届かない、そんな届かぬ恋を私はしているのですよ」といったもので、上句「音にきく天の橋立たてたてて」は、それに続く「およばぬ」を導く序詞となっている。

『伊勢集』の「音にきく」という歌の場合、天の橋立は天にも届こうという梯子のイメージを有している。けれども、これは天の橋立の「天（あま）」という語から、手の届かないほど遠いという意を引き出そうとしているのであって、伊弉諾尊が天の橋立を作ったという神話的伝承と結びつけるのは、強引にすぎると考えられる。届かぬ恋の思いは、例えば「夕ぐれは雲のはたてにものぞ思ふあまつそらなる人を恋ふとて」（『古今和歌集』恋歌一・四八四・題しらず・よみ人しらず）というように、「天つ空」など「天」や「空」になぞらえて詠まれることが少なくない。「天の橋立」という名称、特に「天の」という語が、歌人たちに「高い」「遠い」といったイメージを抱かせたと見てよい。永観元年（九八三）に、「一条の藤大納言の家の寝殿の障子に、国々の名あるところを、絵にかけるに、つくる歌」の一首として、源順（九一一～九八三）は次のような歌を詠んでいる。

あまのはしだて
みつしほものぼりかねてぞかへるらし名にさへ高き天の橋立　（『順集』二六二）

「天の橋立では、満潮までもが登ることができなくて海に帰って行くらしい、天の橋立の「天」が高いだけでなく、名声までもが高い天の橋立であるものだから」という意の歌。ただし、「天の橋立という梯子もしくは階段(はし)が高いので、満潮でさえも登ることができないようだ」と解することも不可能ではない。源順の見た障子絵がどのように描かれていたのかは知られないけれども、右の歌に「名にさへ高き天の橋立」と詠まれ、先の『伊勢集』の歌に「音にきく天の橋立」と詠まれていたことから見ても、天の橋立は、王朝貴族たちの間で早くから知られていた名所であった。

三

源順の歌は、障子絵を見て詠まれたものであった。天の橋立は、あるいは障子絵に描かれ、あるいは洲浜に造られて楽しまれることが多かったようだ。康保三年（九六六）一〇月二二日に催された『内裏後度前栽合』は、廿巻本歌合の断簡しか知られていないが、村上天皇（九二六〜九六七）の御製として、「よろづ代を松も生ひぬる今日よりや天の橋立ふりずこそ見め」という一首が残されている。この歌合の様子は、延文四年（一三五九）に成立した『新千載和歌集』慶賀歌・二三四三に収められている、次の歌から知られる。

康保三年内裏歌合に、十月廿二日、だいばんどころのかたのつぼに二番の方、菊の花いと少なくなりにければ、天の橋立のかたをつくりて松につけたりける歌

よみ人しらず

うつろはぬ松につけてやはし立の久しき世をばかぞへわたらん

同じ康保三年一〇月二二日『内裏後度前栽合』の一番の方（左方）の歌が、やはり『新千載和歌集』秋歌下・五二八に収められている。これらの歌から考えると、この歌合は、左方は朝餉の壺に八十島の洲浜を造って菊を植え、右方は台盤所の壺に天の橋立の洲浜を造って松を植えて行われた、規模の大きな歌合であったと推測される。左方の八十島は、象潟とも呼ばれた出羽国の歌枕であった可能性が考えられる。とすれば、この歌合は、八十島と天の橋立という二つの海浜の歌枕を、それぞれ洲浜に造って催されたものであったと想定される。八十島にしろ天の橋立にしろ、都の貴族たちに名前ばかりはよく知られていたものの、実際に目にしたことのない歌枕を洲浜に仕立てたのである。

大中臣能宣（九二一〜九九一）の、「与謝の海の天の橋立みわたせばかたがた浪をわくるしめかも」（『能宣集』一九五）という歌も、先に掲げた源順の「みつしほものぼりかねてぞかへるらし」と同じ折に、天の橋立の障子絵を見て詠んだ歌であった(1)。天の橋立を「左の方や右の方へと浪を分ける注連」と詠んでいる点には、いくらか宗教性が表現されているのかも知れないけれども、『丹後国風土記』の記述からはほど遠い。天の橋立を描いた障子絵や屏風絵を見て詠まれた歌には、以下のようなものが知られる。

（屏風に）天の橋立はべるところに、海人（あま）の侍るに
たがためにわたりそめけむ与謝の海の浦によをふる天の橋立
（『能宣集』二三〇）

（絵に）橋立に、むまに乗りたる人あるところに

駒ならむ人はなれたりゆくへなく舟ながしたる天の橋立　（『和泉式部集』七五四）

和泉式部は、丹後国の国司となった藤原保昌（九五八～一〇三六）とともに、丹後国に下っているものの、実際に天の橋立を見て詠んだと思われる歌は知られない。以下の三首は、いずれも宮中で詠んだ歌と考えられる。

秋霧のへだてつる天の橋立をいかなるひまに人わたるらん　（『和泉式部集』四五七）

思ひたつ空こそなけれ道もなく霧わたるなる天の橋立　（『和泉式部集』四五八）

はななみの里としきけばものうきに君ひきわたせ天の橋立　（『和泉式部集』四六〇）

いずれの歌でも、「橋」の縁語である「わたる」「わたせ」という語を用いている。小式部内侍との間に子供があったかとも言われる藤原範永（生没年未詳）の次の歌は、きわめて技巧的だが、同じように「わたる」という語を詠み込んでいる。

公任卿家にて、紅葉、天の橋立、恋と三つの題を人々によませけるに、遅くまかりて人々みな書くほどになりければ、三つの題を一つによめる歌

恋ひわたる人に見せばや松の葉のしたもみぢする天の橋立

藤原範永朝臣

（『金葉和歌集』恋部下・四二二。『範永朝臣集』一八七にも）

大中臣能宣の子息であった大中臣輔親（九五四〜一〇三八）が、六条の南、室町小路の東にあった邸宅に、天の橋立を真似た庭を造っていたことは、『十訓抄』などによって広く知られている。輔親は団扇に描かれた天の橋立を見て、次のような歌も詠んでいる。

ある僧の、水無月の絵かゝせたるうちはに、天の橋立のかたかきて、旅人おりゐてあま人にものいひたる所に

橋立の松のみどりはいくそしほ染むとかかたる与謝のあま人

（『輔親集』一七）

天の橋立といえば、立ち並ぶ緑の松という景色を詠むものであるという、和歌における本意が定着し始めていたことが知られる。海辺であるから「海人」が詠まれるのは当然としても、天の橋立を「海人橋立」と表記している例も見られる。

四

受領となって丹後国に赴任した中下級貴族たちは、実際に天の橋立を見たはずである。ところが、丹後掾を長年

つとめたので、曾丹後、曾丹などとも呼ばれ、一方で歌人として高く評価されていた曾禰好忠（九二三頃〜一〇〇三頃）の、「うちわたし岸辺は浪にくづるともわが名はつきじ天の橋立」（『曾禰好忠集』一八六）にしても、「与謝の海のうちとのはらにらさびてうき世をわたる天の橋立」（同四七五）にしても、天の橋立の景色を詠んだ歌ではない。天の橋立に託して自身の心情を詠んだものであり、橋の縁語として「わたし」「わたる」といった常套的な表現が用いられている。丹後掾であった曾禰好忠にしても、丹後守藤原保昌とともに丹後国に赴いた和泉式部にしても、天の橋立の景色を詠んでいるのではなく、心情を表現するにあたって天の橋立を詠み込んでいるにすぎない。

それに対して、

丹後国にまかれりける時よめる　　　赤染衛門
思ふことなくてぞ見まし与謝の海の天の橋立みやこなりせば
（『千載和歌集』羇旅歌・五〇四）

「旅のわびしい思いもなくて眺めたであろうよ、この与謝の海の天の橋立が都にあったならば」という意味の歌で、天の橋立の美景をたたえながらも、都から離れていることの哀しみを詠んでいる。現存する『赤染衛門集』には見当たらないけれども、能因撰『玄々集』一三七や藤原清輔撰『続詞花和歌集』旅・七二九にも、赤染衛門の詠んだ歌として収められている。(2) ただし、赤染衛門（九六〇前後〜一〇四一以後）が丹後国に下向したことは、確認されていない。

赤染衛門が没した後と思われるが、康平六年（一〇六三）一〇月三日、丹後守であった藤原公基（一〇二二〜七五）は丹後の国府で歌合を催した。判者は先に掲げた藤原範永で、範永以外にも津守国基（一〇二三〜一一〇二）や永胤（生没年未詳）といった歌人たちが都から参集した、本格的な歌合であった。よみ人しらずだが、天の橋立を歌題とした二首が見られる。

九番　海人橋立

左　ぢ

あさりする火影（ほかげ）ばかりをしるべにて心のかよふあまの橋立（一七）

右

この里にあと垂れそめしそのかみの雲路をわけてあまの橋立（一八）

海人橋立（天の橋立）を歌題としたのは、この歌合が最初であった可能性が大きい。左の歌は、天の橋立の「天」と「海人」とを掛詞にした、叙景歌風のもの。興味深いのは、右の「この里に」という歌である。「あと垂れそめしそのかみ」とは、神の垂迹した昔、神代を指して詠んでいる。それが『丹後国風土記』の伊弉諾尊の伝承と結びついているとまでは言えないけれども、天の橋立を神話的な世界と結びつけてイメージしていることは認められる。もっとも、右の「この里に」の歌については、「雲路を分けて殿上に登庸されて行く公基の未来を祝福した意味が掛けられているようにも思われる」という解釈も示されている。(3) この歌合の最初の歌題が「祝」であることからも、そうした解釈の成り立つ可能性は考えておいてよい。

五

藤原公基が丹後の国府で歌合を主催した康平六年（一〇六三）は、白河上皇によって院政が始められる前夜に当たる。院政期は、和歌史の転換点の一つでもあった。あらかじめ提示された歌題を詠む題詠が、和歌を詠む際の中心となっていった。そうした傾向の中から、当時の和歌的美意識に照らして最も基本的、標準的、典型的な歌題を選別して、『堀河百首』（『堀河院百首和歌』）が成立した。『堀河百首』は、長治二年（一一〇五）五月から翌三年三月の間に、堀河天皇に奏覧された。『堀河百首』の中で天の橋立が詠まれている歌は、次の三首である。

霞　　　　　源　俊頼
なみ立てる松の下枝（しづえ）をくもでにて霞みわたれる天の橋立（四〇）

千鳥　　　　　藤原　仲実
橋立や与謝の浦浪よせてくる暁かけて千鳥なくなり（九八三）

海路　　　　　祐子内親王家紀伊
舟とめて見れどもあかず松風に浪よせかくる天の橋立（一四五五）

源俊頼（一〇五五～一一二九）も紀伊（?～一一一三以後）も、天の橋立の「松」を詠んでいる。当然のことながら、俊頼の歌は「霞」を歌題としているから霞を、藤原仲実（一〇五七～一一一八）の歌は「千鳥」を歌題としているから千鳥を詠んでいる。ただし、『堀河百首』は後代に強い影響を与えたために、この後には天の橋立に霞や千鳥が詠み添えられるようになってゆく。仲実や紀伊の歌には、「浦浪」「浪」も詠まれている。つまり、天の橋立は、見事な松の名所であり、美しい浪の寄せる名所であり、また、霞や千鳥の名所ともされていくこととなったのである。

なお、俊頼の歌は、「ずらりと並び立っている松の下枝を筋交いのようにして、一面に霞んでいる初春の風景の中に、巨大な橋を渡したかのような天の橋立」という、雄大な景観を詠んだもの。俊頼は、白河上皇に命じられて第五勅撰集『金葉和歌集』の撰者となったが、上皇の意図と俊頼の企図とがなかなか合わず、初度本、二度本、三奏本と改編を重ねた。「なみ立てる松のしづえ」という自らの歌を、俊頼は初度本『金葉和歌集』春・九に入れている。けれども、二度本でも三奏本でも削除してしまった。惜しまれたのに違いない、没後に藤原顕輔撰『詞花和歌集』雑上・二七四に入集している。

『堀河百首』に収められている三首の天の橋立の歌は、いずれも叙景歌であり、天の橋立の雄大な景観を詠んでいる。摂関時代までの歌では、天の橋立は、自分の心情を表現する際の点景にすぎなかった。それに対して、『堀河百首』に見られる天の橋立の歌では、天の橋立の景観それ自体が歌の中心となっているのであり、天の橋立の叙景の中に詠作者の心情が込められている。天の橋立という壮大な景観を、どのように描き出すかに詠作者は苦心し、描き出された景観の見事な様に、歌を享受する者たちは感動するのである。丹後守をつとめた藤原為忠（?―一一三六?）は、長承元年（一一三二）から同三年までの間に主催した『為忠家初度百首』の中で、天の橋立を次のように描き出した。

眺望

たとふべきかたこそなけれ松が枝に雪ふりわたる天の橋立（七五九）

「たとふべきかたこそなけれ」という初句・第二句は平凡だが、天の橋立の雪景色を白と緑とのコントラストの中に描き出す。為忠の子息である為経（法名は寂超。一一一三頃〜一一八〇以後）は、久寿二年（一一五五）五月から翌三年九月までの間に編んだ『後葉和歌集』雑一の、四八一に『堀河百首』の源俊頼の「なみ立てる」の歌を、四八二に右の為忠の歌を並べて収めている。

院政の始まった平安時代後期以後の和歌の世界で、「あまのはしだて」という名前にふさわしい壮大な景観を持った名所、歌枕として、天の橋立は定着してゆく。鎌倉時代に入ると、後鳥羽院（一一八〇〜一二三九）の勅願によって京都白川に建立された、最勝四天王院の障子絵に描かれた名所四六カ所のうちに選ばれている。承元元年（一二〇七）夏に、当時を代表する一〇名の歌人によって詠まれた『最勝四天王院障子和歌』には、次のような歌が見える。

後鳥羽院

ひさかたや天の橋立かすみつゝ雲井をわたる雁ぞなくなる（二一一）

はしだてや松風かすむあけぼのにあまのと帰る春のかりがね（一二一二）

慈　円

たちまよふ浪とかすみの絶え間より雲井にみゆる天の橋立（一二一〇）

藤原秀能

『最勝四天王院障子和歌』の場合、天の橋立は春に配されるということが、あらかじめ決められていたので、雁や霞が詠み込まれている。天の橋立を詠んだ一〇首のうち、雁を詠み込んだ歌は七首、霞を詠み込んだ歌は九首も見られる。それに対して、松を詠み込んだ歌は三首しか見られない。藤原清輔の著した『和歌初学抄』に「あまのはしだて　ヨサノウミニアリ。松アリ。ハシニ」と記され、また、順徳院の手になる『八雲御抄』第五・名所部に「あまのはしだて　たゞ、はしだてとも。是は橋にはあらず、海中にいでたる島さきの、松ばらの橋に似也。よさのうみ也」と記されている。天の橋立といえば松と決まっていたのに、『最勝四天王院障子和歌』では天の橋立の壮大な景観を強調する目的から、空にひろがる霞や天空をいく雁に重点をおいて歌を詠んだものと思われる。

六　むすび

『新古今和歌集』の撰修も一段落ついた建保三年（一二一五）一〇月、順徳院の命によって『建保名所百首』が詠進された。全国の一〇〇か所の名所を、春二〇首、夏一〇首、秋二〇首、冬一〇首、恋二〇首、雑二〇首に割り当てた百題百首で、主催者であった順徳院以下一二名の歌人が、それぞれ一〇〇首ずつ詠んでいる。天の橋立は、もちろん選ばれて、雑歌の中に収められている。雑歌であるから季節の限定はなく、「うらみたる時雨は袖にうらぶれて名のみふりゆく天の橋立」（一〇一八・藤原範宗）、「ふりにける松もむかしの色ながら波間にのこる天の橋立」（一〇一九・行能）というように、述懐や懐旧の思いを詠んだ歌もいくらか見られる。なかには、

草の原いくのの末にしらるらん秋風ぞふく天の橋立（一〇〇九）　女房（順徳院）

むばたまの夜わたる月のすむ里はげにひさかたの天の橋立（一〇一一）　藤原　定家

わたのはら松ふく風に霧はれて月すみわたる天の橋立（一〇一二）　藤原　家衡

いずれも秋の景色を詠んだ歌。藤原定家（一一六二～一二四一）の「むばたまの」の歌の意味は、「夜空をわたってゆく月が澄む（住む）里は、なるほど確かに「天」という空にちなんだ地名の、悠久の天の橋立であることだ」くらいか。鎌倉時代に入ると、全国各地の歌枕が月の名所となってゆく傾向が見られる。天の橋立も例外ではなく、右の藤原家衡（一一七九～一二四五）の歌に見られるように、天の橋立に定番の松を詠み込む一方で、月の輝きわ

たる景色を詠んだ歌も見られるようになってゆく。定家の歌では、天の橋立はまるで月の名所とされてしまっている。

天の橋立は、後に日本三景の一つに数えられることとなるように、だれもが息をのむほどに壮大で美しい景観を誇る。平安時代・鎌倉時代を通じて、京都に住む貴族たちの多くは、天の橋立を見る機会を持たなかったと思われる。障子絵や屏風絵などでしか見ることのなかった天の橋立を、けれども彼らは歌に多く詠んだ。天の橋立とともに詠み込まれる歌の素材も、松や浪、海人だけでなく、霞、千鳥、雁、月などと次第に増加する傾向が認められる。すなわち、天の橋立は、多様な詠み方を可能にする歌枕でもあったと考えられるのである。

冒頭で触れた『丹後国風土記』の伝承が王朝和歌に影響を与えることは、全くと言ってよいほど認められない。しかしながら、天の橋立の「天」もしくは「天の」という語は、その景観の壮大さと相俟って、歌人たちに厳かな意識を抱かせたものと思われる。本報告では、一般に王朝和歌とよばれる、鎌倉時代初期までの和歌を取り上げて、天の橋立がどのように詠まれてきたのかを考察するにとどめた。特に重要なのは、院政が始まった時期の和歌、例えば『堀河百首』などに詠まれている天の橋立の景観である。この時期に始まった、天の橋立それ自体を中心とした叙景歌の詠み方を基本として、鎌倉時代以後、膨大な数の天の橋立の和歌が詠まれることとなるのである。

註

（1）清原元輔（九〇八～九九〇）も、同じ折に「きみがよにつくりはてなむ　与謝の海のゆくさき遠き天の橋立」（『元輔集』一〇三）という歌を詠んでいる。これらの障子絵の歌を詠ませた一条大納言とは、藤原為光（九四二～九九二）である。

（2）「思ふこと」の歌の作者を、三奏本『金葉和歌集』雑上・五一五では馬内侍（生没年未詳）としている。けれども、これは『後拾遺和歌集』雑二・九三二の詞書と作者名「馬内侍」と、「思ふことなくてや見まし与謝の海の天の橋立みやこなりせば」という歌とを、誤って接いでしまったのである。しかも、『後拾遺和歌集』の詞書では「入道前太政大臣」つまり藤原道長であるのを、三奏本『金葉和歌集』の詞書では「宇治入道前太政大臣」、つまり藤原頼通にわざわざ取り違えている。

（3）　萩谷朴『平安朝歌合大成』第四巻（同朋舎、一九七九年八月復刊。初版は一九六〇年七月刊）一一七九頁。

文学作品における天橋立の独自性
――中国文学との比較を中心に――

小松　謙

天橋立は古くから漢詩文の題材になってきた。漢詩文が中国文学の形式により、中国の言語の模倣によって書かれるものであることはいうまでもない。従って、その表現が中国文学のパターンに基づくものとなるのもまた必然である。では中国の漢詩文の中に天橋立に類似した景観は見出されるのであろうか。ここで問題となるのは、広大な中国に天橋立に似た景観が真実存在しないかではなく、芸術作品の題材としてこのような景観が取り上げられることがあるか否かである。仮に類似した景観が存在したとしても、鑑賞の対象としての意味を持たねば、その景観は文化的な意味を持つとはいえない。

中国の詩文に見える景観の中で、天橋立とある程度共通する性格を持つものとしては、杭州の西湖（せいこ）にある蘇堤（そてい）・白堤（はくてい）があげられよう。中国を代表する景勝地である西湖を横断するこの二つの堤防は、西湖で詠まれたおびただしい数の詩文の題材となってきた。そして、水中に細長く伸びる緑の帯という点では、確かに天橋立と類似するものがある。

　しかし、蘇堤・白堤と天橋立には、決定的な差異が二つある。一つは、蘇堤・白堤がそれぞれ、宋の蘇東坡（蘇軾）と唐の白楽天（白居易）が造ったとされる（後者は事実ではないらしいが）人工のものであるのに対して、天橋立は自然の造形であること。もう一つは、蘇堤・白堤が淡水湖を横切っているのに対し、天橋立は海中に突き出していることである。従って、蘇堤・白堤が小さくまとまった、いわば箱庭的な風景の一部としての人工的な美しさを持つのに対し、天橋立は豪壮雄大な景観を形作っている。

　実はこの差異は、江戸時代の漢詩人がすでに気づいていたところであった。江戸時代後期を代表する儒者にして漢詩人であった斎藤拙堂は、その詩「廿二日、舟中より天橋を望む。この日雨ふる」において、「晴天の眺望もとよりまさに好かるべきも、陰雨またこれ奇は窮まらず」と、蘇東坡が西湖で詠んだ「湖上に飲み、初めは晴れ後に雨ふる」という詩に見える名句「水光瀲灎として晴は方に好きも、山色空濛として雨もまた奇なり」を踏まえつつも、続いて「西湖堤橋　本人造、白傅（白楽天）蘇公（蘇東坡）むなしく功を費やす。何ぞしかん　神の設くると鬼の造るとに、天然の布置　匠心工みなり」と、人工の蘇堤・白堤より、自然が造り出した景観美である天橋立がまさるとする。これは、天橋立を漢詩に詠むにあたり、中国の詩文に見える蘇堤・白堤をモデルとして蘇東坡の表現を借りつつも、中国の景観とは異なる独自性を主張したものである。

　そもそも中国においては、海の景観が詩に詠まれること自体稀である。これは、内陸部において発達した中国文化にあっては、海は異世界と感じられる場であったことに由来しよう。中国文学における海は、若干の例外を除けば、中国の東方海上にあると考えられていた仙界か、もしくは「鯨」という語が中国においてはおそるべき怪物をイメージさせることに示されているようなおそろしい未知の世界であり、いずれにせよ人間世界からかけ離れた異界としてのイメージを持つものであった。それゆえ海辺の光景が詩に詠まれるのは、異界幻想を別にすれば、「海市（蜃気楼）」のような特殊な事例にほとんど限定されており、しかもその海市もまた、幻想都市という点で異界イメージの延長線上にあるものといってよい。

従って、中国の詩文に「白砂青松」というイメージが現れることもない。天橋立を題材とする日本の漢詩文に頻出するこの語（平仄の都合で「松青砂白」または「砂白松青」といった形になることが多い）が、中国文学においては一切使用されていないのである。清朝中期までの主要な文献をすべて集めた『四庫全書』には、文献のジャンルを問わず、順番を入れ換えたものや異体字も含めて、これらの語の用例は一つも見出されない。そもそも松は、中国では常緑樹であるところから不死と再生の象徴として墓地に植えられる植物であり、「青松」は墓地から連想される死、もしくは不死のイメージから仙人などの不老長寿、更にはそこから転じた隠遁の象徴として用いられるのが一般的である。「白砂（沙）」については、有名な杜甫の「登高」の名句「渚清く沙白く鳥飛ぶことめぐる」をはじめとして詩文に頻用されるが、この杜甫の例のように、原則として河原の砂を指す語であり、海岸の砂浜について用いられる例は少ない。

以上のように、「白砂青松」という概念自体中国には存在せず、海の景観を美景として詩に詠む習慣もほとんどない。日本の漢詩人たちは、さきの斎藤拙堂の例に見られたように、こうした事実をある程度自覚しつつ、「白砂青松」という語を積極的に使用し、天橋立を中国には存在しない景観として詩に詠んだ。漢詩文というすぐれて中国的性格を持つ文学形式においても、天橋立は海という場に存在する自然が生んだ白砂青松の景観という点で、全く独自のものとしてとらえられていたのである。

三　能

能『丹後物狂』と世阿弥・井阿弥、そして義満

天野文雄

一　宮津での『丹後物狂』上演まで

松島、厳島とともに日本三景として著名な名勝天橋立を擁する宮津市は、雪舟の「天橋立図」（国宝、京都国立博物館蔵）と古代中世に丹後国府が置かれていたことでも知られているが、もう一つ、世阿弥時代に井阿弥なる人物の制作になり、世阿弥にも深いかかわりがあった能『丹後物狂』の舞台でもある。『丹後物狂』の主たる舞台は天橋立の南端（切戸）にある臨済宗智恩寺（通称文殊堂）であるが、同曲は江戸時代以降はどの流儀でも上演されておらず、いわゆる「廃曲」になっていたためであろう、その存在は宮津市でもほとんど知られていなかったようである。しかるところ、昭和六一年に気鋭の能楽鑑賞団体である「橋の会」が東京の宝生能楽堂で観世流の浅見真州氏のシテで『丹後物狂』を約五〇〇年ぶりに復活上演し、ついで平成一三年にやはり「橋の会」によって宝生能楽堂において、観世流の清水寛二氏のシテで再演されたが、平成一三年当時、京都府立丹後郷土資料館勤務だった伊

復曲能『丹後物狂』。花松（観世三郎太）、岩井（観世清和）、智恩寺宝前特設舞台
（写真提供：観世宗家）

藤太氏（現在、京都府文化財保護課）が同上演に接したことがきっかけとなって、ようやく宮津市においても『丹後物狂』という能楽史のうえで重要な位置にある能の存在が知られるにいたった。

その後、平成一七年六月に、観世流家元観世清和氏、松岡心平氏（東京大学教授）、島尾新氏（多摩美術大学教授、現在、学習院大学教授）らを招いて、文化フォーラム「世阿弥の能「丹後物狂」と天橋立」が智恩寺において催され、平成一九年一一月には「「丹後物狂」上演実行委員会」が設立され、一方、平成一九年一二月には、天橋立の世界遺産登録に向けて、「天橋立を世界遺産にする会」も設立された。このような官民一体となっての文化活動の一環として催されたのが、平成二〇年九月一三日に宮津歴史の館文化ホールで行われた、第七回天橋立まなび舎塾のフォーラム「文化芸術の源泉としての天橋立／能「丹後物狂」・雪舟「天橋立図」――天橋立から世界へ――」であった。

この企画は、標題のように宮津市ゆかりの『丹後物狂』と「天橋立図」をめぐってのもので、「天橋立図」については島尾新氏の講演「世界のなかの雪舟と天橋立図」、『丹後物狂』についてはほぼ本稿の標題と同じ筆者（当時、大阪大学教授）の講演があったが、以下ではそのおりの講演をもとに、井阿弥作の制作になる古作能『丹後物狂』制作の文化史的背景などについて述べてみたい。

二　『丹後物狂』の作者「井阿弥」

能『丹後物狂』の作者が井阿弥なる人物であることは、世阿弥が明言している。すなわち、世阿弥の芸談『申楽談儀』一四条に、

静、通盛、丹後物狂。以上、井阿作。

とあり、『静』『通盛』『丹後物狂』の三曲を井阿弥の作としている。このうちの『静』は現在の『吉野静』の原曲らしく、また『通盛』も現行曲だが、現行の『通盛』には世阿弥の手が入っているらしい。ともあれ、ここでは『静』『通盛』とともに、『丹後物狂』も井阿弥の作だと世阿弥が明言しているのだが、この井阿弥については、世阿弥の遺著では、ここ以外にもう一カ所、やはり『申楽談儀』の一五条につぎのようにみえている。

守屋の能に、「守屋の首を斬る」と云ふところ、ここをば節にて首を斬るべきところなり。井阿弥生れ替りても知るまじきなり。守屋と論議に云ひて落しべし。無窮自在に云ひ云ひて、「首を斬る」と云ひて、さつとし

て入るべきところなり。

この『守屋の能』は室町時代の上演記録は二例が知られているものの、江戸時代以降は上演された形跡がなく、現在も上演されていないが、伝存するテキストによれば、聖徳太子に仕えていた秦河勝（はたのかわかつ）が物部守屋を滅ぼしたできごとに取材した能である。この記事はみてのとおり、井阿弥作の能『守屋』への批判で、「守屋の首を斬る」というところは、河勝と守屋のロンギ（掛ケ合）の場面は節にすべきところを、井阿弥がそうしなかったことを批判したものである。これは作者としての井阿弥を批判したものか、役者としての井阿弥を批判したものか両様にとれるのだが、あるいはその両方で、井阿弥作の能『守屋』を井阿弥自身が演じたさいの批判であろうか。とすれば、「井阿弥生れ替りても知るまじきなり」は、能の作者でもあり、役者でもある井阿弥にたいする世阿弥のきびしい評価ということになろう。

こうして、『申楽談儀』からは、井阿弥が能の作者であるとともに、役者でもあったらしいことが知られるのだが、この能作者あるいは能役者井阿弥については、『東院毎日雑々記』の明徳三年（一三九二）三月条にみえる、足利義満の侍医坂士仏（さかしぶつ）の使者として、奈良から上洛中の興福寺東院院主のもとに薬を持参した井阿弥と同人である可能性が、昭和三五年刊の表章氏の校注になる岩波文庫『申楽談儀』の補注において指摘されている。そこでは井阿弥の素性についてつぎのような考証がされている。

世阿弥より先輩らしいが、伝不明。『東院毎日雑々記』明徳三年三月廿三・廿八日の條に、義満の侍医士仏の使者として井阿弥が薬を持参したことが見え、それと同人ならば義満に仕えた人物らしい。

この指摘に導かれて『東院毎日雑々記』を披見すると、同記にはこれ以外にも、同じ月の一八日と二一日条に井阿弥が東院院主のもとを訪れている記事が見出せる。そのことは平成一〇年の拙稿「井阿弥をめぐる二、三の問題」（法政大学日本文学科紀要『日本文学誌要』、平成一九年刊の拙著『世阿弥がいた場所――能大成期の能と能役者をめぐる環境――』〈ぺりかん社〉所収）に言及しているが、いまあらためてそれらの記事を摘記するならば、以下のごとくである。

十八日　早朝、以二井阿弥一、御所御返事御趣申給。西隣へ(?)ノ(?)状にも給了。
廿一日（上略）自二今日一、二草(?)服レ之。犬子白一匹、井阿弥出レ之。
廿三日（上略）良薬一種、自二士仏房之許一送給。御所仰云々。使者井阿弥。酒勧レ之了。
廿八日（上略）士仏房法印返状到来。井阿弥持テ来。

これを総合すると、一八日と二三日条にみえる「御所」が義満と思われ、その「御所」からのなんらかの返答が井阿弥によって東院院主に届けられ（一八日）、「御所」の仰せで「良薬一種」が士仏のもとからもたらされている（二三日）。二一日条の「二草(?)服之」も薬に関する記事のように思われる。士仏は義詮（よしあきら）・義満・義持（よしもち）三代の将軍に仕えた医師で歌人としても知られる人物である。この時期、上洛中の院主は体調がよくなかったらしい。

もっとも、これらの記事から知られるのは、将軍義満やその侍医坂士仏の周辺に井阿弥という人物がいたということであり、これをもってただちにこの井阿弥が『丹後物狂』の作者の井阿弥だとは言えないのだが、ここで注目されるのが、『丹後物狂』の詞章に医学的な知識が含まれていることである。

それは勘当したわが子花松を探して物狂いとなって諸国をめぐり、ようやく旧地の文殊堂に帰ってきた父岩井某（いわいのなにがし）（シテ）が発する、以下のセリフである（古写本をもとに原形と思われる形で示す）。

物に狂ふも五臓ゆゑ、脈の騒ぎとおぼえたり、春の脈は弓に弦、掛くるがごとくに狂ふにぞ、ありがも匂ひも懐かしき、咲き乱れたる花どもの、物言ふことはなけれども、軽漾激（けいようげき）して、影唇（かげくちびる）を動かせば、花の物言ふは道理なり

これを現代語に訳すと、

こうして心が乱れるのも五臓に原因があり、それは脈が騒ぐためだと思われます。春の脈は「弦」と呼ばれていますが、そのように、いまは弓に弦をかけたような状態で、それで心が乱れるのです。故郷に咲き乱れている花は、香りも形も懐かしく感じられます。その花は物を言うことはありませんが、何かを語りかけてくるようです。詩に、「水面が少し波立つと、そこに映った花は何かをしゃべっているようだ」と詠まれているのが、あらためて納得されます。

となる。「物に狂うも五臓ゆゑ」といい「脈の騒ぎ」というのも能の詞章としては異色というべきだが、とりわけ注目されるのは「春の脈は弓に弦」である。これだけでは何のことかわからないが、杏雨（きょうう）書屋（しょおく）蔵の室町末期頃以降の医学書によれば、春の脈の状態を「弦」、夏の脈を「洪（大きな流れ）」、秋の脈を「毛」、冬の脈を「石」にた

とえている（『医学六要』「四時平脉」、曲直瀬道三手沢本『紫虚崔氏脉訣』など）。「春の脈は弓に弦」はそうした知識を背景にしており、それを踏まえると、この部分は右の現代語訳（傍線部）のような意味になるわけである。

かくて、『丹後物狂』のこの文句によって、義満や義満の侍医坂士仏に近侍していた井阿弥と『丹後物狂』の作者井阿弥には接点があることになり、両者が同人である可能性も高いことになるわけである。それはとりもなおさず、井阿弥の『丹後物狂』が義満の周辺で制作されたことを示唆するわけである。

三　義満と天橋立

井阿弥の素性が前節のとおりであるとすると、井阿弥が『丹後物狂』を制作するに至った経緯があるていどみえてくる。というのは、井阿弥が近侍していたと思われる義満が、至徳三年（一三八六）から応永一四年（一四〇七）までのあいだに六回も天橋立に参詣しているからである。以下、その六回におよぶ参詣の概略を紹介しよう。

最初の参詣は、至徳三年（一三八六）、義満二九歳の年。この一〇月二一日に禅僧義堂周信（ぎどうしゅうしん）は前日、天橋立から帰ったばかりの義満と会見し、義満から、京都と天橋立は往復七日かかるところ、帰路は道を急がせて三日で帰洛したという話を聞いている（『空華日用工夫略集』）。

二度目の参詣は、明徳四年（一三九三）五月、義満三六歳の年。義満は九世戸（天橋立）参詣の帰路、西御所、諸大名とともに守護一色氏時代の小浜の今富名（いまとみみょう）に立ち寄り、「中一日（丸一日？）」逗留している。このときはその前に高浜の名所矢穴（やあな）（現在の城山公園の名所八穴）を見物している（『若狭国今富名領主次第』）。

三度目は応永二年（一三九五）五月、義満三八歳の年。目的は「丹後海、橋立以下」の「巡礼」で、中山大納言や左衛門督などが従ったという（『荒暦』）。

四度目も応永二年で、今度は九月に橋立に参詣し、その帰路、二年前と同様、小浜の今富名に立ち寄っている。このときも前回と同様に高浜の矢穴を見物している（『若狭国税所今富名領主代々次第』）。

五度目は応永一二年（一四〇五）、義満四八歳の年。このときは四月一四日に橋立に参詣し、一七日に帰洛、その途中、護持僧の三宝院満済（さんぼういんまんさい）が別当を兼ねている丹波の篠山八幡に立ち寄っている（『東寺王代記』）。

六度目は応永一四年（一四〇七）、義満五〇歳、亡くなる前年の参詣である。このときは北山殿（正室日野康子）も同行して、若狭小浜経由で帰洛している（『教言卿記』『若狭国税所今富名領主代々次第』）。

以上が義満の天橋立参詣の概略だが、六回という回数は、遠方への参詣としては、かなり多い。ちなみに義満の遠方への参詣でもっとも多いのは伊勢参宮の一一回だが、これに次ぐのが天橋立の六回で、あとは富士見物、厳島、高野山、越前気比社、多武峰（とうのみね）の各一回などである（臼井信義氏『足利義満』〈吉川弘文館、昭和三五年〉付載の年表を参考にした）。これによって、義満がいかに天橋立を気に入っていたかが知られよう。義満の頻繁な行楽については将軍としての勢威の誇示がその背景にあることが指摘されているが、天橋立の場合は、やはりその景観に惹かれた結果ということもあったように思われる。また、天橋立の智恩寺が臨済禅の寺院であったことも与かっているように思われる。義満は応永初年頃までは義堂周信を師としてとりわけ禅に強い関心をもっていたのである。

ここで想起されるのは、このような義満の天橋立参詣に世阿弥が同行していたらしいことである。それを思わせるのは、佐渡配流から佐渡での見聞をもとにした謡い物八編の集成である『金島書』冒頭の「若州（じゃくしゅう）」に、つぎのような一節があるからである。

永享六年五月四日都を出で、次の日若州小浜といふ泊りに着きぬ。ここは先年も見たりし処なれども、今は老耄なれば定かならず。見れば江めぐりめぐりて、磯の山浪の雲と連なつて、伝へ聞く唐土の遠浦の帰帆とやらんも、かくこそと思ひ出でられて（下略）

世阿弥はこうして若狭小浜から配流先の佐渡に向かったのだが、小浜の景色は「先年」も見たことがあるものの、老耄のためその記憶もあいまいだと世阿弥はいう。この「先年」が義満の天橋立参詣の帰路、小浜に立ち寄ったときのことである可能性についてはすでに指摘されているところだが（須田悦夫氏『若狭猿楽の研究』〈三弥井書店、平成四年〉、落合博志氏「犬王の時代――「鹿苑院西国下向記」の記事を紹介しつつ――」『能楽研究』一八号〈平成六年〉）、前述のように、義満が小浜経由で帰洛したことが明らかなのは、明徳四年と応永二年の二度である。明徳二年に世阿弥は三〇歳か三一歳、応永二年には三二歳か三三歳である。このほかにも帰路に小浜に立ち寄った可能性も皆無ではないと思うが、「先年」はこのいずれかとみてよさそうである。

そもそも、義満の行楽にあっては、康応元年（一三八九）の厳島参詣には近江猿楽の名手犬王（いぬおう）が同行しているし（落合氏前掲論稿）、応永元年（一三九四）の春日社参詣には世阿弥も同行していた（『春日御詣記』）。そうしたことを勘案すれば、義満の橋立参詣に世阿弥が同行していた可能性はそうとうに高いとしてよいかと思う。とすれば、これは憶測になるが、世阿弥の場合のような資料がない井阿弥についても、義満の橋立参詣に同行していた可能性を考えることは許されるかと思う。その場合、『丹後物狂』には、天橋立あたりの立地が比較的具体的に描かれていることも想起されるのである。

もちろん、以上は状況証拠であり、井阿弥が義満の橋立参詣に同行していた確証はないものの、いずれにせよ井阿弥の周辺には『丹後物狂』制作に必要な天橋立についての話題が存在していたことは確かとしてよいであろう。

四　『丹後物狂』と世阿弥

既述のように、世阿弥は『丹後物狂』は井阿弥の作であるとしているが、現存する『丹後物狂』には世阿弥の手が入っているらしい。それを示唆するのが、つぎの世阿弥の音曲伝書『五音上』の「橋立」と題する謡い物についての記事である。

橋立
ソレ親ノ子ヲ思ウコト

右の「ソレ親ノ子ヲ思ウコト」は『丹後物狂』の一節で、シテの岩井某が筑紫彦山で修行して高僧になった花松が智恩寺で説法をしているところにやってきて、勘当したわが子を探して物狂いとなって諸国をめぐり、ふたたび旧地に戻ってきたことを述べる、その冒頭の文句である。そこはクリ、サシ、クセという節による、まとまった物語になっているのだが、現存の『五音上』は抄写本ゆえ、その冒頭のみが記されている。要するに、この記事は、『丹後物狂』の一部（クリ、サシ、クセ）が「橋立」の名で謡い物として謡われていたことを示している。当時は貴顕の座敷などでは謡い物が謡われることが多かったのである。

ところで、『五音』所載の謡い物には、「亡父曲」「亡父作書」「元雅曲」「亀阿曲」のように、作曲者や作詞者が記されるものがあり（作曲者が多い）、それが記されていないものは世阿弥の作と考えられている。この「橋立」には作詞作曲者名は記されていないから、この「橋立」つまり『丹後物狂』のクリ、サシ、クセは世阿弥の作曲か作詞、あるいは作詞作曲ということになる。これについては、井阿弥作の『丹後物狂』のこの部分の節に世阿弥が改訂の手を加えたといった事情などが考えられるが、いずれにせよ、井阿弥作『丹後物狂』には世阿弥の改訂箇所が含まれているわけである。

また、世阿弥は井阿弥作の『丹後物狂』の演出にも手を加えている。それは『申楽談儀』に、

丹後物狂、夫婦（みょうと）出でて物に狂ふ能なりしを、幕屋にて、にはかに、ふと今のやうにはせしより、名ある能となれり。

とあって、本来は花若の両親が登場していたのを、舞台に出る直前に父親（岩井某）だけを登場させることにした結果、同曲の評価が高くなったという発言から知られる。現存する室町期の謡本には、「夫婦ともに家を出で」とあるから、詞章はそのままで、登場人物を一人にしたのであろう。

現存の『丹後物狂』には、このように世阿弥の手が加わっているのだが、それだけに世阿弥には愛着ある能だったようである。それを端的に示すのが、『申楽談儀』に『丹後物狂』についての言及が比較的多い事実である。以下、それを掲げると、

①丹後物狂の鞨鼓（かんこ）取るに、地にある物なれば、膝を突きて取りて返る。ここにては似合ふべし。（第一条）

②丹後物狂、「思ふこと、思ふこと、なくてや見まし与謝の海の」、かやうのところ、音曲が悠々とありて、音曲にて風情をするところなり。それを早く言ふによりて、為手の風情もなし。いかにもかかりたる音曲なるべし。（第二条）

③丹後物狂に、「花のもの言ふは」のほろほの拍子、ちやうど踏む。拍子を色どりて踏むなり。「花のもの言ふは」と言ひ続くる心根にて、続くるうちに、いづくよりも知らずちやうど踏むを、今ほど、若き者、拍子を本に、言ひ切りて踏むなり。をかしきことなり。（第三条）

④音曲をば、呂律呂律と謡ふべし。「あひ見ばやと思ひて、果てし所を尋ぬれども、うたかたの」、「うたかた」をば律にて言ひ出だすべし。かやうのところを、同じ呂の声出しならば、悪かるべし。（第一二条）

となる。①のほかはいずれも音曲についての発言で、そこでは『丹後物狂』の音曲を謡いこなす者が少ないことが批判されている。とりもなおさずそれは『丹後物狂』が音曲的に優れた能であるという証言でもあるが、このうち『丹後物狂』のクリ、サシ、クセの文句は④だけで、②③はそれ以外の箇所である。ここから世阿弥が手を加えたのは、クリ、サシ、クセの節だけではないことが想定される。「井阿弥生れ替わりても知るまじきなり」とまで酷評した井阿弥作の能をこれほど評価しているのは、原作者は原作者として、原作に手を入れて「名ある能」にしたという自負ゆえであったかと思う。そして、世阿弥による改訂は演出面もさることながら、中心はその音曲面にあったように思われるのである。

五　智恩寺宝前での『丹後物狂』

平成二一年一〇月二四日、『丹後物狂』は天橋立「能・丹後物狂」実行委員会によって、智恩寺宝前の特設舞台に八〇〇人ほどの観衆を集めて上演された。シテ岩井に観世清和、ワキ筑紫の者に福王和幸、花松に観世三郎太、アイ下人に山本東次郎という配役で、親子再会の終曲部は、「これも思へば橋立の、大聖文殊の利生なり」という文句にあわせ、舞台後方の厨子の扉が開かれ、本尊文殊菩薩像がライトアップされ、岩井父子がそれに向かって――観客席に背を向けて――合掌するという思い切った演出がとられた。その舞台について、筆者は同年一二月の『観世』に、「男物狂能の魅力を掘り起す――智恩寺宝前での〈丹後物狂〉――」とする稿を寄せているが、そこではその上演によって、能の様式化の結果、現在は本来の面白さが失われている男物狂能の魅力が発掘されたこと、『丹後物狂』がいくたの変遷をたどった物狂能の重要なターニングポイントであること、具体的には、世阿弥がいう「思ひゆえの物狂」という肉親との離別などによる「狂乱」そのものを主眼とした物狂能に新たに舞歌の要素が加えられる、その直前に位置する能であることなどを述べている。

天橋立を舞台にした『丹後物狂』は、このように能の作品史のうえで重要な位置にあるのだが、一方、縷々述べたように、その制作には、義満を中心とする文化圏と名勝天橋立の存在が大きく与かっているのである。

四　写真・風俗・観光

絵葉書から見る天橋立

吉野健一

一　はじめに

江戸時代のベストセラーともいえる書籍に、「名所図会」がある。「名所図会」とは、現代でいう観光案内書に近いもので、各地の寺社仏閣をはじめとした名所旧跡を、その歴史や詠まれた和歌などで解説する。「江戸名所図会」「都名所図会」「摂津名所図会」「木曽路名所図会」のように、特定の地域を取り上げたものがある一方、「西国三十三所名所図会」「観音霊場記図会」のように、著名な巡礼地をまとめたものなどもある。これらの書籍の特徴の一つは、名所旧跡が多くの挿絵によって紹介されている点で、まだその場に足を運んだことのない人々に、その観光地の様子を伝える役割を果たした。

メディアが多様化した近代において、その役割を果たしたものの一つに絵葉書がある。明治時代以降、観光地をはじめとして各地で絵葉書が作成・販売され、その地を訪ねた人が使用したり、土産として持ち帰り、それらの地域を写真の形で伝えることで、人々の観光地への印象を深めることにつながった。

さて、この絵葉書は、丹後地域でも数多く作成されており、丹後郷土資料館所蔵分だけでも、その数は数百点に及ぶ。取り上げられている場所としては、舞鶴・宮津・峰山などの市街地や軍港、大江山、由良川や河口の由良村、湊宮や夕日浦、丹後松島などの日本海沿岸など各地に及ぶが、突出して多いのは天橋立とその周辺寺社で、関係するものも含めれば、全体の半数近くに及ぶ。

本稿では、この天橋立と周辺寺社を紹介した絵葉書をもとにして、観光地として変容する近代の天橋立について検討することとする。

二　天橋立への観光

近代以前から、天橋立は多くの旅人や巡礼者などが訪れる場所であり、歌枕として多くの和歌にも詠まれた。特に江戸時代以降に、全国的に人々の「巡礼」や「観光」が盛んになるなかで、天橋立も「観光地」として成立したと考えられる。その様子は、例えば文政一三年（一八三〇）の松川龍椿（りゅうちん）による「天橋立図」に、籠（この）神社などに参拝する多数の人々が描かれていることからも想像できる。また、実際に旅をした人々の記録を見ると、天橋立周辺では、茶屋や宿、人々を案内する船、土産物屋やおみくじなど、すでに「観光客」を相手とした生業が、一定程度成立している様子がわかる。江戸時代後期に丹後を訪れた旅の記録である「天橋立巡礼記」には、「都恋し片枝の松」について、「此松は昔、成相の観音様が、都よりとり帰りて、此処に植えなされし所に、その松がとかく都へ行こうと申して泣きました。それで枝が都の方へ向いてございます、と船頭が教え候」（一部平仮名を漢字に改め、現代仮名遣いとするなどした）と、船の船頭が名所の松の由来を、観光客に話している様子がわかる。

近代になって、全国的に観光が盛んになるなかで、天橋立の観光形態も徐々に変化を遂げることとなる。その大きな画期としては、大正年間をあげることができるだろう。

まず、大正五年（一九一六）に東宮（のちの昭和天皇）の行啓があり、同一一年（一九二二）には天橋立が名勝地に指定された。翌一二年には、京都府立公園に指定され、天橋立保勝会が成立するなどし、公園としての体制が徐々に整っていった。また、大正一一年には大天橋と小天橋をつなぐ「大天橋」が、翌年には小天橋と智恩寺側を結ぶ「廻旋橋」がそれぞれ完成した。さらに大正一四年（一九二五）には、宮津・丹後山田間の鉄道敷設に伴い天橋立駅が完成したことにより、これまでの主として船を利用した観光の人々の流れが大きく変化し、鉄道を利用した観光客が大幅に増え、天橋立の観光の様相も大きく変化した。

三　天橋立の絵葉書

さて、以下に天橋立を含んだ写真を利用した絵葉書について検討を進めることとしたい。天橋立を含んだ絵葉書は、写される場所や被写体などによりいくつかに大別することができる。具体的には、①文珠（智恩寺）側から見た天橋立、②傘松公園から見た天橋立、③成相（なりあい）寺参詣道など、上記以外の地点から見た天橋立、④天橋立やその周辺の景観・構造物などを撮影したもの、である。

このうち、①については、船渡し、智恵の輪灯籠、智恩寺門前など天橋立に近接した地区から撮影したものと、桜山など遠景から撮影したものがある。②の傘松公園から見る天橋立は、雪景など四季を写したものもあるが、大部分が「股のぞき」や「袖のぞき」をしている人々の様子が撮影されている。「股のぞき」の形態もさまざまであるが、着物を着た女性が、被写体となる例が多い。橋立を「股のぞき」で見るということの起源については不明な点も残るが、このように絵葉書を通して、広く人々に「股のぞき」によって天橋立を見るという「行為」が知られることによって、天橋立観光の新たな名所の一つとして、傘松公園がより一層注目されることになったものと考えられる。事実、昭和二年（一九二七）には、傘松ケーブルが完成しており、複数枚がセットになって発売された天橋立絵葉書の袋の表紙にも、「袖のぞき」の図柄が多く採用されている。これらを通して、天橋立を「股のぞき」で見るという「行為」が、天橋立観光の一環として位置付けられたと考えられる。

③の文珠側・傘松公園以外からの天橋立を写した絵葉書で、もっとも多いものは成相寺の参詣道や境内から撮影した天橋立である。参詣道には、天橋立を見下ろす「絶景」の場所が複数あり、写真を見ると駕籠に乗って参拝している様子も垣間見える。古代以来この場所から多くの人々が天橋立の「絶景」を眺めていたのである。伝統的な天橋立を観る場所であった。

一方、宮津湾側から天橋立を見る形の写真はほとんど見られない。雪舟が描いた国宝「天橋立図」以降、成相寺とは対岸にあたる栗田半島側から描いた天橋立の事例は多いが、多くは俯瞰で見る形式で描かれており、その景色は実際に見ることはできないものである。栗田半島の現在「雪舟観」と呼ばれる場所から橋立を見ると、雪舟の絵に描かれたものよりは、かなり低い視点からしか見えないことがわかる。地図としては、吉田初三郎による鳥瞰図が天橋立や宮津市街地なども含めて描かれているが、観光絵葉書では、実際に見て、体験することが可能な場所が選ばれている、ということが言えるだろう。このように、絵葉書に選ばれる景色は、必ずしも伝統的に良いとされ、また描かれてきた景色と同じというわけではないのである。

松川龍椿「天橋立図」

観音霊場記図会
（成相寺部分）

文珠側より望む天橋立
（廻旋橋架橋以前）

智恵の輪と切戸の渡し場（廻旋橋架橋以前）

切れ戸文珠の渡舟場（廻旋橋架橋以前）

天橋立袖のぞき（戦前）

絵葉書から見る天橋立（吉野）

天橋立股のぞき（戦前）

傘松附近の山道を上る籠乗と天橋立（戦前）

廻旋橋の様子
（昭和初期）

天橋立ケーブル
（昭和初期）

天橋立海水浴場
（昭和初期）

また、④天橋立やその周辺の景観・構造物を撮影した絵葉書も多い。対橋楼などの旅館、廻旋橋の様子、ケーブルカー、駅舎などその対象はさまざまであるが、そのなかでも、特に廻旋橋を取り上げた写真が多い。廻旋橋は、大正一二年（一九二三）に竣工し、これにより渡し船が廃止されたが、写真ではほとんどが手動で廻転している様子を採用している。このような新たな「観光名所」が、「股のぞき」と同様、絵葉書によって天橋立のイメージとして広まっていったものと考えられる。また、少し変わったものとしては、天橋立に設置された海水浴場の風景が撮影されたものもあり、新たな観光の方法の萌芽が、この絵葉書からも垣間見える。

四　おわりに

明治時代以降、観光地で多数印刷された絵葉書は、その地域の歴史や情景を伝えるとともに、当時どのような観光が求められ、消費されていたのかを考えることができる資料である。当時の人々がイメージしていた観光地としての「天橋立」の様相は、まさにこの絵葉書に凝縮されていると言っても良いだろう。絵葉書は、これらを分析する格好の資料であるが、観光案内書や地図などと合わせて分析したり、智恩寺・成相寺・籠神社といった周辺寺社がどのように「観光」に主体的に関与していったのか、という側面からの分析も今後必要になってくると考えられる。本稿では、そのような課題には十分に応えられなかったが、引き続き検討を重ねていくことで、さまざまな観点から、近代の天橋立をめぐる観光のあり方に迫っていきたいと考えている（絵葉書の写真については、京都府立丹後郷土資料館提供）。

丹後郷土資料館蔵　天橋立関係絵葉書（一部）

番号	**絵葉書写真風景**	**風景説明等（絵葉書に記された原文ママ）**	**色**
1	天橋立全景	天ノ橋立全景	白黒
2	文珠の岸辺に渡し舟	文珠渡シ舟	白黒
3	舞鶴鎮守府正面の様子	舞鶴鎮守府	白黒
4	籠神社社頭の様子	（天の橋立）老樹鬱蒼たる籠神社々頭	白黒
5	橋立海辺にて貝掘の様子	橋立海辺の貝掘	白黒

番号	絵葉書写真風景	風景説明等（絵葉書に記された原文ママ）	色
6	天橋立を歩く二人の女性	天橋立公園の景	白黒
7	文珠ホテル遠望	文珠ホテル	白黒
8	文珠海岸　智恵の輪と女性二人	（天橋名所）文珠海岸の絶景	白黒
9	橋立海岸にて漁網を引く人々	（天橋名所）天橋海岸網引の景	白黒
10	文珠桜山から見た天橋立	（天橋名所）文珠桜山より天橋を望む	白黒
11	天橋立全景	（天橋名所）日本三景天の橋立全景	白黒
12	巣籠松から見た雪景色の天橋立	（天橋名所）巣籠松より見たる天橋雪景の美観	白黒
13	橋立公園　淳宮殿下御手植の松と二人の女性	（天橋名所）公園内淳宮殿下御手植の松	白黒
14	大天橋のある風景	（天橋名所）天橋公園大天橋	白黒
15	廻旋橋が廻転している様子	（天橋名所）文珠廻旋橋	白黒
16	文珠の街の全景	（天橋名所）文珠全景	白黒
17	宮津の街の全景	（天橋名所）宮津港全景	白黒
18	成相寺本堂と鐘楼	（天橋名所）成相山西国三十三所の札所成相寺	白黒
19	股のぞきをしている女性とそれを見ている女性	（天橋名所）成相山傘松宮津美人の股覗き	白黒
20	成相山傘松御便殿から見た天橋立全景	（天橋名所）成相山傘松御便殿より見たる天橋全景	白黒
21	成相山山道で籠に乗る女性たち	（天橋名所）成相山山道の籠乗り	白黒
22	文殊本堂正面の様子	（天橋名所）文珠本堂正面	白黒

23	天橋公園をあるく人々	（天橋名所）天橋公園千貫松	白黒
24	渡舟場の風景	（天橋立風景）切れ戸文珠　渡舟場	白黒
25	天橋立を背景に智恵の輪と女性	（天橋立風景）宮津美人と天の橋立	白黒
26	橋立公園を歩く人々	（天橋立風景）橋立公園の景	白黒
27	橋立公園内にある記念亭の様子	（天橋立風景）公園内記念亭	白黒
28	智恩寺本堂正面	（天橋立風景）文珠智恩寺本堂	白黒
29	天橋立を背景にたらい籠に乗った女性	（天橋立風景）宮津美人と天の橋立	白黒
30	大天橋の遠望	（天橋立風景）文珠大天橋の景	白黒
31	成相寺本堂と鐘楼	（天橋立風景）成相寺本堂及鐘楼	白黒
32	文珠海岸の風景	（天橋立風景）文珠海岸の景	白黒
33	天橋立全景	（天橋立風景）傘松より見たる天の橋立全景	白黒
34	文珠桜山からの天橋立の風景	（天橋立風景）文珠桜山より見たる天の橋立	白黒
35	天橋立遊覧船の発着の様子	空は蒼い海は凪いで　砕ける白波　曳く航路　白い鷗を行き交う汽船　天橋立の磯つたいに絵のような海を辷る　天橋立汽船会社の橋立丸各姉妹船（宮津小唄）昔しやテンコロ舟ギッコカイと漕いだ　今は遊覧船の意気な橋立丸で一トときに	白黒
36	成相ケーブルカーの様子	天橋立の大観は一里の白砂青松を踏んで親しむのもよいが高所より鳥瞰せねば嘘だ股のぞきの名所傘松への遊覧登山設備として天橋立ケーブルカーがある。	白黒
37	雪舟による天橋立図	往古の天橋立　距昭和十年約四百三十年　雪舟筆	白黒
38	天橋立全景	天橋立全景	色つき

番号	絵葉書写真風景	風景説明等（絵葉書に記された原文ママ）	色
39	大天橋から見た風景を女性が眺めている	（天の橋立）一幅無声の画を想はせる大天橋よりの景観	白黒
40	智恩寺本堂正面の様子	（天の橋立）名号高き文殊閣、智恩寺本堂	白黒
41	雪景色の天橋立	（天の橋立）雄大荘厳なる天の橋立雪景色	白黒
42	天橋立を背景に女性が股のぞきしている様子	（天の橋立）水天浮動の奇観、天橋の股覗き	白黒
43	天橋立全景	（天の橋立）万松一路碧洋に浮ぶ天の橋立、傘松よりの展望	白黒
44	成相寺本堂の前にたたずむ一人の僧侶	（天の橋立）西国二十八番の霊場　成相寺	白黒
45	回旋する廻旋橋の様子	（天の橋立）汽艇の往来に開閉する廻旋橋	白黒
46	成相寺弁天山から見た天橋立	（天の橋立）成相寺弁天山より見たる天の橋立大観（舞鶴要塞司令部検閲済）	色つき
47	籠神社の神門	（天の橋立）国幣中社籠神社神門（舞鶴要塞司令部検閲済）	色つき
48	回旋する廻旋橋の様子	天橋立切戸の文殊　小天橋（一名廻旋橋）（舞鶴要塞司令部検閲済）	色つき
49	桜並木の間を走るケーブルカー	（天の橋立）桜花爛漫の天の橋立ケーブル（舞鶴要塞司令部検閲済）	色つき
50	成相寺本堂と鐘楼	（天の橋立）成相寺　本堂とつかずの鐘（舞鶴要塞司令部検閲済）	色つき
51	天橋立海水浴場に集う人々	（天の橋立）天の橋立海水浴場（舞鶴要塞司令部検閲済）	色つき
52	金引の滝の様子	（天の橋立）翠色滴る幽邃境に飛沫をあぐる金引の滝	白黒
53	天橋立大天橋の様子	（天の橋立）青松白砂の浄域に架せる大天橋	白黒
54	明神沖の風景	（天の橋立）波静かなる明神沖の風光	白黒
55	天橋立を背景に股のぞきをしている女性たち	（天の橋立）水天浮動の奇観、天橋の股覗き	白黒

56	天橋立を背景に上り下りするケーブルカーの様子	（天の橋立）展望雄大なる傘松を上下するケーブルカー	白黒
57	成相寺本堂および鐘楼、籠に乗った女性	成相寺本堂及鐘楼	白黒
58	文珠海岸に小舟が浮いている風景	丹後天の橋立文珠海岸の景	白黒
59	成相寺山門の様子	丹後　成相寺	白黒
60	女性が股のぞきをしている様子	天之橋立マタのぞき	白黒
61	傘松の茶亭の様子	（丹後）成相山傘松茶亭	白黒
62	天橋立を背景に駕籠に乗る女性	橋立全景と名物駕籠	白黒
63	傘松から天橋立を眺める女性たち	（天橋立風景）傘松の眺望ト宮津美人	白黒
64	傘松御便殿と天橋立	（天橋風景）傘松御便殿より橋立展望	白黒
65	文殊多宝塔と山門の様子	文珠多宝塔と山門	白黒
66	文殊本堂と多宝塔	（天橋風景）文珠本堂並多宝塔	白黒
67	成相寺山門	（橋立名所）成相山成相寺山門	白黒
68	文珠涙の磯と龍灯の松	文珠涙の磯と龍灯の松	白黒
69	文珠ホテル	文珠ホテル	白黒
70	橋立公園明神の浜鳥居のそばに女性、帆船	橋立公園明神の浜（舞鶴要塞司令部検閲済）	色つき
71	成相山ケーブルカーが進む様子	成相山ケーブルカー進行（舞鶴要塞司令部検閲済）	色つき
72	天橋立を背景に進むケーブルカー	成相山索道電車（舞鶴要塞司令部検閲済）	色つき
73	大天橋遠望	大天橋遠望絶景（舞鶴要塞司令部検閲済）	色つき

番号	絵葉書写真風景	風景説明等（絵葉書に記された原文ママ）	色
74	成相寺本堂および鐘楼	成相寺本堂及び鐘楼（舞鶴要塞司令部検閲済）	色つき
75	明神の浜鳥居の側に小舟に乗った女性と船頭	橋立公園明神の浜（舞鶴要塞司令部検閲済）	色つき
76	智恩寺本堂	丹後　文珠智恩寺本堂（舞鶴要塞司令部検閲済）	色つき
77	雪化粧の天橋立	天之橋立雪景（舞鶴要塞司令部検閲済）	色つき
78	与謝海に帆船	丹後　与謝海の帰帆（舞鶴要塞司令部検閲済）	色つき
79	天橋立大天橋の様子	天之橋立　大天橋（舞鶴要塞司令部検閲済）	色つき
80	廻旋橋の様子	天之橋立　廻旋橋（舞鶴要塞司令部検閲済）	色つき
81	天之橋立切戸　文珠浜の風景	天之橋立切戸　文珠浜（舞鶴要塞司令部検閲済）	色つき
82	傘松公園から見える成相山	橋立公園ヨリ成相山ヲ望ム（舞鶴要塞司令部検閲済）	色つき
83	天橋立文珠海岸	（天の橋立）明媚なる文珠海岸の風光	白黒
84	大天橋を背景に帆船	天之橋立　大天橋（舞鶴要塞司令部検閲済）	色つき
85	袖のぞきで天橋立を見る女性	天之橋立　袖のぞき（舞鶴要塞司令部検閲済）	色つき
86	宮津市全景	宮津市全景（空中撮影）	色つき
87	文珠上空から見た天橋立	文珠上空より見たる天の橋立（空中撮影）	色つき
88	文珠の切戸	天の橋立文珠の切戸	色つき
89	天橋立全景	天の橋立全景（空中撮影）	色つき
90	智恩寺多宝塔と本堂	文珠智恩寺本堂　智恩寺多宝塔	色つき

91	成相寺本堂と鐘楼	成相寺（西国二十八番札所）「浪の音松のひゞきも成相の風吹き渡す天のはしだて」	色つき
92	成相山ケーブルカー全景	成相山ケーブルカー（空中撮影）	色つき
93	天橋立全景	天の橋立全景	色つき
94	天橋立全景（パノラマ）	天の橋立全景（パノラマ）神の世に神の通ひしあとなれや雲井につゞく天の橋立 春海　君問はば見ずは知らじと答えまし言のはもなき天の橋立	色つき
95	文珠智恵の輪のそばに一艘の小舟と蓑傘の船頭	文珠智恵の輪に雨中の海岸	色つき
96	松のそばの四阿	橋立公園　千貫松	色つき
97	文珠全景	文珠全景	色つき
98	渡船場桟橋に帆船	天之橋立文珠渡船場	色つき
99	天橋立の全景	（橋立名所）天の橋立全景	色つき
100	天橋立の全景	丹後天之橋立（傘松より見たる全景）	色つき

参考文献（主要なものに限った）

上杉和央編『丹後・宮津の街道と信仰』京都府立大学文化遺産叢書第五集（京都府立大学文学部歴史学科、二〇一二）
京都府立丹後郷土資料館編『美の風景——天橋立と名所絵屏風の世界——』（京都府立丹後郷土資料館、二〇一一）
若杉準治監修『智恩寺と天橋立』（天橋山智恩寺、一九九九）
文珠地区歴史年表づくり委員会編『文珠の歴史』（文珠地区歴史年表づくり委員会、二〇一〇）
『宮津市史　通史編』下巻（宮津市、二〇〇四）
吉津村編『吉津村誌』（吉津村、一九三〇）

五　庭園

天橋立と日本庭園

仲　隆裕

一　はじめに

天橋立は、日本庭園史上において非常に重要な存在であるといえる。一つには、桂離宮において見られるように、庭園景観の構成要素の一つとして取り入れられているからである。しかし、天橋立は単に優れた庭園の一景観要素としての意味以上に、日本庭園に重要な存在であったと考えられる。日本庭園は、奈良時代から平安時代中期にかけて、海洋風景を主体とした自然風景をモチーフとする様式として確立される。日本庭園のモチーフとされた自然風景は、特に平安時代中期においては和歌のモチーフとされた名所の風景だった。天橋立はこのような名所の風景の庭園化のきわめて初期の段階で対象とされた場所であったのである。

では、なぜ天橋立は日本庭園のモチーフとして取り上げられたのであろうか。天橋立は庭園のみならず、和歌・絵画・謡曲などさまざまな文化・芸術作品のモチーフともなっている。そこにはどのような意味が込められていたのであろうか。

本論ではこれらの点について、若干の考察を試みたい。

二　日本庭園と自然風景

日本庭園は、大地の上に石や水や植物といった自然素材を用い、自然の風景を表現し、そこに何らかのメッセージを込めた空間芸術であるといえる。

日本でいつから庭園がつくられるようになったのかは判然としないが、縄文時代や弥生時代においても、石組や修景的な人工の水路あるいは特定の区画に食用目的以外の植物を栽培するといった行為が行われていた。何らかの祭祀を目的とした広場・湧水・配石の遺構もまた、庭園の起源の一つであると推定される。

最近の約四〇年間において、飛鳥時代や奈良時代の庭園の遺構が発掘調査によって検出されるようになった。同様に、中国や韓国でも庭園の考古学的研究が進展し、東アジア文化圏における庭園文化の交流と相互の影響関係が発掘調査で明らかとなった庭園遺構に即して検討・考察されるようになってきた。その結果、現在われわれが通常「庭園」と認識する空間の造営には、飛鳥時代に百済や新羅から仏教文化とともに伝来した空間の影響を強く受けていることが明らかとなってきた。

中国（秦・漢・隋・唐）・百済・高句麗・新羅・渤海などの諸国における庭園と、日本の庭園との形態的・思想的共通性については検討すべき課題が多く残されている。しかし、飛鳥・奈良時代の日本の庭園には、神仙世界の表現への志向が強くうかがえ、この点において東アジア文化圏の庭園との共通性があると考えられている。中国において仙人が住む国は東の海上彼方に存在するという。唐の都長安の庭園である大明宮の太液池の中島は「蓬萊島」と呼ばれている。このことは庭園が神仙世界を表現していたことをうかがわせる。海洋を表現する池を掘り、中島をつくるという庭園の基本的形態は中国で成立し、東アジア諸国に伝播したと推定される。

日本ではこのような園池のあり方は、飛鳥時代に百済、続いて統一新羅からもたらされたものと思われる。飛鳥時代の作庭と推定される飛鳥京苑池遺構は、統一新羅の月池（雁鴨池）との形態的類似性を持つ。奈良時代初期の造営にかかる平城宮東院庭園も同様である。

その後、遣唐使を通じて唐との直接的交流が始まり、長安城の庭園などの具体的情報を得て、日本の庭園は道教の影響を含む唐の仏教文化の影響をより強く受けることになったと考えられる。奈良時代中期に改修された平城宮東院庭園は、屈曲する汀線に拳大の小石を敷き詰めた傾斜のゆるやかな護岸を持つ。自然の海洋風景の描写が進展していくのである。

文献史料が残されていないため断定はできないが、この庭園は特定の自然風景をモチーフとしていたものであるとは判断されない。

園池の中心に建つ建物内から東側を望むと、海上には三つの島が浮かんでいるように見える。実際はこれらは島ではなく屈曲する一連の汀線によるものであるが、これらは蓬萊・方丈・瀛州という仙人が住む三つの島をあらわしたものと見ることができる。一方、西側の汀線沿いの立石を中心とした石組の築山は、須弥山（シュメールから始まる思想で宇宙の中心となっている山）と解釈される。こういった宗教的な世界観が、この庭園において表現されていたと考えられるのである。

平安時代初期、嵯峨天皇は唐の文化を憧憬し、政治形態の指針とするとともに建築・庭園においても唐風を志向した。現在も残される大覚寺の大沢の池は嵯峨天皇の後院であった嵯峨院庭園の一部であったと推定される。この園池は、唐の洞庭湖を模したものと伝えるが、長安大明宮の太液池の影響を受けていると考えられよう。

このような初期の日本庭園が、特定の自然風景をモチーフとするようになるのは、平安時代中期に入ってからのことであると考えられる。文献史料上、具体的な自然風景をかたどった庭園は、平安時代初期に嵯峨天皇の第八皇子・源融が塩釜の風景を模した河原院庭園が最初の事例であるといえる。これに次ぐ事例が天橋立である。

三　天橋立と庭園

天橋立が造形芸術として明確に史実に登場するのは一〇世紀のことである。都である平安京の内裏の庭においては「歌合せ」という風流な行事がしばしば催された。康保三年（九六六）村上天皇の「前栽歌合」は、自然の風景を造形した造物（つくりもの）に和歌を掲げ、その調和の見事さを競うというものであり、ここに海中に伸びる州浜に松を植え込んだ「天橋立」が登場する。この事実からすでに当時、天橋立は海洋風景を代表する存在であり、和歌に詠まれる名所であったことがわかる。平安時代の貴族の邸宅には、和歌に詠まれる名所の風景を題材とした庭園が盛んにつくられていたことは、当時の作庭に関して述べられた『作庭記』（一二世紀ごろ成立）に見ることができる。

本格的な庭園のモチーフとして天橋立が取り上げられたのは、大中臣輔親（九五四～一〇三八）の南院（六条院）の庭園である。『十訓抄』には「丹後の天橋立をまねびて、池の中島を遥にさし出して、小松を長くうへなどした」とあり、「海橋立（あまのはしだて）」と呼ばれ（『袋草紙』）、後に崇徳上皇の御所にもなった。ここで「小松」が特記されていることは注目される。

神道をつかさどる大中臣家において天橋立が庭園に表現されていたという点は、天橋立が天に通じる梯子が倒れたもの、とする『丹後国風土記』逸文の記述と併せ考えると興味深い。さらにこの邸宅では月を観賞するために庇を短く切り詰めていた。月と天橋立を取り合わせた風景を神祇祭祀をつかさどる家の邸宅につくるということの意味は、天孫降臨の場面の空間表現にあると見てよいのではないだろうか。

次に庭園の中で天橋立が登場するのは藤原道長の邸宅である。『源氏物語』においては光源氏が六条院という広大な邸宅を造営し、ここに自分たちの愛する女性四人を東西南北に住まわせる。この邸宅のモデルとされる邸宅が道長の土御門邸である。その庭園は「庭ははるばるとして、橋立の砂子などのやうにきらめきてみえたり」（『栄華物語』）と評されている。ここでは、優れた美しい庭園を讃えるとき、「天橋立のようにすばらしい」とされているのである。『枕草子』にも「よさの海」が讃えられているように、平安時代中期の一一世紀においては天橋立が高く評価されていたことがわかる。

道長の土御門邸庭園は『紫式部日記絵詞』に描写されている。ここには一般に白砂青松と評されるような、つまり白い渚の海岸線に青々とした生き生きとした松が植わっているという風景が描かれている。そして以後、この風景は日本庭園において、日本の海岸風景の象徴として連綿として受け継がれ、定着していくこととなるといってよい。

天橋立は中世以後もさまざまな芸術のモチーフとなる。禅宗の五山文学にも影響を与え、文様として和布に描かれ、多くの絵画が描かれた。一三世紀には後鳥羽上皇の最勝四天王院の名所襖絵に描かれ、一四世紀には将軍足利義満が天橋立を頻繁に訪れて天橋立を舞台とした能が成立、一五世紀には室町幕府将軍足利義教はその御所室町殿の新会所に「橋立の間」をつくるなど、名所としての価値は継承されている。一六世紀初頭には雪舟筆の国宝「天橋立図」の傑作が生まれた。

室町時代において、三代足利将軍義満は何度も宮津を訪れている。これは南北朝統一に向けた守護大名掌握という政治的示威行為でもあったとされるが、幼少のころから諸国の美しい風景に興味を示していた義満にとって、天橋立の風景は強烈な印象をもたらしたであろうことは容易に想像できる。義満が造営した北山殿（現在の鹿苑寺）には広大な園池がありいくつもの中島を持つ。金閣の南正面には中心となる中島が横たわり、松が多数植栽されている。義満にとって北山殿は将軍の位を譲ったのちの住まいであるが、ここは隠棲の地ではなく、ここで明と外交交渉が行われたように、重要な外交・政治の舞台であった。そのため北山殿の庭園は世界を表現するものとされ、金閣正面の中島は日本列島を意味していたものとみられる。中島が日本列島を意味する名称である「葦原島」と呼ばれているからである。園池西側から長く伸びる岬にも多数の松が植えられており、これを天橋立の見立てとみる説もある。

室町時代末期に描かれた『洛中洛外図』の諸本には、室町将軍や管領邸の庭園が描かれている。園池の周囲には月光できらめく白砂の浜辺があり、池には島が浮かべられ、松が植栽されている。ここに天橋立の「白砂青松」の伝統が日本庭園に継承されている具体的な姿をうかがうことができる。

江戸時代においても巨匠・狩野探幽（一六〇二〜一六七四）の「天橋立丹後図画讃」をはじめ、名所風俗図屏風は数多く描かれ、庭園のモチーフとしても世界的な名園・桂離宮に天橋立が造形されている。

桂離宮は、はじめ八条宮智仁親王によって「瓜畑のかろき茶屋」として造営された。彼は丹後を実際に訪れ、そして歌も詠んでいる。それは「橋立に来てみると、都で聞いた橋立の評判、歌だとか絵画だとかいろんなことでよく評判を聞いているけれども、実際に来てみると評判よりも何とすばらしいことではないか」という内容である。

この歌は、江戸時代においても天橋立が都で評判が高いものであったことを伝えてくれるとともに、そのすばらしさが親王にとって想像以上のものであったことを示している。

八条宮智仁親王は丹後の国司、京極家の娘とのちに婚姻する。桂離宮の中に天橋立がつくられた理由は、夫人の故地であるという理由もあろうが、天橋立が数々の和歌に詠われる名所であったことに最大の理由を求めるべきであろう。

江戸時代初期、武家による政権下において「禁中並公家諸法度」などによって天皇・公家は経済的に保証されるが、その反面、政治には関与が許されなくなり、学問・芸術の分野にのみ専念すべき存在とされた。公家はそれぞれの文化的なアイデンティティーの確立を迫られることになったのである。八条宮智仁親王は和歌の世界に生きていくこととなるが、興味深いことに親王は和歌そのもののみを追求するのではなく、和歌の舞台となった風景を実際に庭園空間の中に具現化させたのである。和歌が政治と密接に結びついていた平安時代中期の庭園を憧憬したであろうことは、この桂離宮がかつて藤原道長の桂山荘の地であることからうかがえる。桂離宮は親王にとって、庭園における体験を通して和歌の真髄を追求する場であったと同時に、公家と武家との調整役としての活動の場であった。このような親王の立場と活動を考えたとき、神の世界とこの世をつなぐ天橋立が桂離宮の最も中心となる景として位置付けられていることの意味が理解されるのではないか。

四　おわりに

天橋立は、一夜にして海中から松が生えてきた、という奇瑞の場であった。この現象は、約四〇〇〇年前に海水面が低下し、砂嘴が海上に形成された後に松が侵入し短期間で樹林化したもの、という現象の神話化と解釈されよう。

中国で松が神聖な樹木として扱われていたことの影響をも受けつつ、藤原氏の氏神である春日明神がクロマツに影向したという伝承によって、平安時代の中期にはいわゆる「白砂青松」の風景が讃美され、大中臣家や藤原道長の邸宅の庭園のモチーフとなったものと推定される。このことがのちの日本庭園に与えた影響はきわめて大きい。

室町時代の庭園様式の基本は足利義満によって定型化されるが、ここに「白砂青松」が継承された背景には義満の天橋立での体験があった。江戸時代の大名庭園は回遊式庭園という様式で呼ばれるが、その祖型となった桂離宮において天橋立が中心景とされた背景にも八条宮智仁親王の天橋立での体験があった。

このように、天橋立という存在は各時代のさまざまな人々に大きな影響を与え、各時代においてさまざまな文化的・芸術的創造を生み出してきた。これらの足跡をたどってみると、天橋立は和歌に詠まれた美しい景観、という意味以上の存在であったことが明らかとなる。まさに「文化景観の原点としての天橋立」という顕著な普遍的価値がうかがえるのである。

参考文献

『東アジアにおける理想郷と庭園――「東アジアにおける理想郷と庭園に関する国際研究会」報告書――』独立行政法人国立文化財機構奈良文化財研究所・文化庁、二〇〇九

第三章　宗　教

天橋立の歴史的景観

山田邦和

一　古代「潟港」としての阿蘇海

周囲を海に囲まれた日本にとって、海の水運は古くからの基幹交通であった。特に、北部九州から近畿地方にいたる海上交通のルートは、古代日本の大動脈ともいうべき存在であった。この重要な交通ルートはさらに、瀬戸内海航路、日本海航路、太平洋航路の三つが考えられる。ただ、黒潮（日本海流）の流れが急な太平洋航路は航海の危険が大きかったから、実質上、古代の西日本の幹線となる海上ルートは瀬戸内海航路と日本海航路の二つに限られる。日本海側の諸地域が大陸の各地に直面するという地理的位置にあることも、古代の日本海航路の重要性を増していた。平安時代にしばしば訪れた渤海国の使節が、日本海を横断して日本海側の諸地域に到着したことは、古代の日本海地域が決して「裏日本」でなかったことを示している。

ただし、本州と四国に囲まれた内海である瀬戸内海に対して、親潮（対馬海流）が流れる日本海は決して波穏やかな海ではない。その中で安定した航海をはかるため、日本海側の各地に中継点となる港が無数に築かれた。そう

図1　天橋立（中央）と阿蘇海（左）

図2　岩滝町法王寺古墳

した港は、風待ち、波待ちの拠点として重要だったのである。特に、日本海側には「潟（ラグーン）」と呼ばれている内海や汽水湖が点在しており、そうした場所が格好の港湾として利用されたことが知られている。こうした古代の港を「潟港（せきこう）」と呼んでいる。潟港を望む場所にはしばしば古墳や集落遺跡が営まれており、両者の関連をうかがうことができる(1)。

天橋立によって外海の荒波から隔てられている阿蘇海（**図1**）もまた、潟港が営まれる場所としての絶好の資格を備えている。そうした観点から見るならば、阿蘇海の北岸にあたる京都府与謝郡岩滝町の丘陵地帯に数多くの古墳が分布することが注目される。中でも岩滝町男山に所在する法王寺古墳(2)（**図2**）は古墳時代中期前半（五世紀中葉）に営まれた全長七四メートルの前方後円墳で、凝灰岩製の長持形石棺を埋葬主体としている。阿蘇海を望む丘陵上にあり、古墳時代中期の「王者の棺」と通称される長持形石棺を持つこと、石枕といった特異な製品を副葬することなど、阿蘇海の海上交通を支配した豪族の奥津城にふさわしい。また、法王寺古墳に先行する五世紀前半には、岩滝町岩滝大風呂に岩滝丸山古墳[3]が築造されている。直径三〇メートルの円墳であって決して規模は大きくないが、中国製の神人車馬画像鏡という稀少な遺物が出土しており、大陸とのつながりをうかがわせている。

天橋立の付け根にあたる宮津市大垣に所在するのが、天水分神または住吉三神または彦火明命を祭神とする籠神社（**図3**）である[4]。丹後国一の宮として崇敬を集め、嘉祥二年（八四九）には従五位下の神階を与えられている。この神社の宮司をつとめて現在にいたっているのが海部氏で、同神社には平安時代初期の貞観年間（八五九～八七七）に筆写された国宝「海部氏系図」（**図4**）が残されており、同氏が大化前代には丹後国造の地位にあったことを知ることができる。「海部」という氏族名はいうまでもなく海を基盤とした豪族の自称なのであり、日本海の海上活動に主導的な役割を果たしていたことを推測させる。

図3　籠神社

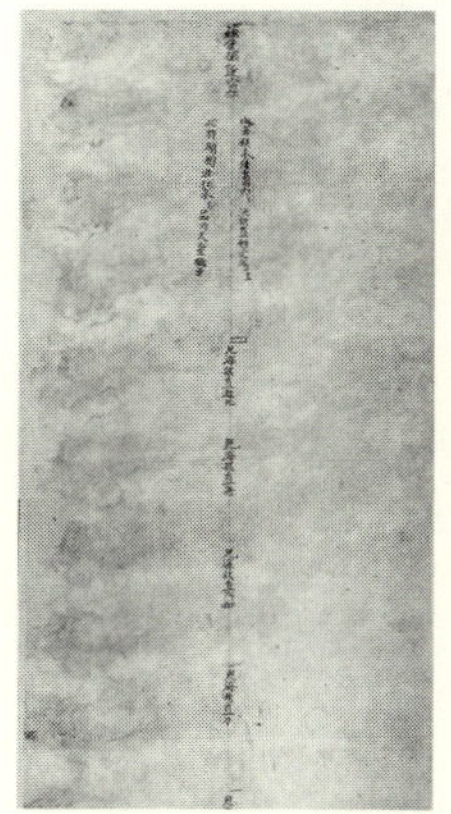

図4　海部氏系図（籠神社蔵）

籠神社の北側隣接地の宮津市大

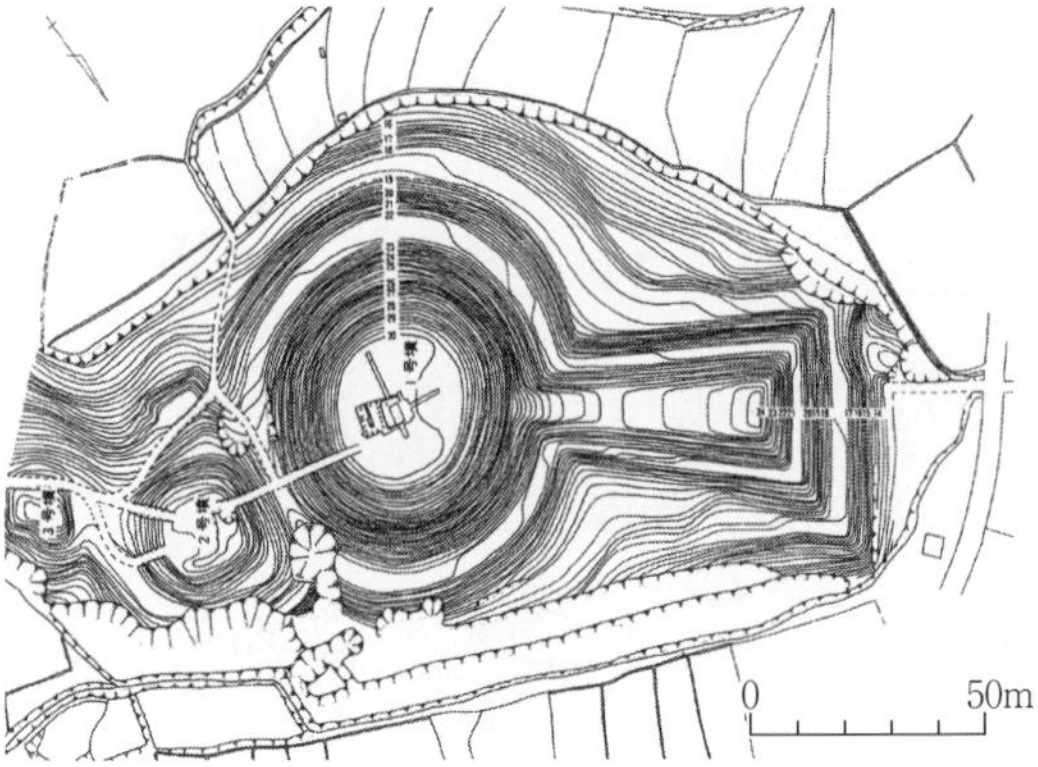

図5　与謝野町蛭子山古墳

垣の難波野遺跡[5]の成果も注目される。ここでは弥生時代中期の方形貼石墓、古墳時代中期（五世紀）の祭祀遺構が検出されているのである。これは、籠神社成立以前にも、天橋立を望むこの地が信仰の中心であったことを示しており、古墳時代にさかのぼる信仰と交通の関連をうかがい知る上で非常に重要な意義を持っている。

さらに、阿蘇海から野田川をさかのぼった京都府与謝郡与謝野町の加悦谷は、全国でも有数の古墳の密集地として知られている。中でも与謝野町明石に所在する蛭子山古墳（蛭子山一号墳）[6]は全長一四五メートルをはかり、丹後地域のみならず日本海側最大を誇る巨大前方後円墳である（**図5**）。時期は古墳時代前期後半（四世紀末葉）である。それに後続して築かれたと推定される与謝野町後野の白米山（しらげやま）一号墳[7]も、全長九二メートルをはかる大型前方後円墳である。これらの古墳の被葬者が基盤とした地域はもちろん加悦谷であったろうし、そこから阿蘇海までは約九キロメートルの距離があるけれども、彼らが日本海側への出入口を確保していなかったとは考えがたい。そうすると、阿蘇海に営まれたであろう潟港と、加悦谷の巨大古墳とのつながりを想定することも不自然ではないであろう。

二　古代・中世都市としての「丹後府中」

天橋立の付け根にあたる阿蘇海の北岸に位置する宮津市府中は、古代から中世にかけての丹後国の中枢部としての「府中（丹後府中）」であった。

丹後国の国府の候補地としては、この宮津市府中のほか、与謝郡与謝野町岩滝地区、福知山市大江町河守があげられている(8)。ただ、後二者は、事実だとしても宮津市府中に移転前の国府をあらわすものであるとするのが通説で、遅くとも平安時代のある段階では宮津市府中に国府が置かれていたことは認められる。現在、阿蘇海沿いに「飯役社（いいやくしゃ）」という神社がある（**図6**）。これは、現在はささやかな小祠にすぎないけれども、丹後国府の国印を祭った「印鑰社（いんやくしゃ）」の後身という重要な史跡である。丹後国府の遺跡は未だに確定されていないけれども、宮津市中野遺跡では平城宮系の瓦の出土が知られており、丹後国府跡の有力候補地とみる説もある。

図6　飯役社

最近の調査では、宮津市大垣の難波野遺跡の成果が注目される。ここでは、平安時代から室町時代にかけての建物跡、鎌倉時代（一三世紀）の漆器などが検出されており、丹後府中の発展を考える上での貴重な資料となった。

奈良時代に創建された丹後国分寺はこの丹後府中の同一地域内にあり(9)、天橋立を見下ろす景勝の地にある（**図7**）。全国の国分寺の中でも、聖武天皇

▲図７　丹後国分寺跡▶

の「国分寺（正式には金光明四天王護国之寺）建立の詔」に見られる「造塔の寺は兼ねて国の華たり。必ず好処を撰びて」という文言に最もふさわしい景観だといえるであろう。丹後国分寺は奈良時代に創建された後に焼亡し、南北朝時代の建武年間に再建された。現存の金堂や塔などの遺構はこの建武年間再建時のものであると考えられている。現在、丹後国分寺は古代・中世の寺域の東北に移転して寺院としての法灯を現在に伝えている。また古代・中世の国分寺跡は国指定史跡となり、京都府によって遺跡公園として整備されている。

なお、丹後国分寺とセットとして創建されたはずの丹後国分尼寺は、正確な位置が判明していない。国分寺跡の東北約一・五キロメートルの宮津市府中に所在し、丹後国府跡の候補地ともされている中野遺跡を国分尼寺跡とする説もある。ただし、菱田哲郎はこうした説を否定し、中野遺跡は丹後国分寺の前身ともいうべき寺院であったと考えている。

古代から中世にかけての丹後府中の中心的な存在となるのが、前述した丹後国一の宮・籠神社である。伝・藤原佐理（すけまさ）筆の「正一位籠之大明神扁額」、国宝「海部氏系図」（平安前期）、後漢の内行花文鏡二枚、籠神社経塚（文治四・五年〈一一八八・八九〉の経筒）、重要文化財の石造狛犬（鎌倉時代）など、文化財も多い。また最近の調査で、中世にさかのぼるとみられる巨大な鳥居の遺構が出土している。

国宝の雪舟「天橋立図」[10]（国蔵、京都国立博物館保管）（**図8**）は室町時代の水墨画の白眉として著名であるが、これを見ると、阿蘇海の北岸部にぎっしりとした民家の集合やいくつもの港が描かれている。また、「成相寺参詣曼荼羅」（成相寺蔵）には、同寺門前の阿蘇海に、多数の舟をつないだ集落（現・溝尻の集落）を見ることができ、このあたりが丹後府中に附属した港湾であり、水上交通の要衝として繁栄したことを示している（**図9**）。現在の宮津市溝尻の集落は、「天橋立図」に描かれた港湾をしのばせる景観をよく残している（**図10**）。また、成相寺は、天橋立を見下ろす山林寺院として隆盛をきわめた。[11] これらを見ると、丹後府中は籠神社や成相寺を核とする「中世都市」というべき存在にまで発展していたことが知られる。[12] そして、「天橋立図」や「成相寺参詣曼荼羅」は単なる美術作品ではなく、中世都市丹後府中の景観図としての意義を併せ持つことになる。宮津市難波野には「難波野千体地蔵古墓」があり、周辺からの出土とみられる多数の墓石（五輪塔・石仏）が保存されている。中世都市丹後府中に伴う墓地と考えることができよう。室町・戦国期には丹後一色氏の守護所がここに置かれたり、室町幕府の「国分寺」ともいうべき安国寺の推定地が宮津市安国寺付近であることも、古代から引き続いて繁栄した丹後府中の様相を伝えるものであろう。

特に興味深いのは、丹後府中は、こうした中世の景観図からその様相をしのぶことができるばかりではなく、それに加えて現在も良好な歴史的環境と豊かな自然景観の双方が保存されていることなのである。

図８　雪舟筆「天橋立図」（京都国立博物館蔵）

図９　雪舟「天橋立図」の丹後府中▶

図10　宮津市溝尻の集落

三　阿蘇海の南岸

天橋立の対岸にあたる阿蘇海の南岸には、天橋立と密接な歴史的関係にある智恩寺（図11）が所在する。これは寺伝では大同三年（八〇八）の開基とされている古刹で、現在も鎌倉時代の鉄製湯舟（図12）、明応九年（一五〇〇）建立の多宝塔、江戸時代初期建立の本堂、明和四年（一七六七）の山門、寛政一一年（一七九九）の庫裏、室町時

図11　智恩寺

図12　智恩寺の鉄製湯舟（鎌倉時代）

図13　三角五輪塔

代の和泉式部塚宝篋印塔、鰐口（中国・元の至治二年〈一三二二〉）などが残る。特に、鰐口は国際交流を示す遺物として注目されよう。また、宮津湾に面した海岸には市指定文化財「三角五輪塔」（鎌倉時代末期）（図13）があり、江戸時代には殺生禁断地の境界となっていた。「三角五輪塔」は、鎌倉時代に東大寺の再建につくした重源の一派の特質的な石造物であり、丹後にもその影響が及んでいたことが知られる。

四　まとめ

天橋立と、その両岸に位置する丹後府中（成相寺、籠神社を含む）と智恩寺は、切っても切れない関係にある。天橋立を考えるには、この歴史的環境を踏まえておかねばならないのである。その点で、天橋立のみならず丹後府中と智恩寺が優れた景観を現在にいたるまで保ち続けていることは重要である。天橋立とその両岸は併せて、わが国でも他に類をみない自然的・歴史的・文化的環境を形成しているといえるであろう。

註

（1）三浦至「丹後の古墳と古代の港」（森浩一編『考古学と古代史』同志社大学考古学シリーズI、同志社大学考古学シリーズ刊行会、一九八二）、森浩一『図説日本の古代』第四巻「諸王権の造型」（中央公論社、一九九〇）。
（2）堤圭三郎「法王寺・岩滝丸山両古墳発掘調査概要」（京都府教育庁指導部文化財保護課編『埋蔵文化財発掘調査概報』一九七〇、京都府教育委員会、一九七〇）。
（3）堤圭三郎「法王寺・岩滝丸山両古墳発掘調査概要」（註（2）前掲）。
（4）海部光彦編『元伊勢の秘宝と国宝海部氏系図――日本民族の魂のふるさと・丹後丹波の古代の謎――』（元伊勢籠神社社務所、一九八八）。

（5）京都府埋蔵文化財調査研究センター編『第二三回小さな展覧会』（同センター、二〇〇七）。
（6）梅原末治「桑飼村蛭子山・作山両古墳の調査（上）（下）」（『京都府史蹟名勝天然紀念物調査報告』第一二冊・第一四冊、一九三一・三二）。加悦町教育委員会編『国指定史跡蛭子山古墳——調査・概要——』『蛭子山古墳発掘調査概要Ⅱ』『史跡蛭子山・作山古墳整備事業報告書』（加悦町文化財調査概要第四・八・一五各集、一九八五・一九八九・一九九二各年）。加悦町史編纂委員会編『加悦町史』資料編第一巻（与謝野町役場、二〇〇七）。
（7）加悦町教育委員会編『白米山古墳Ⅰ』『白米山古墳Ⅱ』『白米山古墳Ⅲ・須代遺跡Ⅳ』（加悦町文化財調査報告第二五・二六・二八各集、同委員会、一九九七・一九九八・一九九九）。
（8）国立歴史民俗博物館編『共同研究　古代の国府の研究』『共同研究　古代の国府の研究（続）』（『国立歴史民俗博物館研究報告』第一〇・二〇両集、同博物館、一九八六・一九八九）。
（9）釈龍雄「丹後」（角田文衛編『新修国分寺の研究』第四巻、吉川弘文館、一九九一）、京都府立丹後郷土資料館編『丹後国分寺——遺跡とその周辺——』（特別陳列図録六、同資料館、一九八〇）。
（10）『国宝と歴史の旅』一一「『天橋立図』を旅する」（朝日百科日本の国宝別冊、朝日新聞社、二〇〇一）。
（11）岩本馨「参詣曼荼羅に見る都市と区画」（中世都市研究会編『都市を区切る』、山川出版社、二〇一〇）。
（12）伊藤太「一色氏と雪舟が描いたまち　丹後府中」（守護所シンポジウム@岐阜県研究会世話人編『守護所・戦国城下町を考える』第一二回東海考古学フォーラム岐阜大会シンポジウム資料集第一分冊、守護所シンポジウム@岐阜研究会・岐阜市歴史博物館、二〇〇四）。

天橋立と宗教遺産群Ⅰ
――古代から中世――

菱田哲郎

一　天橋立への視線

天橋立を人々はどのように見てきたのか、これはこの遺産が今日まで保存され、顕彰されてきた背景を探る上で重要な意味を持っている。砂嘴に対して「天橋立」という名を与えたのは奈良時代にさかのぼり、いわば神聖視する見方が長く維持されてきた。近世以降になって、名所としての観光対象となり、明治以降は国の「名勝」第一号として高く位置付けられ、むしろ景観の美しさが評価されるようになっている。ここでは、天橋立に対する意識について、とくに古代から中世におけるあり方を探るために、その周辺にあって天橋立と深い関わりを持つ寺社などの宗教遺産を取り上げることにしたい。

天橋立に対する最初の言及である『丹後国風土記』逸文（『釈日本紀』引用）では、「丹後国の風土記に曰く。与謝郡、郡家の東北隅方、速石里（はやしのさと）あり。此の里の海、長大なる前あり。先を天椅立（はし）と名づけ、後ろを久志浜と名づく。然云うは、国生みし大神、伊射奈芸命（いざなぎのみこと）、天に通行せんとして椅作り立てき。故に天椅立と云う。神の御寝ませる間、仆れ伏しき。すなわち久志備ますことを恠み、故に久志備浜と云う。此の中間、久志と云う。此より東の海を与謝海と云い、西の海を阿蘇海と云う。是の二面の海、雑魚貝など住めり。但し蛤乏少なり。」（旧字は新字に改めた）と記し、神々の伝説の地として天橋立が語られている。ここで注目すべきは、天橋立の所在地について、与謝郡の郡家の東北隅にあたる速石里としている点である。この速石里は籠神社のあるところにあたり、籠神社は「海部氏系図」などにより、丹波国造であった海部直によって奉斎された神社であることがわかる。つまり、丹後地域において最も有力な氏族の拠点というべき場所から天橋立が語られているということになる。このような点から、天橋立に対する最初の視線は、現在の天橋立駅方向からではなく、府中地区、とりわけ天橋立の付け根にあたる籠神社あたりからであったことがうかがえる。

二　籠神社と難波野遺跡——古代の宗教景観

籠神社において、かつての鳥居の跡が明らかになっている（**図1**）。調査を実施した宮津市教育委員会の中嶌陽太郎氏によると、この鳥居の建立は、平安時代後期の土坑を壊して柱の据え付け穴が掘削されていることから一二世紀前後にさかのぼるとされており、(1) 例えば雪舟の「天橋立図」（一五〇〇年頃）に描かれる三〇〇年前ということになる。ことによると雪舟が見た鳥居そのものである可能性も持っている。いずれにせよ、「天橋立図」に見られるように、浜辺に鳥居があって、鳥居の外がそのまま海になるという景観が古代から中世にかけて続いていたことが明らかである。目の前にひろがる天橋立に向かい合うように社殿が建てられ、参道が海から続く状況は、神社の信仰を考える上で示唆的である。

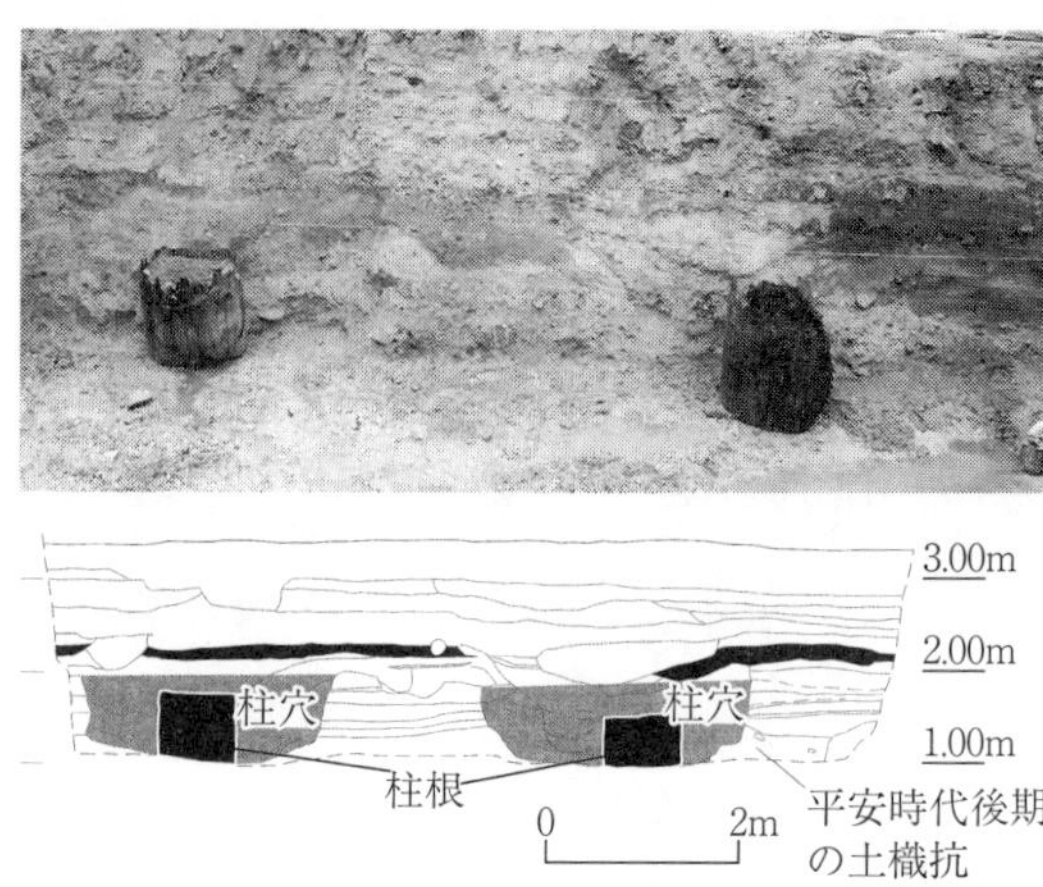

図1　籠神社の鳥居跡

滋賀県湖北にある塩津神社では旧社地（塩津港遺跡）が発掘調査され、その結果、湖岸から参道が延び、社殿が建立されるという状況が明らかになっている。参道には、鳥居と考えられる柱穴も一対発見されている。琵琶湖の湖岸線がこの鳥居の近くにまで及んでいたと推測されており、湖に正対するように社が設けられた状況が、籠神社の立地とたいへんよく似ている。塩津神社は一二世紀を中心とする起請文札などの史料が出土し、当時の神祇祭祀を考える重要な資料を提供しているが、社そのものは八世紀にさかのぼる可能性が高く、このような浜辺の神社立地が古代に始まることを明確に示してくれている。

　塩津神社からの琵琶湖の景観が優れていたものであったことは、籠神社からの天橋立の景観が重視されていたことを導く。神社の立地要件の一つに、景観の持つ宗教性があると考えられる。一般には三輪山のような山岳や布留川のような河川が重要な神社立地の要素であったが、それに加えて海浜の景観も重要視できよう。籠神社の場合は、一般的な海浜景観とは明らかに異なり、天橋立という特徴的な景観を意識して立地が定められたことは、『丹後国風土記』の記載から確実視できる。

　籠神社の成立を考える上で重要視できるのが、隣接する難波野遺跡での祭祀遺構の発見である（**図2**）。この遺構からは土師器の高杯の上に甕を置いたような状態のものを含んで多くの土器が出土しており、並べて置かれたように見えることから、何らかの供献儀礼に関わるものと推測されている。土器のほかに石製模造品の勾玉や臼玉、剣形も交えており、明確な祭祀遺物を含むことが明らかである(2)。年代はおおむね五世紀後半に収まるものと推測され、祭祀遺構の見つかった場所は、当時は海岸に近い位置にあたっていたと判断される。天橋立の付け根の部分であり、かつ真名井川の河口付近にあたると考えられ、そのような場所を選んで祭祀が行われていたことがうかがえる。籠神社からは一〇〇メートルほどの位置であり、この祭祀遺構が発展して神社が成立したとしても不思議ではない。事実、三輪神社の周辺では四世紀代からの祭祀遺構が発見されているし、また石上神宮の近くにも五世紀の祭祀遺構が存在する。古墳時代の祭祀遺構がすべて神社になるわけではないが、著名な神社の周辺に古墳時代の祭祀遺跡が存在することは重視してよい。丹後においても京丹後市の大宮売（おおみやめ）神社では境内から五世紀の石製模造品と祭祀用のミニチュア土器が出土している。祭祀遺跡が母体となって神社に展開していく例として評価することができ、今回の難波野遺跡から籠神社への展開を考える材料となろう。

図2　難波野遺跡の立地と祭祀遺構

　難波野遺跡においては、宮津市教育委員会による調査が継続されており、祭祀遺構よりも山側に古墳時代の集落が展開している状況が判明している。当時において、集落の中心からやや離れた海岸に近い位置で祭祀を行ったことが明瞭であり、天橋立の周辺における地形環境の変化を知る上でも重要な知見が得られている。籠神社と海岸線との関係は未解明であるが、先にあげた鳥居の位置が雪舟の絵から海岸線に近いと推測でき、難波野遺跡の祭祀遺構とともに、天橋立の付け根を意識した立地であることが考えられる。

以上のように、『丹後国風土記』の天橋立についての記述の背景として籠神社を想定したことから、その信仰の淵源を古墳時代にさかのぼらせることが可能となった。そして、それは天橋立の付け根の部分における海辺の祭祀であり、天橋立を神聖視する意識が発露した結果であると捉えることができる。

三　山林修行と成相寺

成相寺（なりあい）は西国三十三カ所の札所であり、古くから巡礼の対象であった。そして、ここから見る天橋立の景観が多くの巡礼者を楽しませてきたことは想像に難くない。この成相寺については、応永七年（一四〇〇）の災害により、場所を移してきたことが知られ、その旧本堂（**図3**）と伝えられる場所が現在の境内から約二〇〇メートル北東に行ったところに残されている。この場所が宮津市教育委員会によって調査された結果、石垣をめぐらせた土壇上に礎石を据えた建築があることが明らかになった。(3) 出土土器の中には奈良時代末から平安時代初頭に位置付けられるものもあり、場所の性格から、寺院の創始が奈良時代にさかのぼる可能性が高くなってきた。近世に成立した成相寺の縁起には慶雲年間の創建が記されており、旧本堂の調査成果よりはやや早いが、事実無根ではなさそうである。この「旧本堂跡」のほかにも雛壇状に造成された土地がいくつも連なっており、現在の景観とは異なった成相寺像を描くことができる。

成相寺旧本堂を含む雛壇状の土地からはいずれも天橋立を一望することができ、今日も旧本堂からさらに登ったところに展望台が設けられビューポイントとなっている。成相寺の創建時にも、このような景観が意識されていたことは疑いないであろう。そして、成相寺のような山中の寺院は山林修行との関係で理解される。事実、成相寺については『今昔物語集』に、当時所属の僧侶が山中で苦行を行う話が掲載されており、山林修行が実際に行われていたことが知られている。その創始が奈良時代にさかのぼる可能性があることは、各国の国分寺の設置と関連づけて理解する必要があろう。

図3　成相寺旧本堂

近年の考古学の研究成果から、山林修行の道場が古代にさかのぼり、八世紀後半頃から顕在化することが明らかになってきた。そして、それら山林寺院を古代の平地の寺院と結びつけ、とりわけ国分寺との関係を重視する意見が上原真人によって提示されている[4]。上原が指摘する近江国、伊賀国、備前国、下野国、越前国などの諸例からは、たしかに平地に丹後国分寺が造営されるとともに、山中に道場が営まれることが明瞭になっている。その間の関係として、単に距離が近いというだけではなく、例えば遠江国の岩室廃寺のように、国分

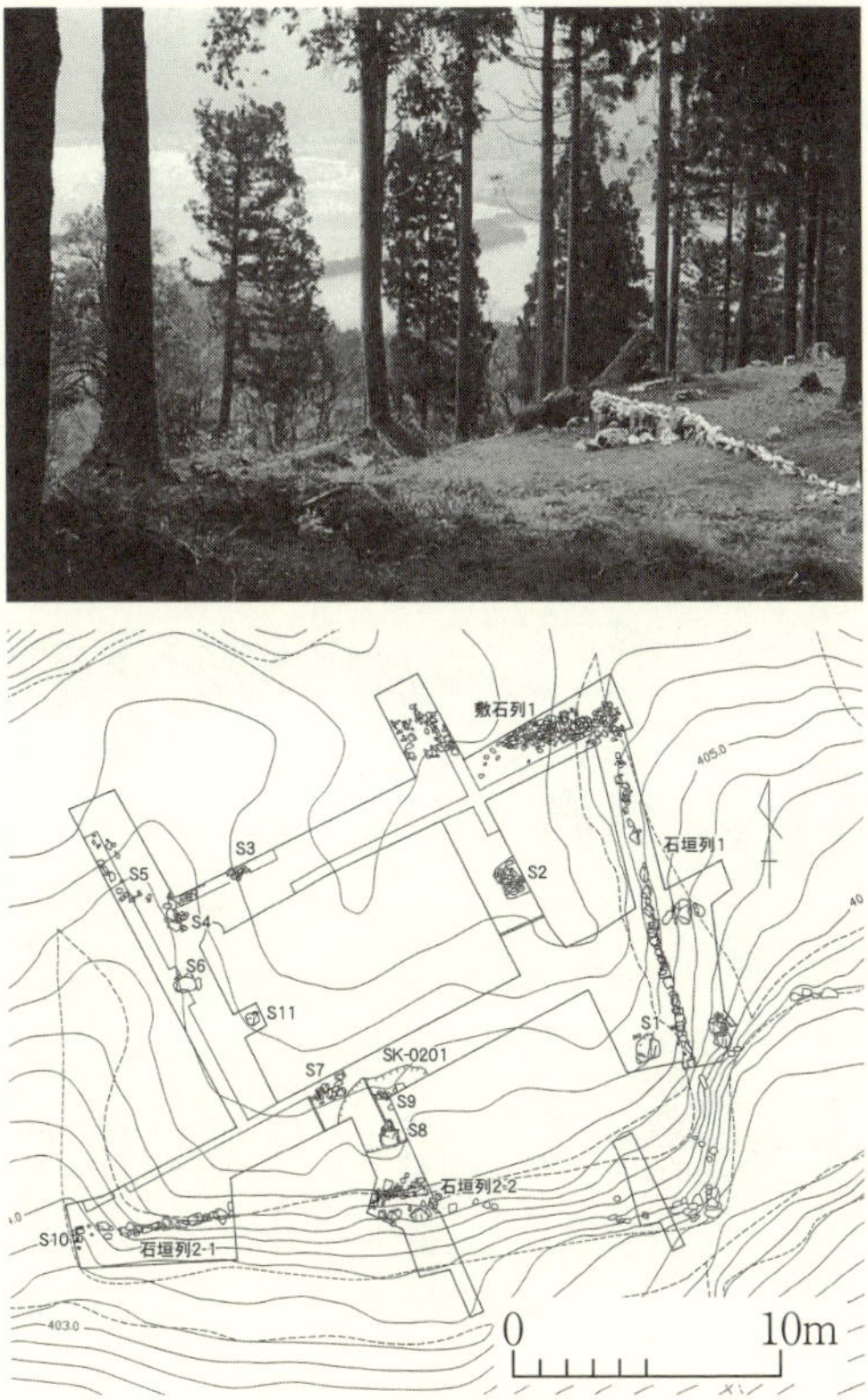

図4　丹後国分寺

寺の瓦が山林道場でも用いられている例もあり、より実証的に裏付けを行うことが可能である。播磨国分寺の系譜を引く瓦が書写山円教寺で採集されていることも国分寺と関係する山林道場を示す根拠として取り上げることができる。

　成相寺の場合は、丹後国分寺（**図4**）と至近の距離にあるというだけではなく、両者の間は古くからの参詣道――現在の西谷道――によって結ばれており、直接的な行き来が想定できる状況にある。成相寺の創建が奈良時代にまでさかのぼることは、国分寺の創建年代からみてもその関係性が十分に想定できよう。したがって、国分寺僧の山林修行の場として成相寺が機能していたことが導けるが、この例は国分寺と山林道場の関係を物語る典型とすることができよう。成相寺の位置は、先に触れたように天橋立の景観を見下ろせる位置にあり、山林修行のために清浄の地を求める僧侶たちによって選ばれた立地といえるだろう。

　成相寺の旧本堂の近くには現在も湧水点があり、自然と湧き水が出る状況である。この位置から下っていく水は真名井川となっており、いわば真名井川の水源に成相寺本堂が立地していることになる[5]。真名井はいうまでもなく、古代より神聖視された水に対する名称であり、真名井神社の存在も含め、清浄視されていたことが明らかである。成相寺が天橋立を望む浄地に設けられたことを雄弁に物語っている。

成相寺の旧本堂は中世のころに廃絶し、成相寺自身は現在の位置に場所を移して今日に至っている。現在の境内とともに背後にある旧本堂跡やそれに続く土壇についても、天橋立に関わる宗教遺産として評価する必要がある。そして、成相寺に登る参道は国分寺のほかにもさらに数本のルートが知られており、「成相寺参詣曼荼羅」に見られる表現とも対応することから、中世以来の宗教遺産として取り扱う必要があろう。また、本坂の板碑、難波野の千体地蔵など、この地域に集中する文化遺産も重視する必要があろう。このほか、成相寺奥の院の存在が伝えられる世屋地区は、山村の民俗や宗教がよく保存されており、成相寺に関わる宗教的な景観として扱うことが求められる。

四　丹後国分寺と中野遺跡の「西寺」

奈良時代の平地の寺院と山林道場の関係は、そもそも大和国の国分寺である東大寺においても確認できる。東大寺の前身である金鐘山房（こんしゅさんぼう）は神亀五年（七二八）に創始し、その遺構と考えられる場所が大仏殿東方の山中にある（丸山西遺跡）。この遺跡では、東大寺境内で最も古い瓦である興福寺式軒瓦が採集されており、神亀五年の山房と時期的にも符合する。(6) また、二月堂や三月堂の位置も含め、大和盆地を見下ろす景勝地に堂宇を構えていくことは確かであり、丹後国において天橋立の景観が重視されたこととともよく一致している。

ただし、諸国における山林道場の創始は、必ずしも国分寺の建立を待つ必要はないと考える。というのは、東大寺前身の金鐘山房の場合も国分寺にさかのぼるものであったし、大和国の岡寺や比蘇（ひそ）寺といった七世紀にさかのぼる山林道場の存在も早くから指摘されている。(7) 諸国の場合はあまり顕著ではないが、若狭神宮寺が平城宮式の軒丸瓦を出土しており、若狭国分寺よりも早くに創建された道場であることが明らかになっている。天平一三年（七四一）の国分寺建立詔に先立って、諸国に金光明経の頒布（神亀五年）や釈迦仏像などの造像を命じるといった政策が行われている。また持統天皇八年（六九四）以降、毎年正月には七道諸国に置かれた金光明経が正月に読誦されるようになっていることも、国分寺に先行する護国仏教政策として理解できる。このような点から、国分寺以前に国ごとに中心的な役割を持つ寺院があったと想定できるが、平城宮式軒瓦のような中央系の瓦を持つ寺院がその候補とすることができる。若狭国の場合、若狭国分寺の近くに位置する太興寺廃寺が七世紀後半にさかのぼる寺院でかつ平城宮式の軒丸瓦を持つ寺院であった。若狭神宮寺とも至近の距離であり、国分寺以前の中核的寺院の山林道場という観点で若狭神宮寺を捉えることが可能になる。

丹後国の場合、丹後国分寺の東方に位置する中野遺跡において平城宮式軒瓦のセットが出土している。このことから中野遺跡を丹後国分尼寺、あるいは丹後国府にあてる説があるが、丹後国分寺に先行する瓦であることから尼寺の可能性は低いとみられ、また諸国の国府の建物が瓦葺きになるのも八世紀後半以降であり、中野遺跡出土の瓦は国府のものとするには古すぎると考えられる。そして、「西寺」という墨書土器が出土していることからみても、(8) ここが寺院であり、かつ若狭国の事例のように、丹後国の中心的寺院、おそらく正月の金光明経読誦を行う寺院であったと推測できる。(9)

この中野遺跡からも成相寺への参詣道が延びていて、「本坂道」と称されている。もし成相寺が寺伝の通り八世紀初めにさかのぼる寺院であったとすると、中野遺跡にあった「西寺」の僧侶の山林道場として開かれたという可能性もある。しかし現状では、そこまでさかのぼる遺物が成相寺旧境内で出土しておらず、今後の課題にとどめておくのが無難であろう。中野遺跡から丹後国分寺へと丹後国における仏教の中心が移動した可能性が導き出されたが、両者はともに天橋立を望む好位置に所在していた。そして、山林修行の場である成相寺へ登るルートが取り付いていることも共通点である。そして、そもそも成相寺の旧本堂も天橋立を見下ろす好立地であり、本堂の南側は、懸崖（けんがい）づくりになっていた可能性も指摘されている。このような点から、天橋立を神聖視する意識が仏教寺院の立地にも影響を与えていたというよりも、決定的な意味を持っていたと言うことができる。

丹後国府の所在地はまだ未解明であるけれども、府中地区のどこかに存在したものと推測されている。国府に赴任する国司たち、また国分寺へ訪れる僧侶たちにより、天橋立の景観は、それへの神聖視とともに都へ伝えられていったと想像される。

最後に、天橋立が直接的に宗教行事に取り入れられた例として、浄土信仰の基礎を築いた源信の弟子である寛印供奉が天橋立で迎講（むかえこう）を修したことがあげられる。これは『東大寺雑集録』のほか『古事談』や『述懐抄』『沙石集』にも記事があらわれ、おおむね一一世紀のことと想定できる。そして『沙石集』では、「迎講事」として丹後国梟鴨（普甲）の美世上人が国司の帰依により迎講を行ったことを記して迎講の初めとしている[10]。宮津南方の普甲寺がその舞台とされているが、丹後国司が迎講に関わっていることが示され、他の史料のように天橋立が意識されていたことも確かであろう。このような点から、浄土からの来迎の通路として天橋立が見なされていたことがうかがわれる。天橋立は、神聖視される存在から、仏菩薩の練供養の舞台として具体的な仏教行事の場として理解されるようになったのであろう。なお、籠神社に隣接し、その神宮寺であった大谷寺でも迎講が行われていたと伝えられており、天橋立を中心に迎講の伝承が多く存在していることは注目に値する。

五　おわりに

難波野遺跡の祭祀遺構から籠神社の成立にかけて天橋立に対する神聖視が宗教遺産の成立にとって重要な要因になったと考えた。このことは仏教の普及後にも引き継がれ、天橋立を眺望できる府中地区に中野遺跡「西寺」や丹後国分寺が建立され、さらに眺望のよい山中のビューポイントに成相寺が設けられるようになる。このような宗教観は、平安時代に新たに浄土信仰がおこると、早速「迎講」に代表される浄土来迎の舞台として見なされるようになっていった。これはさらに中世における海上他界観の発展とともに智恩寺へと受け継がれていく。このように、天橋立はそれに対する神聖視を維持し続けた景観として特筆でき、時代における思想の変化とともに少しずつ役割を変えつつも、一貫して護るべき景観として維持されてきたことは確かである。国分寺や国府が都人へ天橋立を知らしめる機能を果たしたことは先述したが、「迎講の舞台としての天橋立」という見方も貴族層に流布したと考えられ、また札所となった成相寺への参詣もまた天橋立の宗教性を高める結果になったと想定できる。以上のように、周辺の宗教遺産について見ていくことから、天橋立についての古代から中世の宗教観が浮かび上がり、単なる景観としてではなく宗教的感興を励起させる装置として、広く知られるようになっていったことが明らかとなった。

註

（1）中嶌陽太郎「籠神社古鳥居跡調査について」『太邇波考古』二七号、二〇〇八。
（2）京都府埋蔵文化財調査研究センター『第二三回小さな展覧会』、二〇〇七。
（3）宮津市教育委員会『成相寺旧境内第2次発掘調査概要』（宮津市文化財調査報告三七）、二〇〇四。

（4）上原真人「古代の平地寺院と山林寺院」『仏教芸術』二六五号、二〇〇二。
（5）この湧水点は鋤柄俊夫氏のご教示による。
（6）吉川真司「東大寺の古層――東大寺丸山西遺跡考――」『南都仏教』七八号、二〇〇〇・菱田哲郎「東大寺丸山西遺跡と興福寺式軒瓦」栄原永遠男ほか編『東大寺の新研究1　東大寺の美術と考古』法藏館、二〇一六。
（7）近江昌司「葡萄唐草紋軒平瓦の研究」『考古学雑誌』五五巻四号、一九七〇。
（8）中嶌陽太郎「中野遺跡」『宮津市史　史料編』第一巻、一九九八。
（9）菱田哲郎「丹後地域の古代寺院」上田純一編『丹後地域史へのいざない』、二〇〇七。
（10）中野玄三「平安時代の美術」『宮津市史　通史編』上巻、一九九二。

海上他界観の普遍的な価値の証明

上田純一

一　はじめに

今日、「天橋立」は日本三景の一つとして世に喧伝されているが、このような海洋的自然美を前面に押し出した「天橋立」観が成立したのは実は江戸時代以降のことである。[1]

江戸時代の儒学者林鵞峰（がほう）（羅山の子）は、寛永二〇年（一六四三）に著書『日本国事跡考』において、安芸厳島や奥州松島とともに天橋立を「三処の奇観」の一つとして紹介しており、史料的にはこれが「日本三景天橋立」の出発点であると言われている。これ以後、「日本三景天橋立」は広く一般に定着していくことになるのであるが、彼がそこで橋立を「三処の奇観」と表現していることについては十分な注意が必要であろう。

江戸時代以前、「天橋立」に対する人々のまなざしが今日のように主に海洋的自然美に対して向けられていたかと言うと、必ずしもそうではなかった。人々の関心は、「海中から生える数千本の松」であるとか、「全長四キロにも及ぶ砂嘴」とかいった非日常的景観（「奇観」）に注がれていたのである。この点についてはかつて論じたこともあるが[2]、要するにほかの場所では決して目にすることのできない非日常的な景観に多くの人々が感嘆の声をあげたのである。林鵞峰の「奇観」という言葉もおそらくはそのような事情を反映したものであろう。

　その場合、背景として押さえておくべき点は、江戸時代以前の「天橋立」がある種の聖地であり、また多くの聖地がそうであったように、当地においても古くからいくつもの神話・伝説が生み出されていたことである。

　例えば『丹後国風土記』逸文[3]などには、天橋立は国生みの神イザナギによって天と地の間に架け渡された梯子（はしご）の倒れ伏したものと語られているし、また籠（この）神社（**図1**）について言えば、これを伊勢神宮外宮の元宮の地[4]とする、いわゆる「元伊勢」信仰の伝承もあった。そしてこのような神話・伝説を前にしたとき、私たちは否応なくある特色に気づかされることになる。それらが「神仏の造形した天橋立」という通奏低音を奏でていたことである。

図1　丹後一宮　籠神社

　この点の認識はきわめて重要であろう。天橋立の「奇観」は神仏の強大な力を可視化させ、その存在を人々に確信させるものであった。近辺の神社仏閣へ人々が押し寄せ、さまざまな祈願を行った理由も、この「奇観」の存在を抜きにしては語れないであろう。この点、景勝地観光を目当てとした今日の我々の意識とは大いに異なっていたことになる[5]。

　ところで、このようなさまざまの神話・伝説を前にしたとき、「天橋立」との関連で特に注意してみたいのが、いわゆる「海上（中）他界観[6]」である。結論的に言えば、各時代のさまざまな特色ある信仰の基層部分には、この観念が強固に存在していたと言える。以下、この点を具体的に見ていきたい。

図２　伊根町筒川　浦島神社

二　海に対する信仰

周知のように、『日本書紀』や『丹後国風土記』逸文などには、伊根町筒川を舞台としたいわゆる浦島伝説[7]が記されている（図２）。これは、全国に散在する浦島伝説の中でも最も古いものと考えられているが、丹後半島地域には、実はそのほかにも、網野町浅茂川などにも同様の浦島伝説が存在する。鎌倉時代初めに成立した鴨長明の歌論書『無明秘抄[8]』には、

丹後国よさの郡に、あさもがは（浅茂川）の明神と申すかみいます、（中略）是は昔浦島のおきなの、神になれるとなむいひ伝へたる、

とあり、鎌倉時代以前に浅茂川明神を浦島とする伝承のあったことがわかる。

現在、当地には、浦島を祀った島児神社や乙姫を祀った福島神社も存在し、このような事実から考えれば、浦島伝説は先述の伊根町筒川のみに限定された伝説ではなく、実は、丹後半島全体にかなり広く分布していた伝説であったことが推測されるのである。

ところで、その浦島伝説について、先学はすでにこれが東アジアや東南アジアの海洋民の間に広く共有された信仰で、琉球の「ニライカナイ」などとも通じる海上（中）他界観の一種であることを明らかにしている。詮ずるところ、はるか海上（中）に理想郷を設定し、その地からの来訪者が現世的な富をもたらすという信仰内容であることが明らかにされているのである。

そのような意味から言えば、例えば伊根町新井崎の徐福伝説などをそのバリエーションとして考えることは十分可能であろう（図3）。徐福は、中国秦の時代に、始皇帝の命により不老不死の薬を得るため東海へ船出したと言われている人物である。中国民間信仰の一つである神仙思想（のちに道教へ発展）では、東方海上に浮かぶ蓬萊・方丈・瀛州の三山が神仙の住む不老不死の島と考えられていたのである。(9) 秦の始皇帝や漢の武帝らはこれを熱烈に信仰し、道士（道教の修行につとめ、道教の儀礼をとり行う専門家、方士とも呼ぶ）を重用した。始皇帝の徐福派遣もその延長線上の出来事であったと思われる。また漢の武帝は道士公孫卿の説を信じて長安に柏梁台を造り、承露盤を設けて不老不死を祈っている。わが国へもこのような神仙思想が伝来していたことは、例えば『日本紀略』昌泰二年（八九九）三月三日条に、

図3　伊根町　新井崎神社

太上皇（宇多）賜二詩宴於朱雀院柏梁殿一、令レ賦下惜二残春一之詩上

と、朱雀院に「柏梁殿」と名づけられた建造物のあったことからも判明する。(10)

同様の観点では、さらに峰山町を中心とした羽衣伝説との関

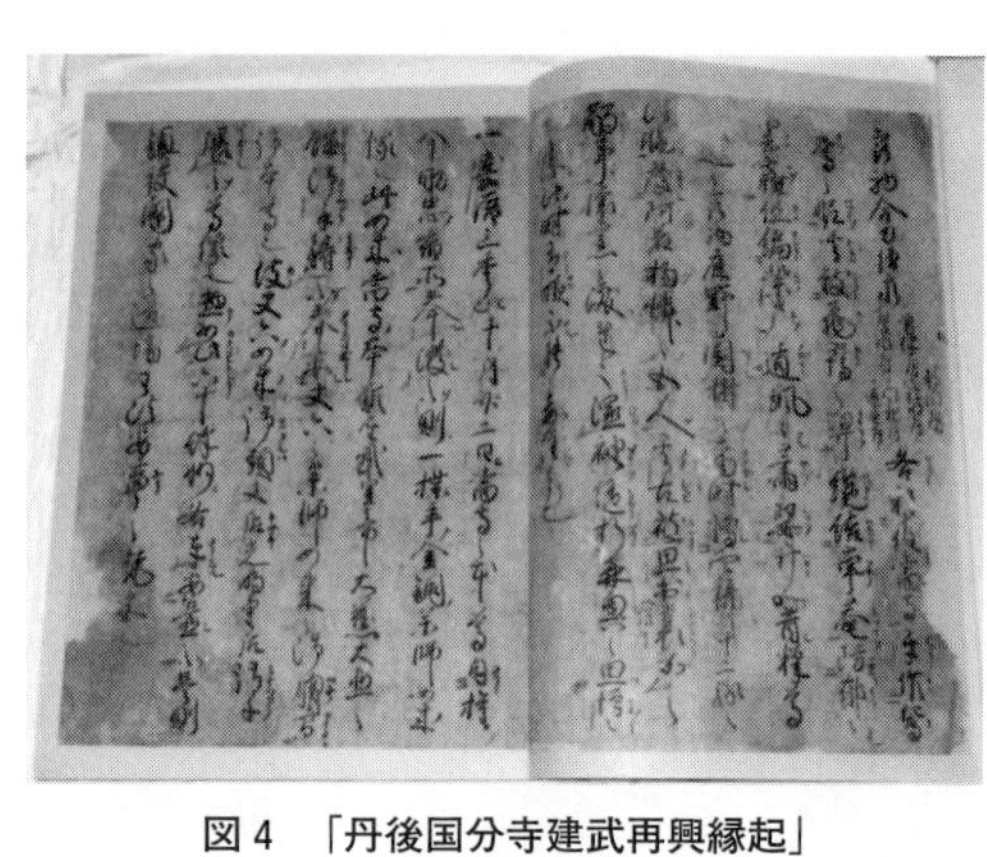

図４　「丹後国分寺建武再興縁起」

連も指摘できる。折口信夫の説[11]によれば、そもそも「天橋立」という名称の由来となった高天原の神話自体が実は海洋民の信仰から発展したと述べられている。羽衣伝説が海上（中）他界観と密接な関係を有するものであったことがわかる。

以上、これら従来からの事例のほかに、さらに近年の成果として、次の事例も付け加えることができる。

京都府埋蔵文化財調査研究センターが調査している宮津市江尻の難波野遺跡では平成一九年の調査において、五世紀中頃の「マツリ」の遺跡を確認し、「山際にあった集落の人々が水際でマツリを行っていた」状況を推定した[12]。近辺に所在する籠神社が、海民を統率した海部氏を神官とする神社であったことを考え合わせれば、このマツリ遺跡に海洋信仰との関わりを想定することは可能であろう[13]。

このような状況下、天橋立を囲繞する寺社側においても、それぞれに特色ある霊験譚が作成された。だが注意すべきは、それらは決して無秩序、個々バラバラの状況で各寺社の霊験が主張されていたのではないという点である。そうではなく、全体としてみれば、「海上（中）他界観」に支えられた「天橋立」という共通の信仰を基盤として、緩やかではあるが、統一ある「聖地」観を主張していたことが重要である。

例えば、前述した籠神社や後述する智恩寺のほか、丹後国分寺の再興に際して作成された、いわゆる「丹後国分寺建武再興縁起」[14]（**図４**）にも、

地景為體、望前天橋、分霞貴(?)眇々、行人征馬、踏雲濤、誤昇蒼天、（中略）誠是一天無雙之霊地、抑又一乗相応仁祠者歟（後略）

とあり、国分寺が天橋立を前面にした「霊地」に立地していることが強調されている。さらに同縁起の他の部分には、

神明居東嶋、遙加護此所、仏陀住北山、忝擁護我寺、神明仏陀、既以覆撫育之袖、貴賤下豈不捧渇仰之華乎（後略）

と、国分寺が成相（なりあい）寺観音および東嶋（冠嶋・沓嶋）の神明に加護された寺院であることが述べられているのである。

結論的に言えば、近世以前の天橋立一帯はこのような基層信仰としての「海上（中）他界観」が時代ごとの特色を持ちながら豊かに展開した場所であり、天橋立の非日常的「奇観」こそが、それら言説を担保するものであったと思われるのである。

次章では、このことを確認する意味から、中世の「天橋立」観についてもう少し詳しく検討してみたい。

三　中世の「天橋立」観

文和元年（一三五二）の夏の頃、時衆の徒国阿は当地を訪れた。『国阿上人絵伝』(15)によれば、

それより久志濱にいたり、智恩寺へ参詣し給ふ。本尊は文殊大士の立像、御長一尺五寸、鰐口と共に海底より出でたまふ。天龍毎月六齋に燈明を供す。文殊より宮津まで濱涯十八町程あり。此間に燈明松あり。海より燈明あがり、此松にかかりけるとぞ不思議なれ。

とある。また、相国寺の禅僧彦龍周興（げんりゅうしゅうこう）の詩文集(16)にも、天橋立や智恩寺に関する詩文がいくつか残されているが、次に掲げるものはとくに興味深い。

丹陽天橋山、乃国初霊区、天下勝也、文殊大士示現之地、而為本朝清凉焉、昔海底有悪龍、無治之術、於是伊弉諾・伊弉冉二尊、迎大士於台山、以説法者千年、経巻遺而存今故有経崎名、皆距天橋東者五六里也、而後大士移而住戒岩寺、龍神受戒之地是也、初諾冉二尊、擲如意於海中、諸龍聚土為島、々長支那六里、横絶碧海、天人降下、列植青松、鬱然可見、至今嶋有如意之形、是所謂天橋立、

これらによれば、阿蘇海一帯は文殊が海底に住む悪龍を教化した場所であり（「海中他界観」）、如意宝珠を海中に投げ入れ、諸龍が土を集めて造り上げたのが眼前の天橋立（「徴証」）である、と述べられている。仏教的解釈(17)を施された「海上（中）他界観」と、その徴証としての天橋立が、当時の人々を信仰の側面から確実に捉えていたことがわかるが、これに関連して注意したいのが智恩寺の本尊文殊像である。

鎌倉時代の作と考えられている智恩寺文殊像は、獅子に乗る文殊を中心に、獅子の手綱をとる于（優）闐王、合掌し先導する善財童子、そして各人の後には（現在は伝存しないが）最勝老人と仏陀波利尊者を従える、いわゆる

「渡海文殊」の群像構成をとっている。そしてその渡海文殊形式については、文殊が四侍者を従え雲（獅子）に乗り、海上を進む姿を表したもので、五台山文殊や『妙法蓮華経』「提婆達多品」に密接な関係を持つことなどがすでに指摘されているのである[18]。

先に掲げた史料にも記されているように、智恩寺文殊は中国五台山の文殊を同地に迎えたものであり、とすれば本尊文殊が制作されるにあたっても、やはり海との関係（「渡海文殊」）が強く意識されていた、と言わなければならないだろう。

雪舟の描いた「天橋立図」についても、同様の観点が必要である。同画の制作意図を、天橋立を中心とする神仙の世界を描くことにあったと説く中島純司氏の説[19]は、史料操作上の批判はあるにせよ[20]、その意味から興味深い。今後は、同画と海上（中）他界観との関係なども問題になるかと思われるが、同画については、丹後半島の修験道と関連して筆者も拙論を述べたことがあるので[21]、詳しくはそちらをご参照いただき、ここで詳しく触れることは控える。ただ、次の点については、とくに海上（中）他界観との関係から補足しておきたい。

従来、山中他界のみが強調されてきた修験道に対して、「海上を他界とする思想が予想以上に潜んでいる」と指摘したのは小松和彦氏である。氏の指摘[22]によれば、修験の山は、何らかの形で水に対する信仰を伴っており、これは海に対する信仰の変形であるという。そしてさらに、従来の「山修験」に対して海辺（島や岬など）に成立した「海修験」は、前者が山中他界観を前面に押し出して海上（中）他界観をその背後に隠しているのに対して、後者は海上他界の真っただ中に小型の山中他界観としての島や岬を見出している、とする。丹後修験の本拠寺院であった成相寺の移転以前の場所が、天橋立を見渡す場所に位置していた事実などは、あるいはこの観点から理解すべきなのかもしれない。ともあれ、氏の提唱する「海修験」の視点は、今後、丹後半島の修験を分析していく際にも有効な視点になるのではなかろうか。

四　結　論

江戸時代以前の天橋立は、「海中から生える数千本の松」「全長四キロにも及ぶ砂嘴」といった非日常的要素に関心が寄せられていた。つまり天橋立はある種の聖地であり、いくつもの神話が生み出された土地であった。それらの神話は、ひとしく「神仏の造形した天橋立」という通奏低音を奏でていたのであるが、その基層部分を形成していたのが、いわゆる「海上（中）他界観」であった。

その例として古くは、浦島伝説（伊根町筒川など丹後半島全体にかなり広く分布）や徐福伝説（伊根町新井崎）などをあげることができる。また、近年の成果として難波野遺跡（宮津市江尻）も付け加えることができる。同遺跡からは、「山際にあった集落の人々が水際でマツリを行っていた」状況が推定でき、近辺の籠神社が海民を統率した海部氏を神官とする神社であったことを考え合わせれば、このマツリ遺跡も海洋信仰との関わりを想定することができる。

このような状況下、天橋立を囲繞する寺社でも各々特色ある霊験譚を流布していたが、全体としてみれば、「海上（中）他界観」に支えられた「天橋立」という共通の信仰を基盤とした「聖地」観を主張していた点が特色となる。

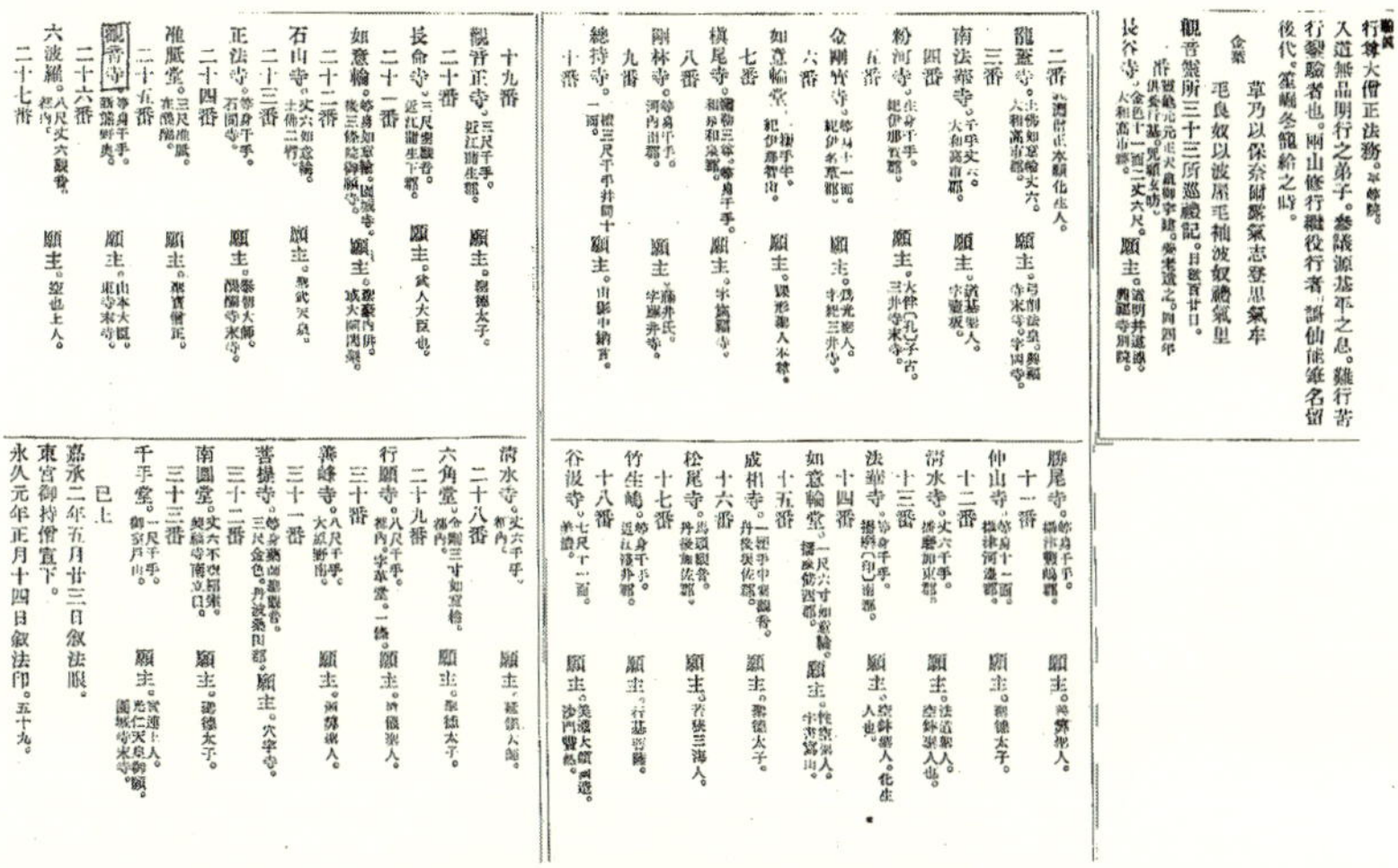

行尊大僧正法務。平等院。
入道無品明行之弟子。参議源基平之息。雖行苦
行驗驗者也。兩山修行繼役行者。謂仙能維名留
後代。室嶋冬籠給之時。
金葉　草乃以保奈尉紫氣志登思氣牟
毛良奴以波屋毛袖波奴禮氣里
觀音靈所三十三所巡禮記。日數百廿日。
一番那智山。觀音元元正天皇御宇建。裸形上人建之。周四尺。供奉行基。咒願女。
長谷寺。金色十一面二丈六尺。大和高市郡。　願主。道明井道邁。豐詔寺別院。
二番　眞福寺本願化主人。
龍蓋寺。土佛如意輪丈六。大和高市郡。　願主。弓削法皇。岡寺來寺。字岡寺。
三番
南法華寺。千手丈六。大和高市郡。　願主。辨基聖人。字壺坂。
四番
粉河寺。生身千手。紀伊那賀郡。　願主。大伴（孔）子古。三井寺末寺。
五番
金剛寶寺。等身十一面。紀伊名草郡。　願主。爲光聖人。寺紀三井寺。
六番
如意輪堂。生身千手。紀伊那智山。　願主。裸形聖人本尊。
七番
槇尾寺。彌勒三尊。等身千手。和泉和泉郡。　願主。字槇尾寺。
八番
剛林寺。等身千手。河內國郡。　願主。藤井氏。字藤井寺。
九番
總持寺。檀三尺千手并晉十一面。　願主。山蔭中納言。
十番
勝尾寺。等身千手。攝津豐嶋郡。　願主。善仲聖人。
十一番
仲山寺。等身十一面。攝津河邊郡。　願主。聖德太子。
十二番
清水寺。丈六千手。播磨加東郡。　願主。法道聖人。空鉢聖人也。
十三番
法華寺。等身千手。播磨（印）南郡。　願主。性空聖人。化生人也。
十四番
如意輪堂。一尺六寸如意輪。播磨飾西郡。　願主。性空聖人。書寫山。
十五番
成相寺。一搩手半聖觀音。丹後與佐郡。　願主。聖德太子。
十六番
松尾寺。馬頭觀音。丹後加佐郡。　願主。若狹三海人。
十七番
竹生嶋。等身千手。近江淺井郡。　願主。行基菩薩。
十八番
谷汲寺。七尺十一面。美濃。　願主。美濃大領國造。沙門豐然。
十九番
觀音正寺。三尺千手。近江蒲生郡。　願主。聖德太子。
二十番
長命寺。三尺聖觀音。近江蒲生下郡。　願主。武人大臣也。
二十一番
如意輪。等身如意輪。園城寺。後三條院御願寺。　願主。智證內供。或大師開闢。
二十二番
石山寺。丈六如意輪。土佛二軀。　願主。聖武天皇。
二十三番
正法寺。等身千手。石間寺。　願主。泰澄大師。觀勝寺末寺。
二十四番
准胝堂。三尺准胝。在醍醐。　願主。聖寶僧正。
二十五番
觀音寺。等身千手。新熊野奧。　願主。山本大臣。東寺末寺。
二十六番
六波羅。八尺丈六聖觀音。都內。　願主。空也上人。
二十七番
清水寺。丈六千手。都內。　願主。延鎮大師。
二十八番
六角堂。金剛三寸如意輪。都內。　願主。聖德太子。
二十九番
行願寺。八尺千手。都內。字革堂。一條。願主。行圓聖人。
三十番
善峰寺。八尺千手。大原野南。　願主。源算聖人。
三十一番
菩提寺。等身藥師聖觀音。三尺金色。丹波桑田郡。願主。穴太寺。
三十二番
南圓堂。丈六不空羂索。興福寺南圓堂。　願主。聖德太子。
三十三番
千手堂。一尺千手。御室戶山。　願主。實道上人。光仁天皇御願。園城寺末寺。
已上
嘉承二年五月廿三日敍法眼。
東宮御持僧宣下。
永久元年正月十四日敍法印。五十九。

図５　『寺門高僧記』巻四「行尊」

付論――西国二十八番札所としての成相寺

西国巡礼の歴史

西国三十三所が巡礼路としての形を整えたのは、平安時代後期のことである。室町時代の禅僧の詩文集・語録である『竹居清事（ちっきょせいじ）』『天陰語録』（『続群書類従』文筆部）などでは、大和長谷寺の徳道上人の先蹤に、花山法皇が従って観音の霊場を一巡したことに始まるといわれるが、法皇没後の創立の寺院が三十三寺中に存在することからも誤りであると思われ、後世の俗説としなければならない。

歴史的には、三井園城寺の僧で修験者として有名な行尊（一〇五五～一一三五）が始めたと伝えられるが（鎌倉時代に編纂された『寺門高僧記』巻四「行尊」『続群書類従』二八輯上、**図５**）、札所の寺を詳細に検討すると、創立年代が時期的にあわない点から（二十五番観音寺）、この説も直ちに採用することはできない。

信頼性の面から言えば、応保元年（一一六一）正月に三十三所を巡礼し、後に記された三井寺覚忠の『巡礼記』（『寺門高僧記』巻六「覚忠」）の記事であろう。覚忠は九条兼実（かねざね）や慈円を兄に持ち、修験者としても注目された人物である。コースは交通路などの関係で変更があったものの（当時は那智山から始まり山城三室戸寺で終わる）、霊場の寺はまったく変わることがなかった。すなわち、初期の西国巡礼は寺門系の修験僧らにより形成され、熊野修験との関係が強かったと推測される(23)。

成相寺と西国巡礼

丹後半島の山岳一帯は、古来より山岳修験の行場として著名であった。熊野那智大社米良文書嘉元二年（一三〇四）二月九日「寂円坊旦那等譲状」中には「丹後国雄坂寺諸先達」の文言があり、これから考えると、すでに鎌倉期の雄坂寺（おさかでら）（網野町）には組織された熊野先達が存在し、熊野修験の拠点として機能していたことが推測される。同じく観音寺（網野町）についても、元亨四年（一三二四）、同寺良実が熊野那智大社の御師中院美濃公に祈禱を依頼した文書が残されている。両寺を中心とした丹後国一円の熊野御師・先達の動向については、これ以後も、熊野那智大社文書中に残存する関係文書などから瞥見することができ、とりわけ雄坂寺については、中世末の丹後国御檀家帳にもその名が見え、多くの僧徒を擁していたことが判明する。成相寺も丹後半島の以上に述べたような状況を背景として成立した修験の寺であり、前述した『寺門高僧記』などには三十三所寺院の一つとしてすでに寺名が記されている（第十五番）。

文正元年（一四六六）、聖護院（しょうごいん）門跡であり熊野三山検校（けんぎょう）であった道興は、山伏姿に身を固め、丹後国他一九か国巡礼に出発した。当時、西国三十三所巡礼行は、修験者らにとって名誉ある資格の獲得を意味し、誇るべき経歴となるものであったから、多くの修験者らは競って西国巡礼に旅立っていた。ただ、このときの西国巡礼は中途で切り上げられ、実際には道興が成相寺まで赴くことはなかったが、現在、成相寺に伝来している「成相寺参詣曼荼羅」（京都国立博物館寄託）は、成相寺が西国札所として多くの巡礼を集めていた時期の状況を示す貴重な遺品である。中央に配された観音をまつる成相寺本堂を中心に、五重塔、中門、仁王門などの堂塔、塔頭子院を描き、その下には真名井道、大谷道、小松道などの参道が府中の門前町へと続いている。そして下方には籠神社と天橋立、さらに智恩寺も描かれており、合羽や蓑を着て参道を歩く旅人や侍の姿も描かれている。

この図で注目すべき点は、成相寺が天橋立とセットになって描かれている点である。前にも述べたように、巡礼の人々の間でも天橋立は聖地を形成する重要な要素であったことがわかる。

註

（1）この点について詳しくは、上田純一「巡礼から観光へ――観光史的に見た巡礼の旅――」（『京都観光学のススメ』、人文書院、二〇〇五）を参照いただきたい。
（2）上田純一「中世禅僧の天橋紀行」（水本邦彦編『街道の日本史三二　京都と京街道』、吉川弘文館、二〇〇二）。
（3）日本古典文学大系二『風土記』（岩波書店、一九七一）。
（4）延暦二三年（八〇四）撰の『止由気宮儀式帳』（『群書類従』神祇部所収）、建武二年（一三三五）七月日「大谷寺衆徒等申状写」（成相寺旧記、『大日本史料』）および「丹後国一宮深秘」（『神道大系　神社編三五』丹波・丹後・但馬・播磨・因幡・伯耆国、神道大系編纂会、一九九一）などに見られる。
（5）この点については枚挙にいとまがないが、例えば、足利義満の橋立訪問にしても、智恩寺や成相寺参詣がセットであったことを想起すべきである。
（6）「海上（中）他界観」については、さしあたって、柳田国男「海神宮考」（『柳田国男全集』第一巻、筑摩書房、一九八九）、下出積与『神仙思想』（吉川弘文館、一九六八）、阿部一『日本空間の誕生――コスモロジー・風景・他界観――』（せりか書房、一九九五）、久野昭『日本人の他界観』（吉川弘文館、一九九七）など参照。

（7）浦島信仰と漁撈民との関係については、水野祐『古代社会と浦島伝説』上・下巻（雄山閣出版、一九七五）などが参考になる。
（8）『群書類従』（和歌部）所収。
（9）下出前掲書。
（10）外山英策『室町時代庭園史』四四頁（岩波書店、一九三四）。
（11）折口信夫は、高天原は海の彼方の一つの霊界が、のちに垂直的表象化したものと見ている（「古代人の思考の基礎」『折口信夫全集』第三巻　古代研究〈民俗学編二〉、中央公論社、一九五五）。海上他界観との観点から興味深い。
（12）平成一九年八月四日「難波野遺跡現地説明会資料」（京都府埋蔵文化財調査研究センター）。
（13）この点については、菱田哲郎氏のご教示を得た。
（14）丹後国分寺蔵、丹後郷土資料館寄託。本史料については、石川登志雄「丹後国分寺建武再興縁起について」（『丹後郷土資料館報』第五号、一九八四）に解説・翻刻がある。同氏解説によれば、本史料は、丹後国分寺が再興された建武元年（一三三四）から応安五年（一三七二）の間に作成されたものである。
（15）京都市正法寺蔵。関係の部分は、石川登志雄「中世丹後における時衆の展開」（『丹後郷土資料館報』第六号、一九八五年）に翻刻がある。
（16）『五山文学新集』第四巻所収「半陶文集」三「対潮庵記」。
（17）『妙法蓮華教』「第十二提婆達多品」には、海中において妙法蓮華経を宣説し、娑羅龍宮王女に無上正覚を成ぜしめた文殊が、龍宮から蓮華に乗って虚空中に涌出する様が述べられており、これを直接の典拠とすることは疑いない。また、龍神供養のモチーフそのものは、正安元年（一二九九）に書かれた「一遍聖絵」（歓喜光寺蔵、国宝）中でも、久美浜を訪れた一遍の前に、海中から現れた龍が供養をうける奇瑞として記されている。
（18）渡海文殊については、差し当たり、松本栄一「法華経美術」（『国華』四二七・四二八・四三二、一九二六年）、田中喜作「文殊渡海」（『画説』一九四一年）、同「文殊渡海」追記（『画説』一九四一年）、下店静市「五台山文殊の展開」（『画説』一九四一年）、大串純夫「渡海文殊図について」（『美術研究』一三一、一九四三年）、佐和隆研

「高野山西南院渡海文殊図に就いて」（『国華』六八二、一九四九年）等参照。

(19) 中島純司「真景の真実――雪舟筆「天橋立図」の成立について――」（『ミュージアム』四七二、一九九〇年）。

(20) 「丹後風土記残欠」が偽撰であることについて、古くは邨岡良弼「丹後国風土記偽撰考」（『歴史地理』三―五、一九〇一）、近年では加藤晃「火明命と「丹後風土記残欠」」（『両丹地方史』七四、二〇〇四）の指摘がある。

(21) 上田純一「雪舟筆『天橋立図』に描かれた神仏の世界」（『丹後地域史へのいざない』、思文閣出版、二〇〇七）。

(22) 小松和彦「海上他界の思想」（『伝統と現代』二四号、一九七三、のち同『増補新版・神々の精神史』〈北斗出版、一九八五〉）に再録参照。

(23) 速水侑『観音信仰』（塙書房、一九七〇）。

宗教都市としての天橋立

山田邦和

一　はじめに

前稿「天橋立の歴史的景観」において、天橋立の持つ歴史的意義を検討した。その中で特に重視したのは、天橋立によって画された阿蘇海が古代日本海の水上交通の拠点である「潟港」であったこと、天橋立の付け根の宮津市府中が古代・中世都市であったこと、天橋立の先端にあたる阿蘇海南岸にも宗教的聖地としての智恩寺が存在すること、であった。本稿ではそれを引き継ぎ、天橋立の宗教施設群と古代・中世の都市の関係について論じる。

二　古代・中世都市としての天橋立周辺

前稿で論じた通り、天橋立の付け根にあたる阿蘇海の北岸に位置する宮津市府中は、古代から中世にかけての丹後国の中枢部としての「府中（丹後府中）」であった。遅くとも平安時代のある段階にはこの付近に丹後国府が置かれており、さらに丹後国分寺もこの丹後府中の地域内に存在した。丹後国分寺が天橋立を見下ろす景勝の地にあることは、聖武天皇の「国分寺（正式には金光明四天王護国之寺）建立の詔」に見られる「造塔の寺は兼ねて国の華たり。必ず好処を撰びて」という文言を忠実に実行したものであり、丹後国分寺が天橋立と切っても切れない関係にあったことを示している。また、丹後府中の中心的な宗教施設として、丹後国一の宮・籠(この)神社が存在する。籠神社は天橋立の付け根に立地しており、隣接した場所にある難波野遺跡では早くも五世紀代には神の祭りが行われていたことが発掘調査によって判明している。籠神社の創建も、この場所において古来の祭祀が継続して行われる中で、いつしか常設的な神社に転化していったものであろう。その背景には天橋立に対する神聖観が存在したことに疑う余地はない。さらに、天橋立の北岸の山頂部には成相寺が、また反対側の南岸には「智恵の文殊」として知られる智恩寺が所在する。これらの宗教施設も、天橋立を聖地として崇めたところに立地の理由を求めることができよう。雪舟筆「天橋立図」（国蔵、京都国立博物館保管）や「成相寺参詣曼荼羅」（成相寺蔵）には、阿蘇海の北岸部にぎっしりとした民家の集合や多数の舟をつないだ集落（現・溝尻の集落）が描かれており、中世都市としての丹後府中とその港湾の姿をうかがうことができる。

以上のように、天橋立は単なる自然の名勝地であるとか、宗教的な聖地というだけにとどまらず、それを中核とした都市を築いてきたのである。ここでは、丹後府中、籠神社、成相寺、天橋立、智恩寺、そしてその周辺を含めた地域の都市性に着目することにより、その全体を「古代・中世都市天橋立」と名づけることができるだろう。

三　他の日本古代・中世都市との比較

多くの場合、都市は何らかの中核施設を中心として発達した。その中核施設が宗教的聖地である場合には宗教都市、政治権力である場合には政治都市、流通施設である場合には流通都市または商業都市、生産施設である場合には工業都市などと呼ぶことができる。もちろん、こうした中核施設が複数である場合もあるし、また、宗教施設が同時に政治権力の拠点であることも珍しくない。

例えば、政治都市として代表的なものに、古代都城としての平安京に端を発する京都、幕府の所在地であった鎌倉時代の鎌倉、平安時代後期の奥州の政治的中心となっていた平泉などがある。京都の場合には天皇をいただく朝廷や武家政権の拠点としての将軍御所（室町幕府）などが、鎌倉の場合には将軍御所（鎌倉幕府）が、平泉の場合には「平泉館（ひらいずみのたち）」と呼ばれた奥州藤原の居館が、それぞれの政治的中心として存在していた。そして、当然のことながらこうした強大な政治権力はその周辺に宗教施設を吸い寄せていった。平泉では奥州藤原氏は金色堂で有名な中尊寺や、見事な庭園を持つ毛越寺（もうつうじ）などの寺院を次々と創建し、自らの都市を宗教的な聖地に変貌させていったのである。京都や鎌倉の場合にも、都市の内部やその周辺に宗教施設が林立したことはいうまでもない。

宗教都市の場合には、その中核施設は政治権力という面もないではないが、やはり宗教的聖地という面が表にたつ。奈良はもともとは古代都城としての平城京であったが、長岡京遷都後は興福寺、東大寺、春日大社を中核とする宗教都市としての性格を強めた。現在の三重県伊勢市の前身は、伊勢神宮外宮の山田と、内宮の門前の宇治である。この両者は伊勢神宮の門前であったが、古代・中世には都市的発達は顕著ではなく、宗教的聖地としての性格が強かったらしい。ところが、江戸時代になってお伊勢詣りが盛んになると、その門前町が異常な発達を遂げることになる。

特異な宗教都市としては比叡山や高野山があげられる。いうまでもなく、比叡山は最澄（伝教大師）を開祖とする天台宗の本山である延暦寺、高野山は空海（弘法太師）を開祖とする真言宗の本山である金剛峯寺である。これらは山上に巨大な宗教施設が存在し、そこが宗教・文化・学問の中心として栄えた。定住人口こそ多くはなかったけれども、延暦寺や金剛峯寺が果たした社会的役割を重視する立場からは、これらを「都市」と呼ぶことは充分に可能である。比叡山や高野山が特異なのは、自然の山を宗教的聖地としていたことである。ただし、山そのものを神聖視したというよりは、険阻な山における宗教的修行という点に重点を置いていた。

商業・流通都市としては、例えば新潟を例示することができよう。これは一六世紀に信濃川河口に築かれた港とそれを中心とした都市であり、江戸時代前期には西廻り航路の寄港地として隆盛をきわめた。新潟は城下町でも門前町でもなく、純粋に商業と流通の中心であったところに特色がある。

「古代・中世都市天橋立」は上述の諸都市と比較しても際立った特色を持っている。まず、天橋立という自然地形を聖地とし、その周辺にさまざまな宗教施設が配置されている。そして、その周囲に商業・流通の中心となる港を持つ。さらに、丹後国の政治的中心としての国府もここに置かれている。つまり、「古代・中世都市天橋立」は天橋立を中核としつつ、宗教都市・政治都市・商業流通都市としての性格を兼ね備えていたのである。自然地形を宗教的聖地とするのは日本でも富士山と浅間神社などの例が見られるが、それらの場合には霊地＋宗教施設というものにとどまって都市的発展は顕著ではなかったし、ましてや政治都市・商業流通都市としての側面を持っていたわけではない。比叡山や高野山の場合には逆に自然地形を神聖視するという面は少なかった。そうした点で、「古代・中世都市天橋立」は日本の都市や宗教的聖地の中でも際立った特色を持つと評価できよう。

四　他国の宗教都市（世界文化遺産）との比較

際立った景観の自然地形に宗教的聖地・宗教施設が立地するという事例は世界でも珍しくない。アテネのアクロポリス（パルテノン神殿、ギリシャ）は、海抜一五〇メートルの自然丘陵（岩盤）の上に神殿を建立し、その下の平地に都市(ポリス)を発達させた。アトス山（ギリシャ）は近寄り難い急峻な半島にキリスト教の正教の教会や修道院が群在し、全体として正教の聖地をつくり上げている。モン・サン＝ミシェルとその湾（フランス）は、フランス西海岸の湾上に浮かぶ小島に修道院を築いている。スライマン＝トー（キルギス）は自然の山であるが、イスラーム教の預言者スライマーン（ソロモン）の墓が存在するということでムスリムの巡礼の地となった。変わったものとして、ギョレメ国立公園およびカッパドキアの岩石遺跡群（トルコ）もあげられよう。自然の浸食によるカルスト状の奇観が見られる地であるが、ここにキリスト教の修道士が隠棲し、後にはそれが修道院や教会となっていった。

しかし、以上のような事例は、天橋立のような雄大な自然地形そのものを信仰の対象としているとはいえない。また、宗教施設としては顕著であるが、その周辺の都市的発展が見られないことが多い。そうすると、「古代・中世都市天橋立」は、顕著な自然景観を信仰の対象とするばかりではなく、その周辺にさまざまな性格を兼ね備えた都市を発展させたという点から見て、日本人の創造的才能の具現化であるとともに、日本文明という独自の文明をつくり上げた思想の稀少な証拠、さらには日本文明を代表とする陸上ないし、海上利用の際立った事例と評価することができると考える。

天橋立図
——雪舟がみた中世の風景——

福島恒徳

一　はじめに

筆者が天橋立という土地に深く関わるようになってもう一〇年以上になる。室町水墨画、なかでも雪舟周辺を研究対象とする筆者にとって、雪舟の代表作である「天橋立図」（京都国立博物館蔵）のモチーフとなったこの地には、特別な思いがある。

その最大の理由はこの絵がきわめて特異なものであるということ。そして恐らくこの絵が特異なものとなった理由に、描かれた土地の持つ特殊な性格に由来すると考え得る要素が含まれていることである。

「天橋立図」は室町時代、一五世紀の終わり近くから一六世紀の初め頃に描かれた。この時代の絵をよく知る人であればあるほど、この作品の特異さに驚嘆し、この奇跡のような絵を描いた雪舟という画師に対して深い興味を覚えるだろう。

そして、この絵を描くという行為の裏の雪舟の心を知りたくなるはずである。

少なくとも筆者はそうであり、多くの美術史研究者がそうであったと思う。

この絵が描かれた頃、たしかに雪舟はこの地を訪れた。

そうでなければ、このような正確な実景描写は不可能である。雪舟はこの地を歩き、この地にまつわるさまざまな情報を入手し、彼なりにこの地のイメージをつくり上げた。それが、「天橋立図」に反映している。

逆に言えば、この絵と絵にまつわる情報を分析し、雪舟の目を通して中世の天橋立をみることがある程度可能となるかもしれない。描かれた風景から、中世におけるこの土地のイメージをある程度復元することができるかもしれないと考えている。

二　「天橋立図」と雪舟

明らかに下絵であるにもかかわらず画師の代表作とされるこの作品は、たしかに不思議な魅力をたたえている。従来繰り返し語られてきた雪舟の画師としてのイメージは、理想の風景を描く山水画家のそれを主とするが、この絵では同時代の絵画としては異例といえる俯瞰構図による真景図的な表現や、下絵であるがゆえの気負いのない筆墨法などに、他の雪舟作品にはみられない特徴がある。

雪舟自身は、実景に基づく絵を比較的多く描いた画師で、他に遣明使節として訪れた大陸の風景を描いた「唐土勝景図巻」（京都国立博物館蔵）や、模本だが美濃の楊岐庵（ようき）を描いた「山寺図」（東京国立博物館蔵）、駿河の名刹清見寺と富士山を描いた「富士清見寺図」（永青文庫蔵）などの作品がある。これらの中に「天橋立図」を置いてみると、その作品としての魅力は突出している。

その細部描写の克明さと作品に対したときの一種の現実感は、この絵の最大の魅力だろう。それに対して「山寺図」は簡略、「富士清見寺図」は型にはまっており、「唐土勝景図巻」は説明的である。これらの作品群の中で、「天橋立図」のみ、画師が実景に対したときのみずみずしい感性を感じさせるのである。

では、雪舟はいつ、どんな経緯でこの絵を描くことになったのだろうか。過去に多くの研究者がこの問題に取り組み、さまざまな議論が戦わされたが、残念ながらいまだ未解決の問題は多い。

この絵をめぐっては何かと話題が多く、その謎の多さが魅力でもあるのだが、その中でも特に重要なのが制作年代の問題である。

従来、二つの説がおこなわれてきた。一つは雪舟の晩年、数えで八二歳にあたる文亀元年（一五〇一）以降という説。画面内の智恩寺境内に描かれた塔が、現在の智恩寺境内にある同年落成の多宝塔にあたるというのがその根拠である。

一方、主として画風から六二歳（文明一三年〈一四八一〉）頃の制作とする説もある。

この場合、現在の二層の多宝塔は再建ということになる。たしかに絵では一層の宝塔にみえるので、この説も捨てがたいが、再建を証明する史料もない。

文明一三年（一四八一）美濃に旅したことが確実な雪舟の足取りもからめて、その生涯を再構成する重要な仕事の一環としてとしても、「天橋立図」制作年代の問題は重要だが、結局のところ、いずれの説も決め手が無く、現在も論争が続いている。

次にこの絵が描かれた経緯のうち、注文主の問題も重要である。現在の作品は下絵なので、完成作の規模はわからないが、恐らく現存作は完成作と同大のいわゆる大下絵と考え得る。一般にこれだけの大型の絵は、制作を依頼されて描かれるもので、その場合、当然作品の内容に注文主の意向が反映していると考えなければならない。

完成作がかつて徳川将軍家にあったという伝承があるが、仮にこれが真実としても、それ以前の所蔵者につながっていく情報は、現在のところない。一方、この下絵自体については、佐竹家伝来の模本（千秋文庫蔵）付属文書から、寛政一二年（一八〇〇）には土佐山内家に伝来していたことが判明するが、こちらもそれ以前の持ち主はわからない。両者とも制作時にさかのぼる史料は無いということになる。

そこで多くの研究者は描かれた内容から注文主を推測しようとしたが、これも諸説ある。画面内でも重要なモチーフである智恩寺や籠神社の関係者によるとする説が多く、これについては後に述べるが、他に雪舟の庇護者であった周防の守護大内氏はもちろん、丹後府中に守護所を置いた丹後守護一色氏の周辺に求めることにも可能性がある。ごく最近、明応九年（一五〇〇）山口滞在中の将軍足利義植と一色氏の間に人的交流があったことが確認され、雪舟の「天橋立図」制作時期の問題とも関連して、研究者の間で話題になったこともある。

次に、変な言い方だが、そもそも「天橋立図」は何を描こうとしたものなのかという問題がある。美しい風景を純粋に美しい風景として写実的に描くことは近代に始まった美術の作法であり、中世日本の実景描写はこれとは性格が違う。もちろん実景描写を基本とする絵であるから、天橋立とその周辺を描いていることに違いはない。

しかし、写真のように正確に描いているかというと、そうではない。その土地の持つある属性、例えば歌枕や説話といった要素を背景に、その土地のイメージを描き込む日本古来の名所絵に連なる内容を持つと考えなければならない。

画面内のモチーフはその扱いに精粗・大小の差があって、そこには画師の選択が働いているだろう。ましてや実際にはあり得ない場所にはるか沖合の冠島・沓島が描かれていたりもする。また、画面内にある二三箇所の書き込みにも問題がある。

その多くは寺社の名称であるが、なぜか主要なモチーフである智恩寺に書き込みがなかったりもする。画師が入念に描写する場所、書き込みをする場所の選択に何らかの基準があると考えるならば、はたしてその基準とは何なのか。雪舟は天橋立の何を描きたかったのか。実はそれすら結論が出ていないのである。

次章では、この謎の多い「天橋立図」のモチーフをめぐりながら、雪舟のみたもの、描きたかったものを探っていくことにしよう。

三　「天橋立図」の宗教空間

「天橋立図」全体を見渡すと宗教的要素が目立つ。

智恩寺をはじめとする禅と密教、律の諸寺院。さらに画面内で最も大きく描かれる籠神社も主要なモチーフとなっているようである。

十刹安国寺、諸山宝林寺、一色氏菩提寺慈光寺（現在は移転）といった禅の名刹が大きく描かれている一方で、密教寺院として成相寺や大谷寺、大聖院も大きく描かれている。

さらに籠神社は最も大きな面積を占めて描かれ、現存する「正一位籠之大明神扁額」のいずれかの文字を写したと考えられる書き込みすらある。

ここですべてについて詳しく触れることはできないが、これらの宗教的要素について大まかに考察してみることとする。

前述の通り、この絵では智恩寺が重要な鍵を握っている。画面内で非常に目立つかたちで描かれている上、現在も境内に残る石地蔵まで描き込む精細な描写である。

意外と知られていないのは、橋立自体が室町時代に智恩寺の境内であったという事実で、このことを含めて考えると、絵のかなりの部分を智恩寺の境域が占めていることになる。ともあれ、雪舟は智恩寺を強烈に意識してこの絵を描いたと考えてよいだろう。

（一）智恩寺と禅・密教

ちなみに、主要な寺社で智恩寺のみ名称の書き込みがないのは、「天橋立図」の注文主が智恩寺だから必要なかったとする説が以前からおこなわれていることもここで付言しておく。

智恩寺は、本来密教寺院であったが、嘉暦年中（一三二六～一三二九）に五山派の禅僧嵩山居中（すうざんこちゅう）によって禅宗に改められたという。

智恩寺では近年文殊堂の大修理がおこなわれ、それに伴っていくつかの新たな事実が判明し、寺の変遷がより明らかになった。文殊堂内陣の各所から発見された銘文のうち、最も古いものは文永七年（一二七〇）のもので、遅くとも鎌倉時代後期には現在の内陣が成立していたことがわかる。

その他にも鎌倉末期の銘文が複数見出され、詳細な調査を経て様式的に鎌倉時代末期の成立と推定された来迎壁（らいごうへき）（本尊後ろの板壁）前面の「両界曼荼羅図壁画」を含めて、文殊信仰を主とした密教寺院としての性格が浮彫りとなった。

また、作風から禅宗化と同時期の作と考えられていた本尊文殊菩薩および両脇侍像に加え、これも新たな検討の結果、来迎壁背面の釈迦三尊十六羅漢図が南北朝期の作品と確認され、禅宗化に伴う寺の整備状況が明らかになった。

さらに重要なのは、問題の多宝塔の本尊大日如来坐像の胎内から発見された木札の銘文である。これによれば、大檀那は一色氏の下、守護代を務めた延永春信、奉行は丹後一宮供僧の大聖院智海、仏師は京都の教王護国寺（東寺）講堂中尊を再興した東寺大仏師法眼康弥である。造立の年は、多宝塔建立と同じ文亀元年、現在は補作に替わっている両脇侍、魔利支天・不動明王の異色の組み合わせがこの時の構想であったことも判明した。

これにより、本多宝塔の建立・整備が、丹後国の僧俗を代表する実力者が結集した事業として遂行された事情がみえてきたのである。そしてそこにはもはや禅の影を見出すことは難しい。

禅宗では智恵の働きを重視するから本来的に文殊信仰が盛んで、多くの禅僧が智恩寺を訪れていた。しかし、この時代では多少事情が違っているようだ。

雪舟の友人である禅僧彦龍周興が文明一四年（一四八二）に書いた「対潮庵記」や、文明一八年に書いたとされる「九世戸智恩寺幹縁疎幷序」から推測される京都五山相国寺派との関係は恐らく徐々に薄れていたものと想像される。

将軍の権威の失墜、ひいては将軍家の保護下にあった京都五山の凋落により、智恩寺がすでに京都五山の支配から離れ始めていたと解釈できるだろう。

雪舟がこの寺を訪れたのは禅宗化後のことではあるが、もし最晩年の文亀年間頃ということになれば、それは禅僧雪舟にとって微妙な宗教事情の中であったことになる。

（二）禅　刹

禅僧である雪舟が最も親しみを持って見ていたはずの要素は禅宗寺院である。相国寺派の有名寺院であった智恩寺はもとより、五山派の十刹・諸山の禅寺がある点に注意すべきである。室町時代の臨済禅の世界は五山と林下にわかれるが、この五山派は足利将軍家によって管理される官寺であった。

「五山之上」である南禅寺以下の京都五山をはじめ、鎌倉にも五山があった。さらにその下のレベルとして諸国に十刹が、さらにその下に諸山が設けられ、ピラミッド型の寺院組織が整備されていた。十刹・諸山は限られた有力寺院だったのである。

十刹安国寺は、智恩寺を禅寺にした嵩山が開いた秋月庵が母体である。弟子の宝山浮玉が暦応二年（一三三九）、幕府に申請して安国寺の資格を得て整備したものである。

安国寺はもともと足利尊氏・直義兄弟が禅僧夢窓疎石の提案によって各国に建立したもので、足利氏と夢窓派禅僧による全国支配の拠点としての性格を持っていた。

さらに諸山宝林寺は入元僧無象静照を開山とし、鎌倉時代、文永年間（一二七〇頃）に建立されたと考えられている。

智恩寺も含めていずれも鎌倉時代末期から南北朝時代にかけて、丹後府中周辺に、足利氏に支えられた禅宗勢力が進出、定着した様がうかがえる。

一方で、国分寺の開創は奈良時代にさかのぼり、現在も平安時代の行道面が遺存する。「丹後国分寺再興縁起」によれば、国分寺は建武元年（一三三四）に西大寺流の律僧円源坊宣基によって再興されたが、寺宝として室町時代にさかのぼる追儺面が遺されており、中世における寺勢を知らしめる。また、舞鶴市桂林寺にある窪田（くぼた）統泰（むねやす）筆「仏涅槃図」は延永氏の代官であった国富氏が興行主として国分寺に納めた大幅である。これら諸国国分寺の再興は、後醍醐天皇による王権復興の一環として施行された宗教施策であり、新たな宗教権力が府中に進出したという点と共通する要素を持つと言える。

最後に慈光寺に触れておくが、この寺院は守護一色氏の菩提寺として延永氏が建立したと伝える以外に、詳細な歴史を知る史料に恵まれていない。

江戸時代前期には、現在の寺地に移転したようで、それ以前の遺物と考えられるものは、本尊菩薩形坐像のみである。この本尊は寺伝では観音菩薩とするが、恐らく宝冠釈迦如来とするのが妥当であろう。宝冠釈迦は禅宗寺院の多くが本尊とする尊格である。本像の作風は、足利将軍家周辺での活動が目立つ京都仏師の一派院派に属する仏師の作であることを如実に語っている。特に南北朝期の院広周辺の作風に酷似するので、その時期のものと考えてよい。とすれば慈光寺開創以前の造立となるので、前身の寺院から引き継いだか、あるいは廃寺からの客仏と考えざるを得ない。

いずれにしても、この慈光寺像も、前述の禅を中心とした南北朝時代における府中の宗教空間を飾るにふさわしい像であると言えるだろう。

以上のように、雪舟が訪れた天橋立周辺には、鎌倉時代後期から南北朝時代にかけて整備された禅の宗教空間が、智恩寺の再密教化にみられるようにやや衰えたとはいえ、まだ濃厚に存在していたと考えてよい。雪舟は、「天橋立図」にたしかに禅の世界を描き込んでいるのである。

（三）密教寺院

「天橋立図」には現在でも天橋立周辺の最も重要なランドマークである成相寺が大きく描かれている。当寺は慶雲元年（七〇四）の開創と伝えるが、平安時代以来真言密教の寺であり、本尊の観音菩薩立像や「お前立ち像」の観音菩薩立像、四天王立像四軀と、合計六軀の平安仏が現存する。観音霊場として古来から知られる成相寺だが、一方で修験の道場としても知られていた。

応永七年（一四〇〇）に山崩れによってそれまであった堂舎が崩壊し、以後二〇年余りをかけて、地元の豪族成吉氏によって現在の場所に再建されたと伝え、雪舟がみた成相寺はこの時、ちょうど雪舟が生まれた頃にできた堂舎であった。ちなみに現在の堂舎はさらに下がって江戸時代後期の建立である。

成相寺は現在と同じく雪舟が訪れた当時も篤い信仰を集めていた。天橋立を訪れた人びとは智恩寺と成相寺に参詣するのが慣例であり、雪舟も間違いなく成相寺に参詣しただろう。雪舟は当寺を一密教寺院というだけでなく、多くの参拝者が訪れる有名寺院として認識していたはずである。

「天橋立図」に描かれる密教寺院のうち、府中の大聖院と大谷寺はきわめて重要である。智恩寺の項で触れた智海ゆかりの寺だからである。前述のとおり、雪舟がこの地を訪れた一五世紀末期から一六世紀初期にかけて、智海はこの地域の宗教界で最も力のある僧であった。史料から応永二八年（一四二一）か翌年の生まれで、文亀三年（一五〇三）以降までの生涯が知られる智海は、四〇歳以前から一貫して一宮大聖院の住僧であったらしい。智恩寺多宝塔の建立をはじめ、守護一色義直を大檀那に、大谷寺の不動明王坐像の願主として造立に関わるなど、地域の権力と結んで周辺の密教的空間を支えた真言の修験僧である。

智恩寺多宝塔来迎壁背面をはじめ、周辺に自筆の不動明王像を多数遺すなど不動信仰で知られるほか、籠神社別当寺大聖院の住僧らしく神道にも造詣が深く、同社の縁起としての性格を持つ「丹後国一宮深秘」も智海の著作である。

「天橋立図」の中で広い範囲を占める籠神社と大聖院にはいずれも智海が関わっており、彼はこの地域の権力者ともつながっている。雪舟がこの地を訪れたとき、ほぼ同年配のこの僧の影を強く感じていただろう。一説に「天橋立図」が智海の依頼によって、籠神社のために描かれたとする説があるが、これも一考に値する説である。

（四）籠 神 社

天橋立は伊弉諾尊（いざなぎのみこと）が天上界と往来するために立てた梯子（はしご）であるとする『丹後国風土記』逸文の有名な話は、実はこの頃一般的ではなかった。先に触れた「対潮庵記」「九世戸智恩寺幹縁疏并序」さらに、もと東福寺の禅僧で著名な連歌師の清巌正徹（せいがんしょうてつ）によって同時代に書かれた智恩寺の縁起「九世戸縁起」は、海に投げ込まれた仏具の如意に龍神たちが土を集めて橋立となったと伝えている。

恐らく雪舟はこの話を聞いていただろう。いずれにしても、この地が神話の舞台として広く認識されていたことは明らかである。

籠神社にはいわゆる「元伊勢伝説」がある。前述した智海の「丹後国一宮深秘」をはじめ、多くの書物が天照大神が伊勢に移る前にこの地におられたとする伝説をひく。「九世戸縁起」にも、天照大神が登場するなど、雪舟が訪れた当時のこの地に天照大神信仰が盛んであった様がうかがえ、その中心は当然、籠神社であった。

また、諸書によれば「天橋立図」に描き込まれた大松は龍大明神影向の松であり、沖合から引き寄せて描かれた冠島・沓島は天照大神の脱いだ冠と沓である。また、これら二島が籠神社の海部氏の祖神であると記す書物もある。丹後一宮として現在も崇敬を集める籠神社は、明らかに「天橋立図」の主要モチーフと言える。天照大神信仰を軸に、この地域を覆う神の世界を雪舟はたしかに知っており、神へ敬意を払いつつ、籠神社を大きく描き込んだのであろう。その際、この世界に深く関わっていた大聖院智海の存在を脳裏に浮かべたに違いない。

（五）その他の寺社

「天橋立図」にはこれまで触れた以外にも、寺社が描き込まれている。寺社名の書き込みがある北野、今熊野などがそれである。

また大内峠には、この地域では最古に属する平安時代後期の女神像二軀を所蔵する板列(いたなみ)八幡の鳥居も小さく描かれている。

相当な規模であったはずの一色氏の守護所すら確認できない「天橋立図」であるが、寺社については実に丁寧に描き込んでいる。

ただし、寺社で描かれなかったものがあることにも注意が必要だろう。

安国寺の近くにあった法華宗妙立寺や橋立道場と呼ばれた時宗の万福寺、さらに国府跡の周囲にあった法華宗の妙照寺・正音寺、飯役社(いいやくしゃ)などは描かれていないようである。

これらについては雪舟が意識的に無視したものか否かは今の段階では断言できない。しかしこれらの寺院が描かれていないことは、雪舟が「天橋立図」に描きたかった世界を考える上で、一つのヒントにはなるだろう。とりあえず、これら時宗や法華宗の寺院に対する認識が薄かったと考えることは許されるのではないだろうか。

ちなみに、舞鶴市の瑞林寺にある阿弥陀如来立像は、万福寺から移されたものだが、南都復興以来、鎌倉時代の彫刻界を主導した阿弥陀仏快慶の作風を持つ優れた作品であり、この地域ゆかりの仏像としては特筆すべき優品である。近年の研究で、丹後地方に安阿弥様の仏像が多数伝来することが指摘されており、鎌倉時代における重源一派による丹後への南都仏教の影響がさらに明確になってきた。しかし、雪舟の目にこれらはあまり映っていなかったのだろう。

四　聖域の絵画「天橋立図」

前章でおおまかに触れてきたとおり、雪舟の描きたかった世界はどうやら神仏の聖域としての天橋立だったように思える。現段階では、智恩寺や籠神社のために描いたとする積極的な論は難しいようにも思える。世俗的なモチーフを排し、天橋立周辺を神仏のおわします場所として描く構想だったのではないだろうか。

ひるがえって、聖域を描く絵画の歴史を考えてみると、寺社の境内図や神道曼荼羅などが思い浮かぶ。それらの多くは「天橋立図」と同じように俯瞰描写で聖域全体を描き出すものが多い。鎌倉時代に流行した春日曼荼羅などの多くが俯瞰描写であり、その伝統は室町時代にも受け継がれている。実景的な表現の絵画は中国の山水画などにも見出すことはできるが、聖域表現の手法としての俯瞰描写の伝統を雪舟が受け継いでいた可能性を考えてみたいと思っている。

また、聖域の絵画として比較すべきものに中国や日本で描かれた杭州西湖(せいこ)の図が従来から指摘されている。中国禅宗の拠点であった多くの寺院が取り巻く仏教の聖地西湖は、「天橋立図」とよく似た水を取り巻く円環状の構図をとった俯瞰描写で描かれることが多い。さらに西湖の湖面を横切る細長い緑の帯である蘇堤(そてい)は、橋立によく似ている。雪舟自身も西湖を訪れたことがあり、同じく渡明経験のある弟子の秋月にもその種の作品がある。雪舟の経験に即して、西湖を描く絵画の伝統が「天橋立図」に影響しているとする考え方である。

以上のように、雪舟は聖域としての天橋立周辺を、それにふさわしい手法で描いたとするのが、筆者のとりあえずの結論である。

籠神社の天照大神信仰や、智恩寺の文殊信仰、成相寺やその他の密教寺院への信仰、そして数多く描かれる禅宗寺院への信仰、それはこの地を訪れた雪舟が強く抱いたこの土地のイメージだっただろう。そのイメージが「天橋立図」の題材であったと考えたいのである。

五　おわりに

本稿では、「天橋立図」に導かれながら、雪舟のみた当時の天橋立を旅してみた。雪舟が生きた室町時代には、神仏への信仰は今より切実だったはずである。その切実さがおのずと絵に表れているに違いないとも思うのだが、現代の科学を経験したわれわれにはそれを感じとる能力はもはやあまり遺されていないのかもしれない。その意味でこれからの天橋立の旅は困難な旅になるだろう。

智恩寺多宝塔に関連する「天橋立図」制作年の問題、智恩寺の寺院名が書き込まれていない問題、そして注文主の問題など、この絵をめぐる難問を解き明かすことは当分の間できそうにないが、これからも筆者なりに雪舟がみた風景への旅を続けていきたいと思っている。

それにしても、当時の人は風景をどんな風にみていたのだろうか。禅宗では森羅万象に仏性（ぶっしょう）をみるといい、神道では、あらゆるものに神が宿るという。雪舟もそんな風に風景をみていたのだろうか。

【付記】 本稿は、京都府立丹後郷土資料館編『天橋立紀行――その歴史と美術――』（京都府立丹後郷土資料館、二〇〇五）所収の拙稿に加筆したものである。

天橋立と宗教遺産群Ⅱ

——中世から近世の石造物——

菱田哲郎

一　景観の構成要素としての石造物

宮津市の府中地域は、数多くの石造物が残され、これまでもしばしば紹介されてきた。(1)とりわけ、成相（なりあい）寺や大谷寺との関係から板碑が数多く建てられ、難波野の千体地蔵に代表される石造物の著しい集積も散見される。また成相寺の町石など、参詣道に関わる石造物が知られるようになっている。そして、二〇〇五年に刊行された『宮津市史　別冊』には、宮津市域の石造物が石仏、石塔、板碑などのカテゴリーごとに解説され、所在情報を中心に一覧表も提示されており、全体を概観することが可能になった。(2)また丹後地域全体についても、石造物の調査研究が総合的に進められるようになり、地域の特性を明らかにすることが容易になっている。

各所に立てられた石造物は、景観を構成する要素としても重要視されている。また、中世以降の信仰の移り変わりを示す重要な記念物でもある。ここでは府中地域の石造物に注目し、改めてその特徴を明らかにしたい。

街道沿いの石造物で注意すべきことは、それがもともとのオリジナルの立地でないことが多い点があげられる。

道路の改修の移動によるほか、保護のための移動、あるいは覆いや祠の設置など、時の経過とともに移動や改変が繰り返されたと考えられる。また新たに発見され、人目につくところに持ち込まれたものも多く、難波野の千体仏（図1）はその典型とも言える。このような石造物の履歴を把握するためにも、石造物の調査は繰り返し行い、記録化がはかられる必要があると考える。

二　板碑から墓標へ

図1　難波野の千体仏

成相寺や大谷寺といった寺院が位置する府中地域には、中世以降の数多くの石造物が残されている。もちろん両寺の境内の石造物をはじめ、移動や集積などが繰り返し行われ、オリジナルの状況は不明であるけれども、この地域の特性として、多様な石造物の集中を捉えることができる。中でも板碑は、一四世紀にさかのぼる例もあり、近畿地方における中世板碑の集中地域として注目されている。無銘のものを含めると、板碑や石仏は無数にあると言ってよいだろう。本坂道における観察に示されるように、町石などの目印になるものを中心に分布する傾向があり、移動や集積の過程もうかがうことができる。

難波野の千体地蔵は、石造物の集積の最たるものであり、『難波野地域誌』に記されるように、天保年間（一八三〇～一八四四）に集積が進められたことが明らかになっているが、聞き取り調査から、近代になっても集積が進んでいることがうかがえた。難波野の千体地蔵の中には近世末から近代にかけての墓標もあり、もともと墓地にあった石造物が集積していった過程を想定することができる。ここで多数を占める板碑形のものも本来は墓様であったと考えられる。

同じ難波野地区では、「六地蔵」として集められている石仏の中に、「看如童児」と記された寛政元年の例があり、これも本来は墓標であったと推測できると考えられる。

丹後地域の中世から近世の墓では、板碑や五輪塔が出土することが知られ、例えば、京丹後市水戸谷遺跡のように一五世紀の区画墓において板碑が埋葬の直後に立てられたことが確かめられている例もあり、墓標としての役割を持っていることがわかる(3)。

同様に一六世紀を中心とする京丹後市産山中世墓でも板碑、一石五輪塔、五輪塔が集積墓に伴って出土しており、もともとは立てられていたと推測されている。中世丹後の集団墓地として著名な与謝野町地蔵山遺跡では一五世紀から一六世紀の板碑や石仏が、より古い時期の塚墓に立てられており、「詣り墓」での石塔建立と考えられている。このような状況を踏まえて、丹後地域の石塔と墓石を総合的に扱った『石塔から墓石へ――中世墓から近世墓へ――』では、一五世紀から一六世紀に無銘の石塔が墓地に立てられる状況について、造墓層の増加を反映する事実であるとし、一方で、自然石板碑が逆修供養碑として存続することから、墓に用いられる板碑の定型化に相前後して供養碑としての板碑が独自の形態を獲得することを明らかにしている(4)。このように一五世紀から一六世紀にかけての無銘の石仏、一石五輪塔などの普及と合わせて、墓標としての板碑の成立が明らかとなる。

府中地域の各所では小型の石仏や板碑が五輪塔、一石五輪塔などとともに祀られている例が多く見出せた。その多くは無銘のものであり、もともとは墓標として用いられたものと推測できる。それらが再利用される形で、移動、集積されたという経緯が想像される。

中世にさかのぼる板碑では、追善や逆修といった供養を目的としたものが多く知られており、府中地域においても成相寺境内の文安四年（一四四七）のものにも「逆修」の文字が見られる。

また、本坂の五基の板碑（図2）においても、応永一八年（一四一一）のものに「化法鬼幽霊」とあるように、死者の霊を供養する目的が記され、その造立の目的が明確である。本坂の他の例には「信□禅尼」「妙盛禅門」など、法名（位号）を記すものもあり、死後の安寧を祈願する意図が板碑造立に込められていたことが確かめられ、のちに板碑形墓標として板碑の形状が採用されていくことへとつながったと考えられる（図3）。

丹後地域の石造物の中でも、地域的な特色として注目されてきたのが、自然石を利用した板碑で、とりわけ本尊を種子（梵字）で表すものが特徴的である。典型例は、大谷寺にある僧智海によるものであり、文正二年（一四六七）にさかのぼる。成相寺境内にも僧侶の供養に関わると考えられる板碑に同種のものがあり、そのピークは一六世紀後半で、大谷寺の板碑群と同じ傾向である（図4・5）。智海の板碑を嚆矢としてこのタイプの板碑が根付いたことがうかがえる。このような地域性を表す石造物の存在もまた、景観の構成要素として重視できよう。

三　板碑から町石へ

成相寺の参道の石造物で特筆されるのは、町石の存在である。本坂道では二種類の町石が確認され、形状の違いや「町」と「丁」の文字遣いの違いなどが観察でき、設置時期の違いを示していると考えられた。このうち、「町」を用いる町石は、頭部が三角頂で庇状に作られ、体部に一尊の仏像を刻んでおり、まさに板碑の形状をよくとどめ

図２　本坂道の板碑群

図４　成相寺板碑（天正２年）

図３　中野の板碑形墓標

図５　大谷寺板碑群（手前が智海の板碑）

図6　一六六町石

図7　本坂道入口の道標（左）と板碑形町石（右）（一町）

ている（図6）。この町石の一町が本坂道の入口部に位置し、一六町の一町であることが示される（図7）。その側面には「寛永十八年辛巳年九月十日十六躰立之」の年紀が刻まれ、江戸時代前期の寛永一八年（一六四一）に製作されたものであることがわかる。中世以来の板碑が墓標として用いられている時期であり、その影響のもとで町石のデザインが決められたと考えることができる。丹後地域においては、中世に成立した板碑のデザインが、近世墓標のみならず、町石にも大きな影響を与えたと言えよう。もう一方の町石は「丁」字を用いるもので、頂部を四角錐形に作る四角柱である。一般的な道標の形態である。紀年がないため時期を知ることはできないが、板碑形よりも遅れるものと考えられ、伝統的な板碑の形状から道標の形態への変更として評価することができよう。

石造物は目に見える遺産として残されていくことから、作られた時代ばかりでなく、より後世にも影響を与え続けていくことがある。府中地域の石造物からは中世板碑の影響のもと、近世に板碑形墓標が流行するとともに、成相寺参詣道の町石にもその影響が及んだことが確認できた。地域の特性を形成していく上で、地域に残された石造物を評価していくことが重要であることをよく示している。

石灯籠もまた景観を特徴づける石造物である。府中地域では大型の自然石形石灯籠が三基あり、景観のアクセントとなっている。中でも本坂道の入口にある自然石形石灯籠は天保六年（一八三五）の紀年銘を持っており、時期がわかる重要な資料となっている。このほか、真名井神社参道入口にある文政寅（とら）年（一八一八）の神前形石灯籠には、但馬国出石郡唐川村という地名を記し、地域を越えた交流を物語っている。石灯籠は一種のランドマークとも言うべき役割を持っており、道と道との交差点など、地域の結節点を明示する役割を持っている。本坂道の起点周辺には、石燈籠、道標、町石がまとまって存在しており、この場所の持つ重要性がよく示されている。

註

（1）中嶋利雄「歴史時代の府中（その四）」『中野遺跡第四次発掘調査概要』宮津市教育委員会、一九八三。
（2）大石信「宮津市域の石造遺物」『宮津市史　別冊』宮津市役所、二〇〇五。
（3）大宮町教育委員会『水戸谷遺跡発掘調査報告書』同教委、二〇〇四。
（4）京丹後市丹後古代の里資料館『石塔から墓石へ――中世墓から近世墓へ――』京丹後市丹後古代の里資料館、二〇〇五。

第四章　評価

天橋立における砂州保全と松林利用の歴史的経過について

吹田直子

一　はじめに――形状の歴史的変遷

天橋立は、丹後半島東端の小湾内において自然形成された全長約三・六キロメートルの砂州である。この小湾は、日本海から隔てられた大海域である若狭湾から、丹後半島と宮津市街東方の栗田半島に隔てられた小さな海域で、天橋立によってさらに内海（阿蘇海、内之海）と外海（与謝海、与謝之入海：現宮津湾）とに隔てられている。

天橋立が日本人に長く愛されてきた独特の景観である要因は、砂州と内外両湾、周囲の山稜からなる視覚的な自然美に加え、沿岸部の平地や山丘に営まれてきた歴史的遺産群が一体的に調和していることにある。

天橋立は、現宮津市字江尻（北東岸）から同市字文珠（南西岸）間の海中を、斜め一条に横たわるように延びており、江尻岸側から生成伸長したため陸地と繋がっている。一方対岸の文珠岸とは繋がっておらず、岸近くで州が途切れて、ここが「切戸」と呼ばれている。この水道によって阿蘇海と与謝海は海面はわずかな距離で連続していて、この狭い切戸の間を、水流とともに人と船舶が往還している。

現在の天橋立砂州は、大天橋および小天橋と陸地化している第二小天橋の三砂州からなるが、雪舟筆の国宝「天橋立図」（京都国立博物館蔵。一六世紀初頭）を見れば小天橋と第二小天橋は存在しない。この二砂州が形成された時期は、「与謝之大絵図」（成相寺蔵。享保九年〈一七二四〉中の記載から、[1]一八世紀後半以後であることがわかる。なお、出来はじめた頃の小天橋の様子は、一九世紀半ばに描かれた島田雅喬筆「天橋立真景図」のなかに見ることができる。

大天橋そのものも、歴史的に形状が変化している。「天橋立図」に描かれている砂州は現在ほどの長さはなく、州先は天橋立神社が存在する付近までであった様子である。現在の延長約二四〇〇メートルより二五〇〜三〇〇メートル程は短かったとみられ、この様相は先の「与謝之大絵図」の記述とも一致している。

また、陸地と連続している江尻付近の沿岸も、中世には現在の海岸線より数十メートルは内陸側へ入り込んでいたらしい様子が雪舟図の描写のほか地籍図の地割[2]からもうかがわれる。さらに古くには、周囲と異なる方位の区画となっている江尻の府中公園付近まで内海が及んでいたのではないかと推測している。[3]

われわれは、天橋立の歴史的経過を考えるとき、時代によって砂州形状が変化し続けていることに目を向け、その変化が沿岸の文化や生活へ影響を及ぼしつつも、両者が共生してきたことを念頭に置いておく必要があろう。

二　中世前期以前の天橋立

古代天橋立の諸相を伝えているとされる『釈日本紀』引用の『丹後国風土記』逸文には、「天椅立」に「長二千二百廿九丈、広或所九丈以下、或所十丈以上廿丈以下」の割注がある。「丈」の単位長には諸説があるが、隋〜唐尺とされている一丈＝二・四五メートルを採用すると五四六一メートルとなって、これより短い古代音律用の尺とされる一丈＝一・九四メートルを採っても四三二三メートルとなることから[4]、現在の大天橋の総延長と大きく異なるため誤記あるいは誤写とする考えがこれまでにあった[5]。

しかし、逸文の記述に従えば大天橋砂州の幅は約二二～二四八メートルほどとなり[6]、天橋立神社や厚松付近の拡張部を除けば、現在の平均的な幅に比較的近い値になる。延長の数値も、外海沿岸沿いに細長く展開している現江尻集落一帯が土堤状（砂州）に海中にあって、天橋立と連続していたとするならば、見当違いとまでは即断できなくなる。

一方、かつて文珠岸では天橋立駅より南西付近に別の切戸が存在していたと考え、智恩寺が立地する岬（文珠三角地）が天橋立に繋がっていた時期があったとする見解がある[7]。天橋立の延長を長大に記す『丹後国風土記』逸文の記載に対照すればこれも違和感がない変遷説であり、古環境学的な見解からも文珠三角地が大天橋の一部として発達した形成過程が示されている[8]。これらの変化がいつ起こったかは不詳であるが、古代の天橋立は、時々の海進や海流の変化によって切戸が比較的自在に動き、形状が変動する細長大な砂州であったのが実態ではないだろうか。

また、維持方法や管理者を考える上では植生に関心が向くが、平安時代中後期に天橋立を詠んだ和歌に、しばしば松や松原が謳われていることをみれば[9]、古代末期の砂州上には松林が一定広がっていたと思われる。この松林を誰が維持したかは明らかにできない。日常生活のなかで周辺住民によって松枝などが利用され、結果それが手入れになっていたのではないだろうか。

南北朝時代以降には、天橋立砂州もおおむね雪舟図に近い形状へと固定していったと考えられる。それを参照できる資料として、本画に一五〇年ほどさかのぼる頃、本願寺三世覚如上人の生涯を描いた絵巻「慕帰絵詞（ぼきえことば）」（観応二年〈一三五一〉）第九巻がある。覚如上人が丹後天橋立を訪れた貞和四年（一三四八）四月の旅程と、同場面を描いた絵画一景が収録されている。

本画の天橋立は、本来は画面に収まる位置にある籠（この）神社が描かれておらず実景ではないが、府中方面（南西岸）から天橋立を望んだ視点からの大谷寺や切戸、内外湾の位置関係が正しく、一定の風景情報を踏まえて作成されていることがわかる。

この画面を見ると、天橋立砂州は江尻岸に繋がって文珠岸に向かって延長する姿で描かれ、砂州先端前方には文珠岸との間に切戸が存在している。また、砂州先端近くに橋立明神があり、砂州上にはほぼ横一列に並ぶ松林が描かれ、枝間からは画面奥となる外海の海面が透けて見えている。この松樹の間隔は雪舟図に近い状況である。構図が雪舟図と逆であることは、覚如上人が途中、成相（なりあい）寺を参詣し本堂から天橋立を見下ろしていることと、成相寺が画中に描かれていないことから、同地点に立った視点からの描画になっているためと考えられる。

また同段の詞書には、同日前後に覚如上人と上人が出会った人々の行動が叙述され、画中には詞書に登場しない人物像も風景として描き込まれている。後者については参考の域は出ないものの、当時の周辺における往来の風景の一端を読み取ることができる。

詞書によれば上人は雲原（与謝峠）から国府（府中）、大谷寺、成相寺の順で移動し、下山して天橋立へ向かった。州先では、思いがけず当地で再会した僧侶との宴会を楽しみ、そこからは舟を呼んで宮津へ移動し、丹後を後にしている。

画中の風景に目を転じると、砂州岸に僧らが用意した宴会用の荷を運んできたとみられる舟が三隻乗り上げているほか、少し離れた松林中では、覚如上人一行が呼んだとみられる荷馬と従者が待機している。一行のほかにも民衆数名が橋立明神前の地面に坐して酒らしきものを呑んでいる様子である。外海上には内海に向かって帆船が進み、内海上には帆船や屋形舟、荷を筵（むしろ）で覆った小舟が江尻岸へと向かう様子が描かれ、江尻岸には小舟が停泊している。府中岸では騎乗の武家一行や、大きな荷を負った民衆が行き来している。

これら画と詞書からうかがうことができることとして、府中界隈では①荷馬が存在し客を運んでいたこと、海上では②宮津・天橋立・府中沿岸間に海上輸送を請け負う舟があったこと、③外海から荷を運ぶ舟が切戸を通って内海の海岸に着岸しているらしい様子であることなどの点がある。往来が比較的頻繁であった様子である。一方、天橋立へは④覚如上人一行は特段の断りを得ずに行き来していること、⑤僧侶身分でない民衆も橋立明神前で宴を広げていたらしいことがわかる。

当時、丹後府中では国衙機能の一部が残っていて[10]、運輸を含む付近の商業活動従事者には一定程度統制が及んでいた可能性はあるが、天橋立の立入りに関する規制を記した史料は確認できない。

なお、これより後の一五世紀以降には府中には守護所が置かれて、一帯は港湾機能を持つ内海に臨む中世都市的な風景へと発展を遂げることとなるが、現状では同様に天橋立に関しての規制などを知ることはできない。

上述の諸相から見たなかでは、天橋立砂州への通行や利用の頻度は比較的ありながらも、おおむね自由に行われていた状況が想像される。松林の利用も個別利用の範囲で行われて、そのなかで植生遷移が進まないような循環が成り立っていた可能性が推察される。

四　近世智恩寺の管理と天橋立

天橋立も、江戸時代までには智恩寺境内の一部として認識されるようになっていく。同寺と天橋立の関係を記した史料として古いものに、天正八年（一五八〇）に丹後国へ入封した細川幽斎（ゆうさい）・忠興（ただおき）より、同年九月に智恩寺役者に宛てた安堵状がある。[11]この中では当山が「無双霊境上」にあり、また同家の外祖が帰依した由緒があるとして寺領を安堵している。智恩寺は延喜年間（九〇一～九二三）に寺号と山号の天橋山を賜ったと伝わり、[12]山号からも天橋立を背負う寺であることがわかるが、智恩寺が霊境上、すなわち天橋立の上にあることの評価を示したのは細川家からである。幽斎は歌学者としても高名な武将であり、天橋立への思い入れも深かったことが知られている。[13]以後、同家に替わって慶長五年（一六〇〇）から丹後に入封する京極家も寺領を寄進し、以降の歴代宮津藩主によって智恩寺への宛行は幕末まで認められ続けた。

中世末期に天橋立が、陸続きでない智恩寺の境内と見なされた要因については、この頃には天橋立と九世戸智恩寺へ参詣する旅衆が増え、それに繋がって砂州への渡船や旅客の世話などを差配する必要が寺の周辺で発生し、寺内で一定の体制が整っていった現実にあったと考えられる。

それをうかがわせる記録に、宝暦九年（一七五九）七月「寺格幷山林境内寺領等書上帳」（智恩寺文書）がある。文珠岸からの渡船は古くは智恩寺が手配していたらしく、同書上帳によれば、「古は寺より船を出シ、寺内之下男ニ渡守申付候共、只今ハ門前村百姓へ渡守申付候」とする。この「古」が何時のことかは判然としないが、天正一〇年（一五八二）より細川藤孝（幽斎）によって「渡守給」として智恩寺へ宮津内二段の給田が宛がわれているため、「當国中之人」からは渡賃を取らず、「巡礼ニハ六文宛之運賃」を取るよう京極家支配の頃に定めたと後述している。この天正一〇年の沙汰は、すでに渡守を寺が出していた実態があったための可能性がある。そのことは、永禄一二年（一五六九）に連歌師であった里村紹巴が当地を訪れた際、宮津から文珠へ至って智恩寺院主の歓待を受け、一泊して翌日に舟で切戸を渡って府中を一見、再び寺に戻って文珠縁起（「九世戸縁起」）を拝閲、また弓木まで舟で渡っている足取りなどからも推測される(14)。

近世以降になると、智恩寺が天橋立を境内としていたことを記す同寺文書は列挙にいとまがない。一例をあげれば、元禄七年（一六九四）戌年九月改の境内検地では、「一　橋立千二百五拾六間　但シ町ニ直シ廿町五拾六間但シ縄打但シ御順検渡シ場ヨリ廿間程南ノ方之洲嵜ニ叉竿打ニシテ」「一　橋立千三百五拾間但シ町ニ直シ廿弐町卅間」とされたと記録されている(15)。この時以降に作成された指出帳や覚書などにも同様の記事が認められる(16)。そして天橋立の鎮守社として中世縁起書に記される、州先の橋立明神社が同寺の諸堂伽藍に並んで書き上げられるようになる。宝暦九年（一七五九）の書上帳では、同神社の修造についても御城主より智恩寺が仰付られたとされ(17)、嘉永七年（一八五三）の資料ながら実施を示す棟札も寺に残っている。

また、天橋立の松材利用についても智恩寺が権利を有していた。寛文九年（一六六九）には、猟師町新右衛門が橋立の松葉を掻いたことを詫び、今後松葉木の葉を拾わないことを智恩寺に誓約している(18)。天保一五年（一八四四）には、橋立の松枝を打折った雇人のことを魚屋治平衛らが智恩寺へ詫び出ている(19)。

このように、近世を通じて、天橋立は主に智恩寺の管理のなかで維持されていた。この状況下、沿岸周辺での相次ぐ新田開発を遠因とする天橋立の裁断論争が起こることとなる。

五　天橋立の裁断争論について

一八世紀後半頃以降、切戸から文珠沿岸付近にかけて、雪舟図に描かれた姿から砂洲地形が著しく変化してきていることは既述の通りである。具体的には天橋立砂州が徐々に文珠沿岸に沿って伸長し、切戸が狭くなっていった。それが外界からの魚類の回遊を妨げるまでの事態となったとして、内海での漁業権を持つ府中溝尻村から宮津藩へ橋立裁断の願い出が宮津藩に提出されたのである。その経緯と結果については、智恩寺文書から紹介する横田冬彦氏の論述に詳しい(20)。

簡略に経過を追うと、藩御役所が裁断を許可したと同村が智恩寺へ訴え出たため、当時の妙峰住持は、江戸へ提出している国絵図に記した委細の変更となるので御公儀の御窺を受けるべきこと、天橋立は「無双霊境」「二神降下の神跡」であるため一村の困窮を救うために裁断すれば、諸国の嘲笑事になろうことを御城主に訴えて撤回された。しかし、その後も「通船の不自由」を加えて、元文四年（一七三九）・寛延二年（一七四九）の二度にわたって溝尻村よりの訴えが行われた。ここに至って郡代の岩尾五郎左衛門が智恩寺完道住持を内輪で呼び出し、「橋立之内浚」（浚渫）をすることを願い出るよう説得した。住持はこの説得に従って願書を出したが、御城主の同意が得られなかったため、問題は解決されなかったという結果となった。

そのため、明和六年（一七六九）の洪水で現切戸付近に「新切」ができて切戸が二カ所となり、さらに砂州は延長していく。また文化一一年（一八一四）には、溝尻村はこの「古切」を埋め立てて「新切」だけにしたいとの願書を出すが、天橋立は「無双霊境」「二神降下の神跡」であり、「鶏塚より渚葉涙ヶ磯身投石」までも諸国の人にまで伝聞されているのだから往来船がその前を通らずに波が岸に打ち寄せる風景も変わってしまう、一カ所の切戸のみでは水吐が危険である、内海向きの田地への潮入が激しくなって村々が難渋する、などとしてやはり実現しなかった。

このように漁業問題・通船問題・新田開発と農業問題が発生するなか、天橋立の保全を維持する立場の智恩寺の判断によって裁断が回避されて現在に至ってきた。それには、藩役所や城主の判断が介在しているとはいえ、智恩寺や周辺に住まう人々が、人々自身によって利害調整を行うなかでの結果であったことも重要である。

天橋立は自然現象に逆らわず変化したが、周辺の生活とも共存してきたこと、加えて人為的な環境変化によって形状保全の危険に晒されながらも維持されたことがわかった。そのなかで名所としての美観も保たれてきたのである。この歴史的経過は高く評価されるべきであり、将来へ継承されるべき指標でもある。

註

（1）宮津藩主永井氏（一六六九～一六八〇在任）の頃より砂州が伸張しはじめたとする。
（2）宮津市役所編『宮津市史　絵図編』別録四「宮津市域大字小字図」二〇〇五。
（3）京都府埋蔵文化財調査研究センターによる難波野条里制遺跡・難波野遺跡調査データなどから推測した。詳細については稿を改めたい。
（4）小泉袈裟勝「尺」（『国史大辞典』吉川弘文館、一九八六）。
（5）秋本吉郎校注『風土記』（岩波書店、一九七七）には、「二千」を誤りとして「一千二百廿九丈」と訂正して掲載されている。この説を採用しても隋～唐尺で三〇一一メートルとなり、現在の大天橋長よりも長い。
（6）隋～唐尺で換算。

（7）永濱宇平「文珠の地理」（京都府与謝郡宮津町役場編『丹後宮津志』一九二六）、小谷聖史『天橋立の生い立ち』二〇〇五。

（8）植村善博「天橋立砂州の形成過程」（植村善博編『京丹後市久見浜湾の古環境と形成過程――阿蘇海・天橋立との比較――』京丹後市教育委員会、二〇一〇）。

（9）和歌に見える「天橋立」は歌枕として詠まれ、実見の経験に基づき謳われている例ばかりではないが、風聞などによるイメージは一定程度反映されていると考える。

（10）『園太暦』観応二年（一三五一）二月九月一二日条に、同月三日丹後国守護上野頼兼が南朝形軍勢に討たれたことを丹後国目代光清が知行国主洞院公賢に報告している記事がある。当時の守護支配と国衙機能の関係は未詳であるが、府中沿岸はその膝下にある。

（11）「天正八年九月廿五日細川藤孝・忠興連署書状」（智恩寺文書／『宮津市史　史料編』第一巻、一九九六。別掲に収録済）。

（12）山号が定まった時期は、史料上は判然としないが、少なくとも「九世戸縁起」（室町時代／智恩寺蔵）、「九世戸智恩寺幹縁疏幷序」（文明一八年（一四八六）、同寺蔵）には、天橋山と記載されている。

（13）横田冬彦「第三章　天橋立と智恩寺門前町」（『宮津市史　通史編』下巻、宮津市役所、二〇〇四）。

（14）松田啓三郎「乱世の連歌師紹巴とその「天橋立紀行」について」（『両丹地方史』第三〇号、二〇〇四）。

（15）享保一三年（一七二八）二月改記「古代記録」（智恩寺文書／『宮津市史　史料編』第三巻、一九九九。収録四五）。

（16）文化三年（一八〇六）寅九月「天橋山智恩寺記録」、文化一四年（一八一七）丁丑一二月「指出帳」（智恩寺文書）他。

（17）宝暦九年（一七五九）七月「寺格幷山林境内寺領等書上帳」（智恩寺文書／『同』第三巻収録四六）。

（18）寛文九年（一六六九）霜月一四日「れうし町新右衛門松葉かき詫状」（智恩寺文書）。

（19）天保一五年（一八四四）辰正月日「魚屋治平衛橋立松枝打切ニ付詫状」（智恩寺文書／『同』第三巻収録七〇）。

（20）註（13）に同じ。

景勝地からのアプローチ

上杉和央

一　世界遺産リストに登録された遺産との比較

（一）砂嘴・砂州地形を含む遺産との比較

二〇一六年七月段階においてユネスコの世界遺産リストに登録されている一〇五二件のうち、砂嘴・砂州地形ないしそれに類似する海岸地形を含む世界遺産は、「サン・ルイ島」（セネガル共和国）、グラン・バッサムの歴史都市（コートジボアール共和国）、アル・ズバラ考古遺跡（カタール国）、「富士山―信仰の対象と芸術の源泉」（日本国）、および「クルシュー砂州」（リトアニア共和国・ロシア連邦）の五遺産であり、その概要は次のとおりである。(1)

■**サン・ルイ島**（セネガル共和国）

文化遺産　登録年―二〇〇〇、二〇〇七　登録基準(ii)(iv)

セネガル川河口部の島にあるサン・ルイ島は、フランス植民都市の代表的な都市である。その起源は、一七世紀にさかのぼるが、一九世紀になって都市計画が整備され、一八七二年から一九五七年はセネガル（フランス領西アフリカ）の首都となり、西アフリカの文化的・経済的中心として発展した。

立地点および都市の歴史性が評価され、サン・ルイ島をコア・ゾーン（プロパティ）、セネガル川河口をバッファ・ゾーンとして二〇〇〇年に世界遺産登録がなされた。

その後二〇〇七年に、島の西側にある「Langue de Barbarie」と呼ばれる砂州部分[2]（約一〇キロメートル）もバッファ・ゾーンとして追加登録された。

■グラン・バッサムの歴史都市（コートジボアール共和国）

文化遺産　登録年―二〇一二　登録基準(iii)(iv)

一八八五年、フランスによるコートジボアール領有が確定した。フランスは、コモエ川河口部にあるエブリ潟と大西洋に挟まれた土地に建設されたグラン・バッサムを最初の首都とした（一八九三年）。格子状の街路を持つ都市計画が展開される。植民地時代の首都であり、政治的・経済的な中心地として歴史的に重要である。地形条件を大きく打ち出した登録ではない。

■アル・ズバラ考古遺跡（カタール国）

文化遺産　登録年―二〇一三　登録基準(iii)(iv)(v)

一八世紀後半にペルシア湾岸の真珠産業で発展した城壁を持つ港町。一八一一年に破壊され、二〇世紀には放棄された。多くの遺構が砂に埋もれているが、一部で発掘が進んでいる。砂嘴地形をプロパティの中に含む。

■「富士山―信仰の対象と芸術の源泉」（日本国）

文化遺産　登録年―二〇一三　登録基準(iii)(vi)

日本の最高峰の成層火山。富士山は、日本の宗教観や芸術に深い影響を与える心のよりどころであった。美しい山容は宗教性と結びつき、古来より眺望され、信仰される対象であった。眺望点の一つに砂嘴地形の三保の松原がある。

■クルシュー砂州（リトアニア共和国およびロシア連邦）

文化遺産　登録年―二〇〇〇　登録基準(v)

全長九八キロメートル、幅〇・〇四～四キロメートルの砂嘴。(3) 人類の入植は先史時代にまでさかのぼる。砂嘴は、自然の営力による侵食の脅威、そして人間活動の影響による砂嘴上の森林の減少に直面してきたが、一九世紀初頭以降、植林や侵食を防ぐ措置による砂嘴の安定化が図られ、一九世紀末には森林被覆地が五〇パーセント近く回復した。その後、第二次世界大戦の影響で再び森林にダメージを受けたが、現在では砂嘴上の七一パーセント以上が森林となっている。

自然と人間によって生み出された文化的景観として、二〇〇〇年に世界遺産登録された。

これらと天橋立を比較する。まずサン・ルイ島だが、この遺産は砂州によって海洋の影響を直接受けない河口部に展開した植民都市であるという歴史的背景が評価されたものであり、砂州は都市形成・発展の自然要因として位置付けられている。そのような評価は、砂州がバッファ・ゾーンとして追加登録された、という経緯からみても明らかである。

同じくグラン・バッサムも、基本的には植民都市としての歴史的価値が認められたものであり、地形的な特徴が重視されたわけではない。登録範囲についても砂州上（ないし浜堤上）の都市化した一部のみであり、地形全体が重視されたものとなってはいない。

天橋立においても、古代・中世には内海である阿蘇海沿岸に国府や府中が置かれ、また近世には対岸に宮津城下町が形成されたが、いずれも植民都市とは性格を全く異にするものである。また、天橋立の景観美そのものが都市発展に貢献しているのであり、サン・ルイ島やグラン・バッサムとは、自然環境との関わり方や自然の評価が全く異なる。

アル・ズバラ考古遺跡は、近代の港湾都市の遺構である。サン・ルイ島やグラン・バッサムの植民都市とは異なり、クウェート商人たちが建設した都市であることに特徴を持つ。遺跡の南西部には砂嘴が発達し、プロパティの一部に含まれているが、都市の形成や展開に砂嘴が大きな影響を与えたわけではないようである。遺跡の周囲は砂漠に取り囲まれ、全体として砂漠に由来する砂の堆積が激しい。

世界有数の砂漠地帯であるアラビア半島の沿岸部にあるアル・ズバラと天橋立とでは、周辺の自然環境が大きく異なる。また、近代に建設された都市遺跡たるアル・ズバラに対して、天橋立一帯は古代より、その利用が確認される場所であり、歴史的な長さも違っている。

富士山については、詳細に語る必要はないだろう。富士山の登録地は複数にわかれており、いわゆるシリアル・ノミネーションとなっている。なかでも最も遠くにあるのが三保の松原であるが、富士山の眺望地としてつとに知られる地点であり、そこからの眺めにインスピレーションを受けた芸術作品も多い。

天橋立と富士山を比較したとき、自然美からもたらされる宗教性・芸術性といったキーワードは類似するものと言える。しかし、その対象が「山」であるか「海」（海岸地形）であるかで、大きな違いがある。

三保の松原は天橋立と並んで、砂嘴・砂州地形の代表例として知られている。その意味で、地形条件は類似する。また白砂青松（はくしゃせいしょう）がうたわれる地という点でも共通点がある。ただし、富士山の登録にあたり、三保の松原は眺望点としての役割が与えられており、三保の松原自体が資産の中心になっているわけではない。それはイコモス（ICOMOS：国際記念物遺跡会議）が三保の松原を除外することを勧告したことにも表れているだろう。日本人の富士山の愛で方の歴史をみた場合、三保の松原の除外勧告は先方の理解不足（もしくは日本側の説明不足）でしかないと感じざるを得ないが、砂州地形そのものから浮かび上がる宗教性・精神性が歴史や文化に影響してきた天橋立とは、やはり大きな違いがある。

次にクルシュー砂州だが、人間が砂嘴・砂州景観を維持してきたという歴史において、クルシュー砂州と天橋立には共通の価値がある。ただし、次の二点において、両遺産は大きく異なっている。

①植生

クルシュー砂州のうち、リトアニア側の国立公園部分の植生は、Scotch pine（Pinus silvestris：ヨーロッパアカマツ）が五三パーセント、dwarf mountain pine（Pinus montana：モンタナマツ）が二七パーセントであり、その他、約九〇〇種の植物が生育している。[4] それに対し、天橋立はJapanese Black Pine（Pinus thunbergii：クロマツ）が卓越する植生である。マツ科が卓越する点は同じであるが、低木のモンタナマツ、樹皮の赤いヨーロッパアカマツと、樹皮が黒く高木のクロマツとは植生景観が大きく異なる。クロマツは本州・四国・九州と朝鮮半島南部に生育するマツであり、英語名にも表れているように日本を代表するマツである。

②砂嘴・砂州の規模

クルシュー砂州は全長九八キロメートルに対して、天橋立は約三・六キロメートルである。クルシュー砂州は地上から全貌することは不可能なため、全体的な調和は図られず、砂嘴内の地域によって異なる相貌をみせる。それに対して、天橋立は全体を見渡すことが可能であり、海面や陸地部との全体的な調和の中での眺望が人々に愛でられ、また信仰されてきた。そのため、天橋立の景観全体が意識される中で、保全が図られてきた。自然と人間の調和によって生み出される文化的景観であるが、景観に対するアプローチが両遺産では大きく異なっている。

（二）海洋と精神性

海岸・海洋を含む世界遺産のうち、海洋景観がその地の聖地化に関連している遺産は四カ所ある。それらの概要を示すと次のとおりである。(5)

■スケリッグ・マイケル（アイルランド）

文化遺産　登録年―一九九六　登録基準(iii)(iv)

アイルランドの沖合一二キロメートルに浮かぶ孤島に築かれた教会。五世紀頃に設立されたという伝承があり（文書に登場するのは八世紀末）、初期キリスト教の布教を示す遺産として貴重。一二世紀後半には人が住まなくなったが、巡礼地として機能した。

■厳島神社（日本国）

文化遺産　登録年―一九九六　登録基準(i)(ii)(iv)(vi)

古来より神道の聖地。六世紀頃には初期建造物があったとされるが、現在の社殿は平清盛の造営以降のものであり、一二～一三世紀を代表する神社建築となっている。島を崇拝し、山を神体としている。山と海のコントラストが織りなす場所に立地し、日本人の風景美を代表する。江戸時代には日本三景の一つとなる。

■モン・サン＝ミシェルとその湾（フランス共和国）

文化遺産　登録年―一九七九　二〇〇七　登録基準(i)(iii)(vi)

「西洋の驚異」と評される干満差が激しいサン・マロ湾に浮かぶ小島に位置する。干潮時は陸地とつながるが満潮時は完全に海の中である（一九世紀に堤防が造られたが、島に戻す工事が二〇一四年に完了）。聖ミカエルを祀るベネディクト派修道と、高い壁に囲まれた村からなる。修道院は一一世紀から一六世紀まで建築・改修され、中世のさまざまな建築スタイルがみられる。中世以来、聖地として巡礼の対象となっている。

二〇〇七年にバッファ・ゾーンが拡張された。

■「富士山―信仰の対象と芸術の源泉」（日本国）

文化遺産　登録年―二〇一三　登録基準(iii)(vi)

（再掲のため省略）

これらのうち、富士山については先に触れたので、ここで再論する必要はないだろう。富士山を除く三遺産に共通する特徴は、「島」という点である。ただし、スケリッグ・マイケルおよびモン・サン＝ミシェルは、自然の脅威の中に位置する島に教会・修道院が建てられ、そこが聖地として巡礼の対象となったのに対し、厳島神社は山と海の織りなす自然美が信仰の対象となっている。天橋立にあるのは、自然の脅威に対する畏怖という点から生まれたというよりも、自然美に基づいた宗教観・精神性であり、これら三遺産のうち、比較対象として最もふさわしいのは、厳島神社である。しかし、この両遺産には次のような点で大きな違いがある。

①海へのまなざし

厳島神社は島全体を信仰の対象とするが、特に重要なのは、島の中心にある弥山である。弥山は神が降臨する場所と考えられ、ご神体として位置付けられている。すなわち、厳島神社の場合、自然への信仰の中心は「山」なのであり、信仰という面から捉える場合、「海」から「山」を仰ぎ見るという構図となる。

一方、天橋立の場合、海の方向を向いた五世紀代の祭祀遺構（難波野遺跡）や天橋立の眺望を得ることを立地の基本とした成相寺の旧本堂遺構などをみても明らかなように、信仰の中心は、砂嘴・砂州という海岸景観そのものである。中世には、龍宮伝説や仏教的解釈を纏った龍神信仰が交わって海中他界信仰が展開したが、この基底にも海岸景観（奇観）がある。このように、天橋立に現出する自然美の中心は「海」（海岸景観）である。さらに言えば、砂嘴・砂州地形のすぐ近くを山地が取り囲んでおり、四方の山腹・山頂から天橋立の全貌を見渡し、「斜め一文字」「飛龍観」「一字観」など、それぞれ特徴的な形容で景観を愛でてきた。この、「山」（もしくは陸地）から「海」を眺める構図が天橋立の基本である。

つまり、天橋立と厳島神社は、日本人の自然信仰を特徴付ける遺産であることは共通するが、「海」をめぐる目線がちょうど正反対になる。

日本人は独特の自然信仰を展開してきたが、その対象となる自然要素のうち、「山」と「海」は二大要素である。「山」を中心とした遺産については、富士山、厳島神社、上賀茂神社、熊野三山（紀伊山地の霊場と参詣道）など、いくつかの遺産がすでに世界遺産として登録されている。一方、「海」を中心と据えた日本の遺産は未登録であり、かつ、すでにみたように、世界遺産全体をみても、「海」の作用による自然美を信仰対象にした遺産は登録されていない。

②構成要素

厳島神社は、神社建造物が重視される形で登録されている。

一方、天橋立の場合、特別名勝としての天橋立のほか、成相寺や智恩寺といった仏教施設、籠(この)神社や天橋立神社といった神社施設、そして天橋立を眺望する場所としての大内峠や傘松公園なども重要な構成要素となる。天橋立という奇観は、このようなさまざまな施設・場所から眺められ、神聖視されたのであり、この点にも本遺産の固有性を認めることができる。

二　東アジアの遺産との比較

天橋立の景観上の特徴は、「白砂青松」と形容される砂浜とクロマツの織りなす景観が砂嘴・砂州上に展開しており、そのような景観の全貌を周囲（四方）の山々から眺められる点にある。この点について、類例との比較の中で、天橋立の特徴を確認する。

（一）東アジアという比較範囲――クロマツの分布地

日本に自生するマツは、クロマツ、アカマツ、ハイマツ、リュウキュウマツなどがあるが、それらが好む生育環境は異なっている。「白砂青松」は海岸景観を形容するものであり、ここで言う「青松」は基本的に、海に近い環境でも生育しやすいクロマツを指すとみてよい。

クロマツは、日本人の文化に大きな役割を果たす植物である。その自生地の分布域は日本および朝鮮半島南部の海岸地域であり[6]、日本国内は本州が北限、トカラ列島悪石島が南限である[7]。すなわち、「白砂青松」と形容される砂浜とクロマツの織りなす景観とは、世界でもごく限られた地域にのみ現れる景観であり、クロマツに関連した文化の展開は、地域の自然環境に根ざしたものである[8]。

この点において、景観という観点から天橋立と比較しうる類例は、日本および韓国にのみ存在しうることとなる。ただし、やや範囲を広げて朝鮮半島～中国までの東アジア地域を対象として、天橋立の固有性を確認する。

（二）山に囲まれた砂嘴・砂州地形

天橋立は砂嘴・砂州地形の典型[9]であり、外海としての宮津湾と、内海（潟湖）としての阿蘇海を天橋立が明瞭に区分している。大天橋・小天橋を合わせた全長は約三・六キロメートル、幅は約二〇～一七〇メートルと、非常に細長い地形となっており、この地形を天橋立の四方にある山々から眺めることができる。またその独特の地形は、天と地を通う椅子（梯子）という神話の源泉となっている。砂州上は、特別名勝として保全されており、天橋立神社や休憩所、記念碑といったごく一部の施設を除けば建造物はなく、約八〇〇〇本のクロマツと白砂によって構成される景観である。

砂嘴・砂州地形自体は、それほど珍しい海岸地形というわけではない。ごく小規模な規模の砂嘴・砂州地形まで含めるならば、東アジアの沿岸部各地で確認できる。しかしながら、内海（潟湖）が形成されていること、砂嘴・砂州地形上が過度に開発（都市化、農地化）されていないこと、という二つの条件を加味すると、日本を除いた東アジアの沿岸部——該当国・地域は韓国・北朝鮮・中国・台湾——をすべて見渡しても、一六カ所しか確認することができない。

そのうち中国には、山東省二カ所、広東省一カ所、海南省四カ所が確認できる。この中には長さ一〇キロメートルを超える大規模な砂州もあるが、長大なものは全体を見渡せなくなり、天橋立と比較する類例とはならない。やや幅を取り、長さ二〜五キロメートル、幅三〇〇メートル未満の砂州地形を求めると、山東省にある二カ所の砂州が当てはまる。しかし、これらの砂州および潟湖の周囲には南または南西のみに一〇〇メートル程度の山地があるのみであり、天橋立のような周囲の山から海を眺める文化的営為の展開は困難である。

台湾島では一カ所が確認できるが、砂州幅が四〇〇メートル程度もあり、天橋立と比較するような地形ではない。

韓国では江原道に五カ所が確認できるが、いずれも二キロメートル未満の長さしか持たない。

北朝鮮で明確な砂州地形を持つ三カ所のうち、日本海に面し、元山市から直線距離で三五キロメートルほど南東に行った地点に形成された砂州一カ所については、長さ二〜五キロメートル、幅三〇〇メートル未満という条件に当てはまる。南北に形成された砂州地形の西側には潟湖（Lake Sijung）があり、その三方（北〜西〜南）を取り囲むように山地がある。この地点は、東アジア諸国の砂州地形の中では、天橋立に最も近い。

ただ、北朝鮮の砂州の場合は日本海に面した地形であり、対岸から眺めることはできない。一方、天橋立は対岸の栗田半島からも望めるようになっている。雪舟がその上空に視点をとった作品を生み出すなど、栗田半島からの視点は重要な眺望点の一つとして機能してきた。この地形に起因する文化形成という点で、北朝鮮の砂州と天橋立とは決定的な違いがある。

このように、クロマツの生育地である東アジアの他国・他地域には、四方に山（陸地）が位置し、そこから眺望できる砂州地形は、存在しない。

このことは日本国内にも当てはまる。国内に、砂州地形自体は数多くみられる。しかし、砂州上の自然がほぼ保たれている例は、北海道を除いてなく、北海道にはクロマツが自生していないために植生景観が大きく異なる。また、例えば京都府久美浜湾など、三方が囲まれている例はあるが、対岸の山からも見渡せる、という場所は北海道の事例も含めてない。

国内の他の資産と比較した場合も、天橋立の地形環境は固有性を有している。

(三) 白砂青松

中国では、「白砂青松」という言葉は使われておらず、類似するような表現もない。また、韓国でも同様である。というのも、「白砂青松」は漢籍由来の言葉ではなく、日本で生み出された表現、すなわち日本固有の海岸美を示した表現だからである。

「白砂青松」の初例は、明治七年（一八七四）頃に師範学校によって作成され、文部省より刊行された『日本地誌略』『万国地誌略』と言われている。[10]

・「白沙青松相映ジテ」（須磨浦についての項、『日本地誌略』）

・「白沙青松、海面ニ斗出シテ」（三保の松原についての項、『日本地誌略』）

・「与謝ノ海ハ、海水・西ニ向ヒテ、深ク入ル五里、又入江ト言フ、一条ノ長洲、其中央ヲ横絶シ、白沙青松、一行並列スル一里」（天橋立の項、『万国地誌略』）

また、その後、明治二五年（一八九二）に天橋立を訪れた幸田露伴が、傘松よりの景観を次のように表現している。

実に日本に三景の一つと云はるゝ景色にて、与謝の江与謝の海を劃れる白沙青松浮ぶが如く、六里の翠色萬頃の波光と映じたるさま畫にも及ばず筆にも及ばず、見らば知らじと答へましと烏丸卿の詠ぜられしこそ負惜みの無き真実なれ[11]

このように、天橋立は、「白砂（沙）青松」という表現の成立期において、すでに代表例として掲げられている。なお、『日本地誌略』で触れられている三保の松原は、先に確認したように世界遺産「富士山」のプロパティの一部である。しかし、志賀重昂が『日本風景論』（政教社、一八九四）で「湘南、駿、遠州の風景や実は灰沙青松たり」と明確に論じているように、駿河湾付近には「白砂」となるために必要な花崗岩の分布がないために、「白砂」の景観とはならずに、全体に黒っぽい砂浜となる。[12]

一般に、志賀の『日本風景論』は近代以降の日本の風景美を大きく左右する書とされているが、それでも三保の松原は、以後も「白砂青松」として表現されている。これは「白砂青松」が海岸の風景美を表現する一般用語として、日本人に抵抗なく受け入れられたからである。この三保の松原の事例は、明治以前に「白砂」と「青松」が海岸の風景美の要素として広く定着していたことを示す好例となっている。

「白砂青松」という言葉自体はそれほど歴史を有するものではないが、そのような風景に対する日本人の美的感覚は、歴史的に確認することができる。例えば一一世紀に作られた『作庭記』には「さて、所々に洲崎白はまみえわたりて、松なとあらしむへきなり」とあり、「白浜」と「松」が、風景美に重要な要素であったことが明らかである。さらに言えば、ここには「洲崎」とあり、砂嘴・砂州的な表現との組み合わせが庭園美として指摘されている。天橋立は「白砂青松の洲崎」という日本人の美意識の基準を提供する場所となっていたと言える。

このような美的要素・感覚に加え、クロマツが防砂林・防風林の役目を果たすこともあり、日本各地の海岸は白砂青松の景観づくりをおこなってきた。その中で、昭和六二年（一九八七）には、（社）日本の松の緑を守る会が「白砂青松百選」を選定した。[13] このうち、砂州地形に位置しているのは、天橋立を含めた八カ所である。ただし、東日本大震災以前の選定であり、東北地方の太平洋岸に位置する高田松原（岩手県）、小泉赤崎海岸（宮城県）、松川浦（福島県）については、震災の影響で大きく環境が変化した。震災の影響からの復興を願うばかりである。このうち、高田松原は天橋立とともに「三大白砂青松」の一つに数えられていた。その意味で、天橋立と似た地形環境であり、同じような景観が形成されていたと言える。しかし、高田松原の松林の起源は江戸時代の植林事業であり、[14] その歴史は天橋立に比べると短い点は指摘しておくべきであろう。天橋立の景観は、古来以来続くものであり、日本人の伝統的な景観美として登場した「白砂青松」を、その言葉の誕生以前から、常に景観の中に体現してきた地である。

東北地方の諸地を除いた三保の松原（静岡県）、弓ヶ浜（鳥取県）、種先千松公園（高知県）、海の中道（福岡県）については、砂嘴・砂州部分に農地もしくは宅地開発が及んでおり、砂嘴・砂州全体としては調和的な景観として保全されていない。

これらの比較をふまえれば、天橋立は国内の他の「白砂青松」の地とは、歴史的にも現在の景観的にも異なっており、日本人の風景美の基準として重要であり続けていると言える。この景観が損なわれることは、日本文化にとって大きな損失となるだろう。

註

（1）ユネスコ資料による。
（2）ユネスコの評価書では thin peninsula とされている。
（3）「クルシュー砂州」は世界遺産の日本での通称名。ただし、英語登録名は Curonian Spit であり、「砂嘴」（spit）として登録されている。なお、砂州（bar）と砂嘴（spit）については、町田貞ほか編『地形学辞典』（二宮書店、一九八一、二一三～二一四頁）を参照。
（4）クルシュー砂州国立公園（リトアニア）HP（http://www.nerija.lt/en/）二〇一六年八月五日検索。
（5）ユネスコ資料による。
（6）呉修榮・朴宰弘『韓国有管束植物分布図』、Academybook Publishing Co.（ソウル）、二〇〇一、一一六頁。
（7）林弥栄『日本産針葉樹の分類と分布』農林出版、一九六〇、付図五七。
（8）なお、現在は中国沿岸地域にもクロマツはみられるが、それらは栽培種であり、自生ではない。中国科学院中国植物志編集委員会『中国植物志』第七巻、科学出版社（北京）、一九七八、二七〇～二七二頁。
（9）前掲註（3）書、二一四頁。日下哉編著『図解　日本地形用語事典　増訂版』東洋書店、二〇〇七、一〇二頁。
（10）有岡利幸『松――日本の心と風景――』人文書院、一九九四。

（11）「易心後語」、蝸牛会編『露伴全集』第一四巻（紀行）、岩波書店、一九五一、二〇〇頁。
（12）小田隆則『海岸林をつくった人々――白砂青松の誕生――』北斗出版、二〇〇三、一七六〜一八〇頁。
（13）（社）日本の松の緑を守る会編『日本の白砂青松一〇〇選』日本林業調査会、一九九六。
（14）前掲註（12）書、二一二〜二一四頁。

第五章　地元の取り組み

「天橋立を世界遺産にする会」の取り組みについて

天橋立を世界遺産にする会会長　今井一雄

「天橋立を世界遺産にする会」は、我が国の宝である天橋立を中心とする地域を保全し、将来に継承するとともに、地域の誇りとしてその魅力を高めていくため、世界遺産の登録を目指し、もって地域社会の発展に寄与することを目的に、平成一九年一二月二七日に設立されました。

天橋立の、海から生える数千本の松という壮大な奇観は、宗教的な感情を強く刺激するとともに、人々に天橋立の松林を守り、大切にする生活文化を根付かせてきました。天橋立は、放置すれば松林の消滅や砂嘴そのものの崩壊を招く恐れがあり、現在の形は、絶え間ない人と自然との関わりの中で生み出され、維持されてきた遺産であるといえます。

私たちの祖先が深い感謝の念を抱き、守り育ててきた美しいこの天橋立を、過去から現在、そして未来へと継承すること、これが私たちに託された大切な使命です。

当会の設立後は、天橋立を未来に継承していくという強い思いをもって、天橋立の価値を多くの人に伝え、世界遺産登録に向けた気運醸成のためのさまざまな取り組みを行ってきました。

平成二〇年六月には、「ＨＡＮＤ ｉｎ ＨＡＮＤ天橋立」（社団法人宮津青年会議所との共催）を実施しました（**図1**）。天橋立で皆が手をつなぎ、天橋立を大切にする思いを、全国そして世界に発信しようと取り組んだもので、京都府の山田啓二知事様、京都府議会議員様、宮津市長様、伊根町長様、与謝野町長様をはじめ、二二八〇人もの参加者が、白砂青松の砂浜約二・二キロメートルに並び、手をつないで人の架け橋を作りました。天橋立の世界遺産登録に向けて、子どもから年配の方まで、気持ちを一つにすることができたイベントでありました。また、「天橋立宣言」を行い、かけがえのない宝物・天橋立を大切に思い、子どもたちに引き継いでいくことを誓いました。

平成二四年一〇月には、天橋立の世界遺産登録への意識を高めていこうと、「一期一絵～ひと筆に想いを込めて～」（社団法人宮津青年会議所との共催）を実施しました（**図2**）。宮津与謝地域の住民約一五〇人が参加して、雪舟筆「天橋立図」（国宝）の模写による、縦二・七メートル、横五・四メートルの特大の「天橋立図」を製作しました。この特大の「天橋立図」は、世界遺産登録へのＰＲのため、現在は宮津市の中心部にある立体駐車場の壁面に掲げられ、宮津市民のほか、宮津や天橋立を訪れる観光客の方にもご覧いただいています。

また当会の設立以後、一口一〇〇〇円の会費をいただいて会を運営してきましたが、今後の世界遺産の暫定リスト入りに向けて知名度向上が不可欠と考え、平成二四年一〇月から個人会費を無料とし、会員数一万人を目標に、ＰＲなどの活動の活発化を図りました。平成二八年一〇月現在では、個人会員数は六八八〇名を数えますが、目標達成に向けて、今後もＰＲ活動を進めていきたいと考えております。

これらの気運醸成とＰＲ活動のほか、地域では、天橋立の保全活動が長年にわたり続けられています。

毎年春と冬には、「天橋立を守る会」を中心に「クリーンはしだて・一人一坪大作戦」と題した一斉清掃活動が実施されています。春の一斉清掃は四〇回を超えて実施されているところであり、地域の各団体や事業者、小学生から高校生まで、毎回一〇〇〇人を超えて、天橋立の清掃活動に参加していただいています。また、「天橋立を守る会」と京都府丹後土木事務所による「天橋立まもり隊」の取り組みでは、清掃ボランティアを随時受け入れ、宮津与謝地域の内外から、多くのボランティアの皆さんに清掃活動に取り組んでいただいています。

また、天橋立の内海である阿蘇海でも、「天橋立を守る会」や観光事業者、地域住民、行政が協働して清掃活動を定期的に行っています。このほか近年では、天橋立近くでカキ殻が水面上に現れるまでに堆積し、漁業面および景観面で問題となっていますが、NPO法人学生ボランティア協会のメンバーが全国から集まり、一〇〇人を超える大学生が、人海戦術でカキ殻の回収活動を行ってくれています。

図１　HAND in HAND 天橋立（H20.6.21）

図２　一期一絵～ひと筆に想いを込めて～（H24.10.21）

このように、地域の住民はもちろんのこと、多くの人々の保全活動によって、天橋立は守られています。

私たち「天橋立を世界遺産にする会」では、天橋立の国内外への情報発信や保全活動を通して、天橋立のＰＲ

とともに、天橋立を世界遺産にする運動を地元から盛り上げていきたいと考えております。

そしてこれからも、天橋立の多様な価値を学び、その美しい姿を守り、これまで天橋立を守ってきた人々に感謝し、次の世代に受け継いでいくため、天橋立を大切に思う多くの人々とともに、取り組みを進めてまいります。

「天橋立を世界遺産にする会」について

（平成28年10月現在）

名　称	天橋立を世界遺産にする会
設立日	平成19年12月27日
会　長	今井一雄（宮津商工会議所会頭）
設立当時の構成団体（10団体）	宮津商工会議所、伊根町商工会、与謝野町商工会、天橋立観光協会、伊根町観光協会、与謝野町観光協会、宮津市自治連合協議会、与謝野町区長連絡協議会、宮津青年会議所、天橋立を守る会
団体会員	上記のほか、24団体
個人会員	6,880人
事務局	宮津市企画部企画政策課
ロゴマーク	目指せ！世界遺産 あまのはしだて（その他のバージョンあり）

【主な活動】　（※他団体との共催事業を含む）

・世界遺産登録推進運動　HAND in HAND 天橋立（H20.6.21）
・天橋立国際シンポジウム（H21.10.4）
・世界遺産登録推進運動　LOVERS Project 2010（H22.7.30）
・世界遺産専門家との意見交換会（ローマ大学建築学部パオラ・ファリーニ教授を招いて）（H22.11.12）
・世界遺産登録推進運動　「一期一絵～ひと筆に想いを込めて～」（H24.10.21）
・天橋立広葉樹対策に係る要望活動（H26.1.28）
・天橋立世界遺産登録推進運動　「天橋立わくわくキッズガイド」（H26年度～）
・宮津市制60周年記念事業　「巨大キャンパスにみんなで天橋立を描こう！」（H26.11.1～5）
・会員１万人運動（H24.10～）

（その他、毎年天橋立世界遺産シンポジウムを実施している）

「天橋立を守る会」の活動について

天橋立を守る会会長　小田彰彦

「天橋立を守る会」の設立は昭和四〇年であり、今年で五二年目を迎えます。

当時の設立にあたっての細かいことは今となってはわかりませんが、会則の目的に「天橋立の景観を守るために必要な諸活動並びに自然公園としての利用向上策の実現を促進することを目的とする」とあり、できるだけ自然に近い形で守り、且つより親しみのある公園として設備などが充実することを望んでいると思います。

五〇年余りの間に会として何度か重要な出来事がありました。それは住民が天橋立に起きる問題を通して結束し、あるいは運動を展開したときであり、例えば雪害により多くの松が倒れ、また公園が汚れたとき、それらの倒木やゴミを片づけるため実施された「クリーンはしだて・一人一坪大作戦」や、平成一六年一〇月に当地方に甚大な被害をもたらした台風二三号により、天橋立の松も約二〇〇本が倒壊したことを受けて展開された「天橋立名松リバース運動」などがあります。これら以外にも多くの出来事があったと思いますが、大切なことは、実際に「天橋立」を訪れ、自分の目で現状を見て、判断することだと思います。そして同じ思いの人たちの力が結集し、大きなうねりとなって実際の運動となっていくことだと思います。そしてそのことは、「天橋立」を自分たちのふるさととする認識を共有することにつながっていくと思います。

「天橋立」は、明治維新の「寺領廃止」までは智恩寺の寺領として維持・管理されてきました。その間にも截断や浚渫の危機を何度か経験しておりますが、「天下無双の絶境」として、また「神代の霊蹟」として今日までその姿が守られてきております。しかしともすれば時代の流れとともに、例えば経済的な理由や振興策の名のもとにその姿を変えざるを得ないときがあります。明治四年（一八七一）の「寺領廃止」、そして明治三二年には「不要林野」として「国有林野整理」の名のもとに売却を京都府に打診するという事態が発生し、ここで「与謝郡」が管理する郡の「橋立公園」として「天橋立」を地元が初めて管理し、大正一二年（一九二三）の郡制廃止により京都府に寄贈され今日に至っているということであります。

そしてまた戦中戦後の混乱期、截断の要求や生活優先の中で時代の波に翻弄され続けてきたわけですが、そのたびに地域住民や、「天橋立」を愛する人々の思いにより守られてきたと言えます。戦後、護岸の改修や漁港の整備のため砂の流出が少なくなり、「天橋立」はやせ細り存続の危機にありました。また復興の中、生活に追われている中で公園内の設備も老朽化のまま、また樹木も十分な管理もされず、雑木や雑草が繁茂するという状態であったと思います。そこまで金も関心も向かなかったというのが正確なところだと思います。

かろうじて夏の海水浴シーズンだけ人で賑わう「天橋立」、それ以外は高いところから「股のぞき」をする対象としての「天橋立」になり、地域住民の心の中から遠ざかっていったと思います。そんな中、もう一度「天橋立」を身近で、共有できる故郷の象徴として存在させたいという願いが、当会を設立に向かわせたのではないかと思います。公園内の施設も格段に整備され、訪れる人々からも高い評価をいただくまでになりました。とりわけ「天橋立」を元通りの姿に戻すための護岸改修や、漁港の整備で溜まった砂を沖合に出し、自然の海流によって砂を供給するサンドバイパス工法は成果を上げ、「天橋立」を昔の姿に戻すことに成功しました。また余分な砂を必要な場所に持っていくサンドリサイクル工法など、まさに人の生活と自然の調和をはかる試みが成功し人々の利用しやすい公園として生まれ変わりました。

それでは現在の「天橋立」に問題がないかと言えば、そうではありません。時代を反映する、つまり人の生活と密接に結びついてきた自然の造形物は刻々とその姿を変えていきます。内海の浄化、カキ殻の撤去、松の適正な管理、外来植物の駆除などの問題は続出し、山積しつつあります。自然というものは人間の生活を反映するものだと思います。人々の生活が変化すればまた自然も変化するものだと思います。問題は自然の変化が私たちの生活にどのような影響を及ぼすかであります。当会は今後の活動を通じ、これらのことを検証していきたいと考えています。

最近とくに企業や学校などが環境に関心を持たれるのか、「天橋立」の清掃の申し出や、学習の機会が増えてきております。多種多様な要望への対応はなかなか大変ではありますが、当会の重要な活動のひとつになりつつあります。専門的にはいろいろあろうかと思いますが、まずは環境の問題に関心を持ってもらうこと、その具体的な場所として「天橋立」を活用してもらうこと、そして知ってもらうことが大切ではないかと思います。

私たちは「天橋立」ができるだけ昔同様の自然な姿であってほしいと思います。砂、松はもとより鳥や動物、貝や魚など「天橋立」を取り巻く環境をできるだけ守っていきたいと思っております。そのことは、ひいては私たち自身の生活環境を守っていくことに他ならないと考えるからです。

あとがき

京都府宮津市に所在する天橋立は、日本を代表する名勝地であり、「日本三景」の一つとして人々に親しまれてきたことは周知のとおりである。すぐれた風景地を文化財として保護する取り組みは、近代日本においては「文化財保護法」の前身にあたる大正一一年（一九二二）施行の「史蹟名勝天然紀念物保存法」によって本格的に始まり、天橋立はその初年度に名勝に指定された。さらに昭和二七年（一九五二）には特別名勝に指定されている。

しかし、天橋立は平安時代にはすでに「名所」として著名であり、その由緒は『丹後国風土記』逸文や『古事記』に記述が確認されるように、日本最古の風景地に属するといえる。その評価は現在に至るまで衰えることなく継承されつつ、各時代において新たな意味づけも付加され続け、重層的な価値を有する存在となっている。風景が人間の営みに影響を与え、また人間の営みが風景を育てていく。天橋立において、この相互関係の壮大な歴史を解き明かそうとする試みは、すなわち日本人と自然との豊かな関係性の一端を解き明かすことにつながることだろう。

天橋立を世界遺産に登録しようとする活動が本格的に始まった平成一九年（二〇〇六）春、その検討のために「天橋立世界遺産登録可能性検討委員会」が京都府によって組織された（委員長：白幡洋三郎国際日本文化研究センター教授）。通常、世界遺産登録が目的の委員会であれば、その名称は「世界遺産登録推進委員会」などとされるものだろう。しかし、本委員会では、現時点において天橋立の価値はまだ十分に解明されるに至っていない、との認識からスタートしたのであった。

もちろん、天橋立は特別名勝に指定されるほどの第一級の、いや特級の価値を持つ名勝地であることは承知している。数多くの史料に登場し、また宗教上からも信仰され、この風景を描いた絵画やうたわれた詩歌が無数に生み出されたということも、「白砂青松」の保全への取り組みが熱心に行われていることも確かな事実である。しかし、天橋立の価値はさらに深く、大きいものではないだろうか。長く名所でありつづけたことから、あたりまえのように捉えられているが、実は日本の自然観や宗教観の根幹を形成するルーツは、天橋立における風景と人間との相互関係にあるといえるのではないか。

こうした観点から、平成一九年九月に「天橋立―日本の文化景観の原点」と題する提案書原案（世界遺産暫定一覧表記載資産候補提案書）がまずとりまとめられた。しかし、この原案は従来知られている史資料や評価を中心としたものであり、また新たな視点からの価値評価としては慎重な検討を要する内容も含まれていた。そのため、さらに天橋立の顕著な普遍的価値を探るための調査研究を継続することとなり、平成二一年度から二三年度にかけて、京都府立大学を幹事校として第二期天橋立登録可能性検討委員会委員のほか、関連する分野を専門とする研究者がこれを行った。本書は、その調査研究報告書を中心に編集したものである。

第一章「景観・保全管理」では、天橋立の地理的特徴、歴史資料、歴史的景観の変遷の概要が述べられるとともに、マツ林や砂嘴・水質などの保全に関する活動が紹介されている。

第二章「芸術」は、天橋立を題材とした絵画や文学作品、能、写真、庭園に関する論考である。天橋立はそれ自体がすぐれた名勝地であるが、その存在がさまざまな芸術活動を触発していることが具体的に解明されている。

第三章「宗教」は、信仰の対象としての天橋立に関する論考である。古代より聖地とされてきた天橋立にはいかなる信仰が寄せられてきたのか、また天橋立とその周辺に所在する古代の祭祀遺跡や丹後国分寺・籠神社・成相寺・智恩寺などの宗教遺産群とはどのような関係性を有しているのか、などについて論述されている。

第四章「評価」では、地元の住民が天橋立の存在をどのようにとらえてきたのか、砂州や松林の利用実態から考察されている。また、天橋立の世界遺産としての顕著な普遍的価値を評価する基礎資料として、海外の類似する世界遺産との比較が行われている。

なお、天橋立の世界遺産登録へ向けての活動は、地元市町村において活発に取り組まれている。多くの活動の中から、第五章では「天橋立を世界遺産にする会」と「天橋立を守る会」の活動についてご報告願った。

「はじめに」でも述べられているように、天橋立に関する調査研究には、まだまだ追求すべき数多くのテーマがある。天橋立世界遺産登録可能性検討委員会においては、現在も調査研究活動を継続しており、また地元においても講演会やシンポジウム、現地調査等が活発に取り組まれている。今後も新たな事実が解明されていくことであろう。こうしたことから、本書のタイトルを『「天橋立学」への招待』とした。「天橋立学」という既成の学問があるわけではないが、その確立に向けての研究や取り組みが発展することを期待したい。

なお、各論考は基本的には当時の調査報告書に基づくものであり、加筆・修正は最小限にとどめた。また、天野文雄氏には本書のため特に新たに原稿をお寄せいただいた。

本書が、天橋立の魅力を伝える一助となれば幸いです。末尾ながら、執筆者並びに関係各位に御礼申し上げます。

天橋立世界遺産登録可能性検討委員会委員（本書編集担当）

仲　隆裕

巻末付録

天橋立とその周辺の主な文化遺産

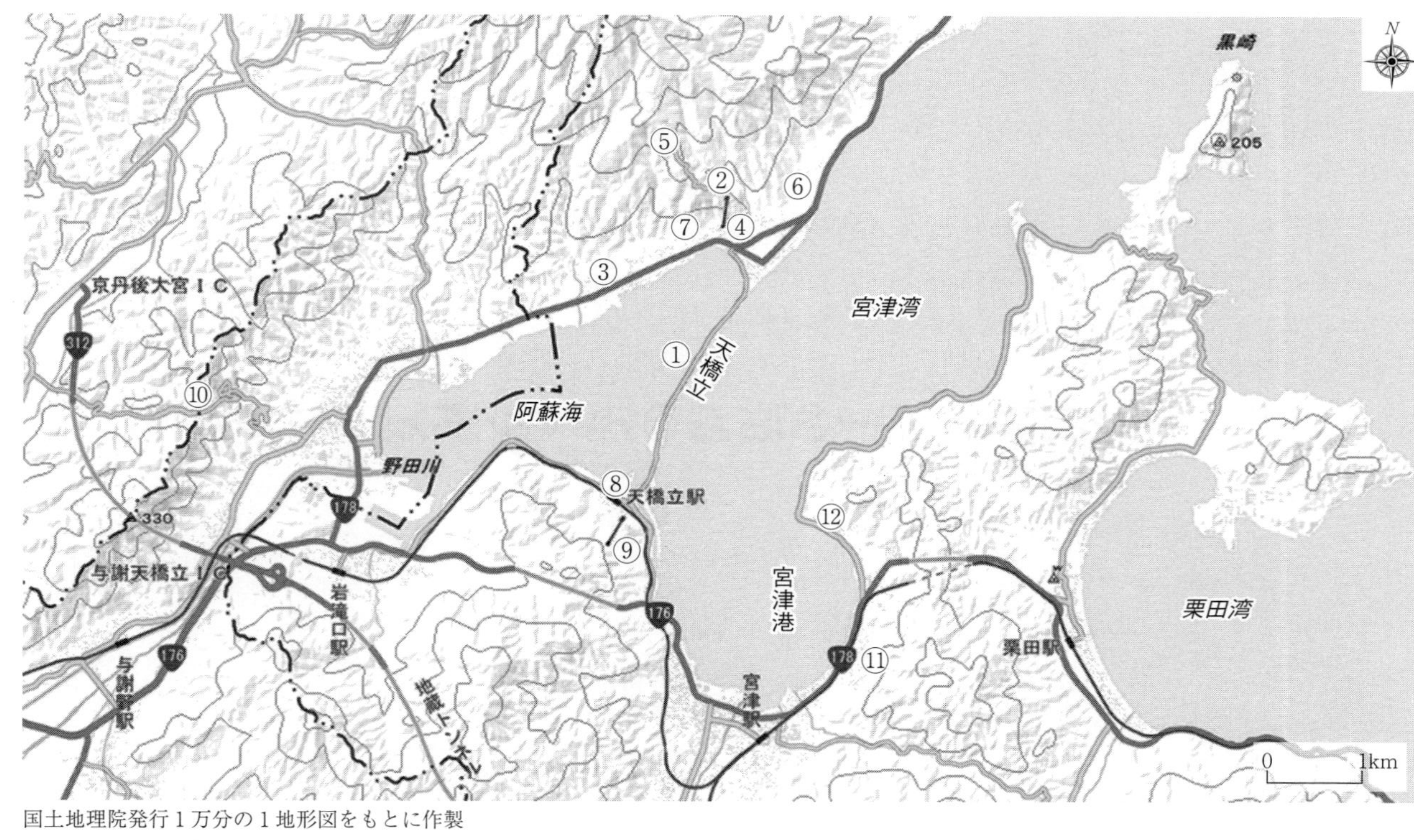

国土地理院発行１万分の１地形図をもとに作製

国土地理院発行５万分の１地形図をもとに作製

〈天橋立とその周辺の主な文化遺産〉

①天橋立（国指定・特別名勝）

②傘松公園（国指定・特別名勝）

③丹後国分寺跡（国指定・史跡）

④籠神社（府指定建造物３棟ほか）

⑤成相寺（国指定・史跡、府指定建造物３棟ほか）

⑥難波野遺跡

⑦成相寺参詣道

⑧智恩寺（国指定・特別名勝地内、国指定・重要文化財建造物ほか）

⑨玄妙遊園

⑩大内峠

⑪戒岩寺

⑫雪舟観展望所

⑬成相寺奥の院

⑭宇良神社

⑮宮津天橋立の文化的景観（国選定・重要文化的景観）

執筆者紹介（五十音順）

赤瀬信吾（あかせ　しんご）
京都府立大学文学部教授。専攻は国文学、特に王朝を中心とした古典和歌。主な著作に『新日本古典文学大系11　新古今和歌集』（共著、岩波書店、一九九二年）がある。

天野文雄（あまの　ふみお）
京都造形芸術大学舞台芸術研究センター所長。専攻は能楽研究。主な著作に『世阿弥がいた場所――能大成期の能と能役者をめぐる環境――』（ぺりかん社、二〇〇七年）がある。

今井一雄（いまい　かずお）
宮津商工会議所会頭、天橋立を世界遺産にする会会長。

上杉和央（うえすぎ　かずひろ）
京都府立大学文学部准教授。専攻は歴史地理学。主な著作に『地図から読む江戸時代』（筑摩書房〈ちくま新書〉、二〇一五年）がある。

上田純一（うえだ　じゅんいち）
京都府立大学和食文化研究センター特任教授。専攻は中世禅宗史、日中文化交流史など。主な著作に『九州中世禅宗史の研究』（文献出版、二〇〇〇年）がある。

奥　敬一（おく　ひろかず）
富山大学芸術文化学部准教授。専攻は風景学、風景観光学、世界遺産学。主な著作に『魅力ある森林景観づくりガイド　ツーリズム、森林セラピー、環境教育のために』（共編著、全国林業改良普及協会、二〇〇七年）がある。

小田彰彦（おだ　てるひこ）
天橋立を守る会会長。

小松　謙（こまつ　けん）
京都府立大学文学部教授。専攻は中国文学。主な著作に『「四大奇書」の研究』（汲古書院、二〇一〇年）がある。

吹田直子（すいた　なおこ）
京都府教育庁指導部文化財保護課所属。専攻は考古学、日本史学。主な著作に『美の風景――天橋立と名所絵屏風の世界――』（京都府立丹後郷土資料館、二〇一一年）がある。

高原　光（たかはら　ひかる）
京都府立大学大学院生命環境科学研究科教授。専攻は森林植生学、古生態学。主な論文に「花粉分析による植生変動の復元」（日本生態学会編『シリーズ現代の生態学2　地球環境変動の生態学』共立出版、二〇一四年）がある。

仲　隆裕（なか　たかひろ）
京都造形芸術大学芸術学部歴史遺産学科学科長・教授。専攻は日本庭園史、文化財庭園保存修復。主な論文に「平等院庭園における州浜整備」（『仏教芸術』二七九号、二〇〇五年）がある。

菱田哲郎（ひしだ　てつお）
京都府立大学文学部教授。専攻は考古学。主な著作に『古代日本国家形成の考古学』（京都大学学術出版会、二〇〇七年）がある。

深町加津枝（ふかまち　かつえ）
京都大学地球環境学堂准教授。専攻は造園学。主な著作に『風景の思想』（共著、学芸出版社、二〇一二年）がある。

福島恒徳（ふくしま　つねのり）
花園大学文学部教授。専攻は日本美術史。主な論文に「新出の長禄元年「雪舟二字説」について」（『天開圖畫』七号、二〇〇九年）がある。

宗田好史（むねた　よしふみ）
京都府立大学副学長・生命環境学部教授。専攻は都市・建築計画学。主な著作に『町家再生の論理――創造的まちづくりへの方途――』（学芸出版社、二〇〇九年）がある。

森　宣和（もり　のぶかず）
調査当時、京都府建設交通部港湾課主査（建設担当）。

山口睦雅（やまぐち　むつのり）
調査当時、京都府建設交通部港湾課副課長（建設担当）。

山田邦和（やまだ　くにかず）
同志社女子大学現代社会学部教授。専攻は考古学、都市史学。主な著作に『京都都市史の研究』（吉川弘文館、二〇〇九年）がある。

吉野健一（よしの　けんいち）
京都府立丹後郷土資料館主任。専攻は日本近世史。主な著作に『日本年号史大事典』（共著、雄山閣、二〇一四年）がある。

「天橋立学」への招待
――〝海の京都〟の歴史と文化

二〇一七年三月一二日　初版第一刷発行

編　者　天橋立世界遺産登録可能性検討委員会
編集委員　宗田好史
　　　　仲　隆裕
発行者　西村明高
発行所　株式会社 法藏館
京都市下京区正面通烏丸東入
郵便番号　六〇〇-八一五三
電話　〇七五-三四三-〇〇三〇（編集）
　　　〇七五-三四三-五六五六（営業）

装幀者　大杉泰正（アイアールデザインスタジオ）
印刷・製本　中村印刷株式会社

ISBN978-4-8318-6236-5 C0021